SCALING A
KNOWLEDGE
ORGANIZATION

规模化
知识型组织

科技服务企业的成长动力学

张松 ◎ 著

机械工业出版社
CHINA MACHINE PRESS

图书在版编目（CIP）数据

规模化知识型组织：科技服务企业的成长动力学 / 张松著. —北京：机械工业出版社，2023.4
ISBN 978-7-111-72811-5

Ⅰ. ①规… Ⅱ. ①张… Ⅲ. ①高技术企业 – 企业发展 – 研究 Ⅳ. ① F276.44

中国国家版本馆 CIP 数据核字（2023）第 048475 号

机械工业出版社（北京市百万庄大街 22 号　邮政编码 100037）
策划编辑：刘　静　　　　　　责任编辑：刘　静　崔晨芳
责任校对：牟丽英　卢志坚　　责任印制：李　昂
河北宝昌佳彩印刷有限公司印刷
2023 年 6 月第 1 版第 1 次印刷
170mm×230mm · 18.5 印张 · 1 插页 · 262 千字
标准书号：ISBN 978-7-111-72811-5
定价：79.00 元

电话服务　　　　　　　　　　网络服务
客服电话：010-88361066　　机 工 官 网：www.cmpbook.com
　　　　　010-88379833　　机 工 官 博：weibo.com/cmp1952
　　　　　010-68326294　　金 书 网：www.golden-book.com
封底无防伪标均为盗版　　机工教育服务网：www.cmpedu.com

▶推荐序一◀

基业长青难，知识密集型企业要做到基业长青更难。

2018 年夏天，我跟一家拥有几十万人的 IT 服务企业的新任 CEO 有过一次会面。对方非常想收购 Thoughtworks，我也想了解为什么。虽然当时我们只有几千人的规模，但已经有自己很独特的文化和高附加值的业务模式，跟对方的规模化低成本模式不是很匹配。通过交谈，我了解到，在当前数字技术飞速发展的时代，企业的现有技术服务正在被快速淘汰，而大量员工的学习速度无法紧跟技术更新的速度，导致新兴数字业务的孵化和规模化无法迅速实现，以传统行业解决方案为中心的组织结构成为发展新能力的阻碍。

这位新任 CEO 意识到，在新的环境下，企业面临的困境不是通过一些简单的改变就可以摆脱的，而 Thoughtworks 这样的学习型组织及其拥有的创新型文化正是企业进行深度变革的方向。他非常希望通过收购一家像 Thoughtworks 这样的企业，打散原有的体系，围绕这个种子，建立起一个全新的组织结构和企业文化。可惜，我并不认为收购重组就能解决这家企业的管理模式和组织文化问题。在规模化的道路上，这家企业采用的更像是传统人力密集型模式，也就是通过精细分工和重复简单劳动，达到规模化的效果，而没有重视知识积累。企业忽略知识传播和知识创新，最终会慢慢失去活力和自身造血的能力。

与这家企业类似，很多大型的 IT 服务外包公司，在知识更新缓慢的时期顺风顺水，可以维持平均 20% 以上的年增长速度。可随着数字时代的到来，云计算、数据分析、虚拟现实以及人工智能等新技术的迭代速度越来越快，传统人力密集型的管理模式缺乏知识积累和创新文化，无法迅速完成知识体系和产品服务的更新换代。从 2019 年到 2021 年这三年，这些企业的平均增长速度骤降到 5% 以下，人员流失严重，我们在市场上能看到的几次大型收购也没能一改颓势。

从这个角度来讲，Thoughtworks 是幸运的。在 20 世纪 90 年代，企业创立初期，我们就有一个很清晰的理念：要做 IT 服务行业里的"麦肯锡"，也就是一个知识密集型的企业。在二十多年的发展中，我们始终坚信，知识上的领先和技术上的卓越才是企业的核心。从敏捷软件开发、开源软件、软件架构、编程语言，到现在的云平台、分布式数据模型、微服务、DevOps、领域驱动设计、数字化转型，我们一直走在新趋势的前沿，学习并推动新技术的发展，撰写了上百本专业图书，以及推出了被业界广泛引用的技术雷达。在行业里，Thoughtworks 也慢慢建立起技术领先的品牌。

虽然有上述理念的支撑，可在 20 年前的环境里，信息技术还没有被看成企业的核心竞争力，信息技术服务也在走商品化、低成本人力密集型的路线。我们没有一个可以轻易借鉴的模式，只能自己摸索。在组织结构、团队模式、知识管理、能力建设、激励考量等各个方面，我们做了很多尝试，既有成功的经验，也走了不少弯路。与此同时，随着数字化的普及，我们所经历的数字化转型项目、与其他企业的合作，以及更多不同环境下的各种管理模式的尝试，都为自己的思考和改进提供了更多的参考和借鉴，形成我们的体系，也陆续推出了几本相关的图书。

与世界上其他地区不同，中国市场有自己非常特殊的国情，独特的文化和历史也意味着难以直接照搬国外的管理经验。Thoughtworks 中国区成立之初，如何建立起一个技术卓越的文化和品牌是我们面临的最大难题。幸运的是，我们在最开始就聚集了一群有同样理想和抱负的优秀人才，张松就是其中的代表。作为Thoughtworks中国区最早的员工之一和第一个项目经理，张松参与了早期大部分的技术项目。这些技术背景让张松得以从一个知识工作者的角度，感同身受地看待组织管理中的各种问题。

在2013年担任Thoughtworks中国区联席总经理后，张松更是直接推动了中国区从200人到3000人的规模扩张，从全球范围来看，中国区是规模扩张最快的一个地区。通过国际经验结合自主创新，吸引培养优秀人才，中国区在技术社区中建立起创新卓越的品牌形象。在业务拓展、组织结构调整、知识工作者的集体效能、员工成长等很多方面，结合中国特色，中国区做出了很多有意义的探索和尝试，成功实现了高学历、高技术人才体系的规模化管理，并且积累了大量可以借鉴输出的经验。在Thoughtworks内部，中国区管理团队的创新性和有效性也是"名声在外"。在Thoughtworks的其他海外区域公司，流传着这么一个说法：在专业人员的组织管理上，如果你遇到什么问题，问一问中国区，他们很可能已经解决了这个问题。

我很高兴张松能把这些经验和观察总结完善，出版成书。无论你正在思考如何打造升级一个知识密集型组织，还是你的企业正在向知识密集型组织转型的过程中，我相信这本书都会对你有所帮助。书中对现代企业管理的不同角度的思考，对高科技公司、研发组织、互联网企业的领导也会有触类旁通的启发。

最后感谢张松在完成管理工作任务的同时，总结提升写成本书，为知识密集型企业的员工树立了榜样！

郭晓

Thoughtworks CEO

《数字化转型：企业破局的34个锦囊》作者

▶推荐序二◀

　　Thoughtworks 是一家全球性软件及咨询公司，文化独特，追求技术卓越。2016 年，我第一次参观 Thoughtworks 在西安的办公室，观察到员工很自信，也比较健谈，尤其是谈论自己的项目和技术经验时滔滔不绝。每天中午，员工会分享自己的工作经验和思考，场下的员工听得聚精会神，让我感觉到这家公司生机勃勃，有一股自下而上的独特力量。后来因为项目上的合作，我与 Thoughtworks 中国区联席总经理张松多次交流，对 Thoughtworks 有了进一步的了解，同时在合作中我也亲身感受到这家公司在不断地迭代进化，这些都给我留下了非常深刻的印象。

　　相对管理比较成熟的制造业而言，大型科技组织的管理一直是世界性的难题。业界虽然有不少研究探索，过去十年也取得了重要进展，但尚未形成完整的管理体系，更没有最佳范式。在《规模化知识型组织：科技服务企业的成长动力学》一书中，张松基于自己在 Thoughtworks 服务多年的管理经验和思考，系统地阐述了科技组织管理、运营、创新和文化的各个方面，同时列举了大量鲜活的问题和案例，提供了大量来自实际工作的真知灼见。这些内容源于实践，高于实践，对大型科技组织的管理和运营非常有价值。

　　通过本书，我们可以清晰地感受到，科技服务企业作为一个市场主体，面临着生存和发展的压力，在管理和运营方面需要不断进化。对于企业内部科技组织，进化的动力相对偏弱，进步的速度也会偏慢，本书给这类组织的管理者打开了一扇窗。本书在一些领域中的洞见，给我留下了非常深刻的印象。

比如关于科技组织的价值创造，书中列举了不少组织存在于服务线之间，能力建设低水平重复，不仅浪费资源，没有形成强强联合，而且变成木桶短板的现象。这种现象在大型科技组织中非常普遍。书中提到的主要应对举措，包括构建多维组织矩阵、打造能力平台以及促进组织融合。总的来说，解决这类问题需要在技术架构、组织管理等方面，多管齐下，综合治理。我感觉，这类问题解决好了，将成就一个科技组织的核心竞争力。

再比如关于知识管理，大型科技组织聚集了大批优秀人才，要充分发挥队伍的能力，优秀员工个人能力的输出显得尤为重要。本书提出，科技服务企业的竞争力很大程度上取决于生产和流转隐性知识的速度，以及是否拥有独特的思想领导力。在这个方向要能取得好的进展，以我的经验，就必须营造一种开放、平视、包容和鼓励分享的文化氛围，建立相应的配套机制，并持之以恒地长期推动。书中在这方面也有相应的论述。

如今，技术的更新迭代让所有企业都正在走向数字化的深水区，科技组织的竞争力成为最关键的变量。如何释放大型科技组织的能量，创造更大价值，是每一个管理者直面的首要课题。张松在书中做了非常有含金量的系统阐述，对于读者来说，这本书是一个进行深入思考的开始。感谢张松，让我有机会学习并推荐本书，与诸多同行者一起，探索未知，创造更多可能。

周天虹

招商银行总行信息技术部总经理

▶推荐序三◀

在数字化技术飞速发展的时代，无论是积极投身数字化转型，扩张内部数字化队伍的大型企业，还是需要快速响应客户和市场需求的科技服务企业，乃至技术驱动的互联网公司，都面临着打造高响应力敏捷组织的巨大挑战。

云平台、微服务、DevOps、大数据、AI等先进技术的出现，使得科技型组织对于技术深度、敏捷度、创造性和自驱力的要求越来越高，科技型组织人员的规模也越来越大。

虽然现代软件工程在不断发展，在衡量科技研发效能、自动化工具等领域有了不少进步，但是行业特点决定了软件开发还是一个充满不确定性的行业，如何提高需求响应速度和交付速度，如何把有限的科技资源投入到更有价值的需求中，始终都是每家企业要思考和解决的挑战。现实需要我们把一群专业的科技人才组织在一起，打造科技驱动的数字化组织，实现体系化、规范化的持续改进和精益研发，实现IT与业务深度融合、紧密协作，共同围绕客户价值和技术卓越打造一个持续进化的学习型高效能组织。

为了应对这些变化和趋势，张松在本书中对知识高密集型科技服务企业的管理，做了深入的分析，用清晰简洁的语言，阐明了大规模科技服务企业在组织结构、团队模式、知识管理、能力建设等方面整套的分析逻辑和框架，构建和讲述了知识密集型企业在数字化时代下管理和发展的模型及方法，这些见解都极具价值。

张松对科技服务企业的洞见与我产生了强烈的共鸣，书中对现代高学历、高技术人才企业的规模化管理的思考，除了科技服务企业，也值得任何正在打造升级为知识密集型组织的企业借鉴和参考，强烈推荐给大家。

程龙

中金公司首席信息官

▶前言◀

中国经济面临转换增长动力、产业升级的挑战，升级的关键在于从人力密集型转向知识密集型的经济模式。知识型组织在各行业不断涌现，并且规模不断扩大。企业领导者日益认识到现有管理手段的效力正在削弱。让几十个或者上百个高学历的聪明人在一起工作和创造，似乎还算一件容易的事情。一旦规模再上一个台阶，很多问题就浮现出来。这些问题管又不好管，不管又不行，管松了缺乏凝聚力，管严了扼杀创造性。提升知识工作者的生产力成为组织的挑战，企业需要新的思路应对这一挑战。

在各种知识型组织里，科技服务企业是一个颇具吸引力的研究对象。科技的快速发展和深度应用重塑着商业格局，遭遇熊彼特式创造性颠覆的可能性无处不在。不仅科技产品企业加码研发投资，进入数字化转型的传统企业对科技的投入也堪比科技企业，以加速业务创新，提升数字化客户体验，增强业务弹性和敏捷度。科技服务不仅仅是一个快速扩张的行业，其他行业的很多大型企业内部也都存在着不断壮大的科技服务组织，承载着其数字化业务前行的动力。作为一种知识型组织，大规模科技服务组织在某种程度上代表了现代组织模式的发展方向。

在科技服务行业的整个历史发展进程中，行业的边界一直处于一个模糊且快速变化的状态，以此为主题的论述较少。而且，这个行业发展的早期和军方、政府项目密不可分，即使是在企业之间，很多重要项目也因涉及商业机密，经常是一副遮遮掩掩的样子。本书尝试以科技服务行业中的咨询、设计、软件开发等类型的企业为背景，分析以学习、创造、应用知识为主要价值创造手段的业务，着重关注其规模化成长中的原理和实践。这一背景的选择还和当前的两个趋势有关。

一是互联网红利的消失。在粗放式管理的年代，高速野蛮生长可以掩盖管理的缺陷，只要抓住市场机会，很多能力和资源都可以通过资本买来。现在，快速发展中遗留下来的问题逐渐暴露，大型科技组织的精细化管理被提上日程。

二是产业数字化的发展。越来越多传统行业中的领先企业，在自身数字化转型成功之后成立了科技公司，开始对外输出数字化的能力。其中银行业走得较快，各大银行成立了金融科技公司，拓展产业互联网的机会和布局。同时，互联网公司开始进入企业服务领域，面对跟消费者市场完全不同的业务模式，需要重新思考组织模式。

从这两个趋势中我们看到，不管是科技服务企业、大型互联网公司、科技产品企业的研发组织，还是企业内部的科技服务部门，大量的知识密集型组织在规模化的进程中都面临着一系列矛盾，挑战着策略制定者和领导者的智慧、耐心和魄力。

本书第 1 章介绍了科技服务企业的价值创造模型和几种业务类型，之后我们把观察到的挑战分为几个主题来探讨。

规模化业务的生长（第 2 章到第 5 章）。信息不对称的大幅衰减对服务提供者提出了更高的要求。一方面客户自己的学习能力得到了提高，他们对新技术、新方法更加了解，更进一步的是，客户更加容易对服务商的能力进行横向对比。"一招鲜"的时代已经一去不返，服务商必须不断重新证明现有业务的价值，重新发现要解决的高价值问题。

增长的压力驱动组织在孵化、拓展新业务的道路上一路狂奔，但无序的多元化努力不断消耗着组织宝贵的资源，磨损组织的特色，使其在客户和资本面前失去了吸引力。服务商一方面要设计创新机制，平衡当前主营业务和孵化业务的资源配置，抓住市场中浮现出来的机会，防御新兴颠覆者的进攻；另一方面要从组织的禀赋和使命感出发，来思考业务多元化的企业原理，避免陷入"什么赚钱就做什么"的误区。

作为产业生态的一部分，组织要寻求不同形式的联盟来满足以客户为中心的场景化需求。竞争与合作盘根错节，左右逢源的处境似乎可遇而不可求。企业应该运用一个思考框架来分析和设计企业在不同生态拓扑中的定位。

结构复杂度（第 6 章到第 9 章）。组织结构相关的问题牵一发动全身，是走循序渐进的演进路线还是暴风骤雨式的变革路线？调整的目标和考量维度有哪些？我们需要厘清高优先级的战略诉求。业界涌现出各种鼓励创新、提升响应力的组织模式，但是这些管理大师推崇的扁平组织、网络组织是否真的可行？现有的证据多源于小型企业和初创公司。要重塑规模化组织的韧性，与其试图设计一个完美的结构，不如建设一个更加开放包容的演进机制。

知识型组织的领导们经常陷入各种悖论。全局优化还是自主驱动，运营管控还是创新空间，出现了冲突到底怎么办？组织中存在的信念系统、交互系统、边界系统，就是我们寻求平衡、适时干预的抓手。

组织的集体效能（第 10 章到第 13 章）。如何优化以人的时间和注意力为主要生产资料的经营活动？这首先体现在单位时间创造价值、人员利用率、团队杠杆等知识型组织所关注的指标上。敏捷的人员配置机制是我们平衡供需、优化效率的必备条件；合适的团队模式是减少知识损耗、维持高绩效状态的前提。其次，既然时间是如此重要的稀缺资源，组织要像精明的投资者一样，把员工的时间看作投向一个个投资组合的资金，制定符合企业风格的投资策略。

知识型组织的成效依赖于专业人员的知识、经验和主观能动性。传统行业中产生规模效益的主要途径，如精细的专业分工、批量重复的工作，对复杂知识活动的效果有时不仅无益，反而有害。促进集体的知识创造和转化需要组织文化的考量、组织结构的考量、激励机制的考量。

员工成长（第14章到第16章）。人才是知识型组织的主要竞争要素。人们希望通过合适的机会增加阅历，磨炼技能，还希望拥有影响组织和业务的可能，而不是仅成为巨大机器上的一颗螺丝钉。组织虽然也有类似的期望，但要使其实现，依赖于能否准确衡量员工的能力。不少公司的胜任力体系都沦为装点门面的形式。我们寻求更能引起员工共鸣的方式，使之能够促进匹配公司战略的员工行为。

思想领导力是知识型组织品牌的重要组成部分。知识工作者输出的文章、书籍、演讲、视频等内容外化为组织的影响力。但为什么有的组织不时会出现颇具影响力的内容，而有的组织则即使重金激励，也仍然无法持续输出？组织可以从立德、立功、立言三个维度考虑提升影响力的建设成效。

本书不提供包治百病的药方，因为这个领域并不存在这样的药方。读者自己的学习、经验和判断比任何书籍中已有的知识都更加重要，而本书的目的是提供思路和选项，帮助读者拓宽视野，完善管理工具箱，更重要的是激发读者自身的灵感和行动。本书面向的读者群体包括咨询、设计、软件类企业，各行业科技服务企业，大型企业的科技部门，大型产品和互联网企业研发体系的中高层管理者，还有对知识密集型业务的策略、组织设计、组织发展等话题感兴趣的学习者和研究者。

▶目录◀

第11章 11 时间的回报：
运营时间组合   174

第12章 12 市场与计划：
人员配置与流动   191

第16章 **16** 立德、立功、立言：
思想领导力

缘起

科技服务企业的模式

"软件，不过是以一种编撰形式存在的纯粹知识，很大程度上是当前经济活动的驱动者和使能者。"[一]以软件为主要价值创造载体的科技服务行业，是规模化组织知识密集型活动的重要样本，是本书研究和讨论的对象。科技服务是专业服务的一个重要分支。专业服务的存在，是因为任何组织，不管是公司、政府，还是其他类型的组织，都不可能掌握其从事活动所涉及的全部知识，所以在一些特定领域，总需要具备对应实践能力的专家提供帮助。究其本质，科技服务是一种以学习、应用、创造知识为主要价值创造手段的业务。

价值创造模型

科技服务企业的核心资产是人，他们用专业知识为客户解决问题。这类业务有两个特点：一是定制化程度高，与科技产品企业高度标准化的产出不同，服务要密切贴合客户业务情境；二是客户参与程度高，服务商与客户频繁交互，沟通业务情境和知识的繁复，以至于难以完全用文档这样精确编撰的形式传递。科技服务企业三大资产要素（资金、人才、知识资产）跟客户之间通过一系列的价值反馈环（服务环、供应环、创新环和思想领导力环），形成了协同进化的关系，如图 1-1 所示。

服务环

科技服务企业运用知识资产，从事知识创造和转移活动为客户创造价值。如图 1-1 所示，服务商和客户之间的知识流动和转化不是单向的，而是在不断地循环流转。服务商通过有效的知识管理活动，持续在服务客户的过

———————

　　⊖　ROEDING R C, PURKERT G, KINDNER K S, et al. Secrets of software success: management insights from 100 software firms around the world［M］. Boston: Harvard Business School Press, 1999.

程中汲取经验，沉淀知识资产，并创造新的知识，拓展能力广度和深度的边界。在帮助客户解决问题，改善绩效的同时，自身也随之进步。我们观察到，往往是领先的服务商在为行业领先的企业服务。这从另一个角度也可以解释为，服务于行业领先企业的服务商有更大机会取得先进的经验，赢得知识积累和转化上的优势，从而实现持续领先。

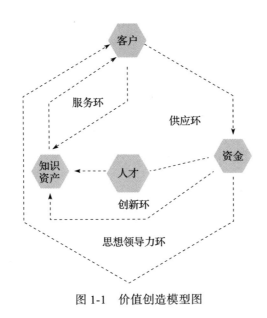

图 1-1　价值创造模型图

▍供应环

人才是科技服务企业供应端的核心。服务商凭借有竞争力的薪资和职业成长空间，吸引高素质人才。新鲜血液的流入不仅意味着扩大知识加工的产能，还意味着新知识的引入和创造知识资产的新机会。此外，服务商与客户之间的人才流动，同样促进了双方的发展。不少客户会邀请服务商的资深专业人员加入并担任中高层职务。这让客户获得跨界的视野，有机会内化服务商的部分知识积累，还可以深入理解服务商的做法，减少信息不对称的情况；从服务商的角度来看，客户内部有知根知底的前员工，也可以减少很多信息沟通和信任建设方面的成本。人才的流动是双向的。有些出身客户的专家也愿意到服务商这边来工作，希望拓展能力和经验的使用场景，进一步在专业领域深耕。服务商从这样的人才流动中获得了难以内生的行业知识。有些需要多年实践才能沉淀得到的经验和知识，对于外部的顾问来说可望而不可即。

▌创新环

将充沛的资金、高素质人才投入到创新活动之中，持续创造独特价值的知识资产是知识型组织长远活力的源泉。科技服务企业的创新不是闭门造车。所有新鲜的想法、先进的技术手段、前瞻性的方法体系和解决方案，都需要在实际场景中验证其价值。站在客户的立场，处于业界领先位置的企业不愿意或是没办法复制别人的所谓最佳实践。对他们来说，扮演跟随者的角色不是一个选项。因此，科技服务行业存在不少试验型的共创项目，这些项目的成果是领先企业能够继续一骑绝尘的助燃剂。

▌思想领导力环

将充沛的资金和知识资产投入到内容建设、品牌触达活动中，通过思想领导力影响受众的学习旅程和决策输入，这是服务商赢得客户认可，争取合理溢价的底气所在。与科技产品企业针对品牌知名度和美誉度的推广活动不同，科技服务企业与其品牌受众（目标客户干系人和潜在员工）之间的关系，是建立在承载丰富知识的信息流之上。载体形式有时候是服务商的文章、演讲、视频和图书，有时候则是各种互动活跃的研讨会。受众对内容的评价成为服务商洞察行业动向、识别商业机会、优化服务方案的契机。对于成功构建思想领导力的科技服务企业，商机多是客户看到其发表的专业内容而主动找上门来的。

科技服务企业的业务类型

虽然不少科技服务企业都有自己的产品，且围绕产品开展着一系列的服务，但本书主要关注的是其服务部分的业务。根据产出效果，服务业务可以分为三大类，如表 1-1 所示。

表 1-1　科技服务企业的业务类型

规划转型	业务和管理咨询 科技规划 数字化转型 技术赋能
协作共创	软件密集型产品研发 数字化产品研发 IT 系统定制开发 套装软件定制 基础设施搭建和改造 系统集成和实施
流程运营	应用和基础设施运维 业务流程外包 产品增量演进

规划转型业务

规划转型业务多以咨询形式出现，目标是帮助客户评估当下，筹划未来，转变模式、结构和流程，进而赋能增效。服务商往往扮演着外部视角的角色，不一定直接参与到具体的产品创造、业务运营当中。项目团队规模较小，关键成员的个体专业技能、研究分析能力和洞察力至关重要。新的知识是以隐性知识的形态依存于个体，不太容易提炼成为组织级的知识资产。成套的方法学和体系化的知识库可以部分降低这类业务所需的经验门槛，但这些"套路"也可能引发先入为主的偏见，导致交付物在实施阶段暴露出可行性问题，妨碍价值的最终实现。这也是为什么业界总是流传着咨询成果难以落地，对顾问光说不练有着种种"吐槽"。

规划转型业务的供应环受到专家数量和能力成长速度的制约。要促成供应环中的正向反馈，除了有竞争力的薪酬以外，成就高光案例的平台、志同道合的伙伴和契合的文化环境，都扮演着举足轻重的角色。

最早的咨询公司——ADL

规划转型业务可以追溯到早期的咨询公司。最早的咨询公司，不是麦肯锡（麦肯锡咨询公司，Mckinsey），BCG（波士顿咨询公司，The Boston Consulting Group）或贝恩（贝恩咨询公司，Bain）这 MBB 三巨头中的任何一个，而是 ADL（理特咨询公司，Arthur D.Little）。ADL 创立于 1886 年，以麻省理工学院教授阿瑟·D·理特（Arthur D. Little）命名。BCG 的创始人布鲁斯·亨德森（Bruce Henderson）最初也是在 ADL 踏上了咨询的道路。[⊖]

ADL 有一个著名的传奇。为了展示其研发能力和打破常规的勇气，理特教授挑战了一条西方谚语："You can't make a silk purse out of a sow's ear."这句话字面意思是，你没法用母猪耳朵做出一个丝绸钱包，比喻朽木不可雕也。理特教授硬是从 100 磅[⊖]的猪耳朵里提取出了 10 磅明胶，用各种化学手段调整这些明胶的物理特性，并压制喷丝，制成织物。最后的成果是精致的人造丝钱包，如图 1-2 所示。这钱包分两边，一边装银币，一边装金币。[⊜]它虽然昂贵且不实用，却是展现咨询师们骨子里"我行"态度的经典案例。他们对未知充满好奇，想把不可能变为可能。

图 1-2　理特教授的猪耳朵钱包

⊖　KIECHEL W. The lords of strategy: the secret intellectual history of the new corporate world［M］. Boston: Harvard Business Press, 2010.

⊖　1 磅＝453.59 克

⊜　IRVING J ARONS. Of silk purses and lead balloons［EB/OL］.［2021-12-31］, http://adlittlechronicles.blogspot.com/2008/07/of-silk-purses-and-lead-balloons.html.

ADL 以研究造纸化学起家，1911 年在通用汽车公司的办公区域设立了一个研发实验室，开创了研发外包的商业模式。ADL 一直以科技研发服务见长，这或许源于其与麻省理工学院（MIT）的渊源。直到 20 世纪 50 年代早期，MIT 还拥有其 55% 的股份。[⊖]ADL 在 20 世纪 60 年代与 IBM 合作，为美国的航空公司开发了世界上第一个实时线上机票预订系统（SABRE）。系统的核心技术来自 IBM 和兰德公司合作的巨无霸军方项目 SAGE 实时防空系统。[⊜]ADL 深入调研订票代理与他们顾客之间的互动流程和订票的日常操作，评估了 IBM 的方案。ADL 团队运用排队理论设计了一个创新方案，以共享模式大幅削减了调制解调器和操作终端的部署数量，把这个巨无霸系统的资本投入降低了约三分之一。[⊜]后来这个经验用在了 1968 年设计的纳斯达克交易系统，并被伦敦和东京交易所采纳。紧接着的 1969 年是 ADL 的"高光时刻"。团队开发的月球激光测距实验装置跟随"阿波罗 11 号"着陆月球，被安装部署在月球表面，并运行至今。^㉔

不像购买产品时可以比较不同产品的具体规格，规划转型业务由于本身重复性低、复杂度高，还涉及其他众多不可预测的因素，在购买之前，客户无法直接比较多家服务商会做出的效果。在这种情况下，服务商的权威能够在很大程度上影响客户的购买决策。权威来自专家的声誉、资历和过往的记录，而思想领导力是这些因素的集中体现。

思想领导力从科技服务行业的开端就显示出了非比寻常的意义。迪博尔德咨询公司（Diebold and Associates）可能是最早专注于计算机应用咨询的公司之一。创始人约翰·迪博尔德（John Diebold）从哈佛商学院毕业之

⊖ Arthur D. Little, Inc. History［EB/OL］.［2021-12-31］. http://www.fundinguniverse.com/company-histories/arthur-d-little-inc-history/.

⊜ IBM. Sabre: the first online reservation system［EB/OL］.［2021-12-31］. https://www.ibm.com/ibm/history/ibm100/us/en/icons/sabre/.

⊜ informs. John F. Magee brief biography［EB/OL］.［2021-12-31］. https://www.informs.org/Explore/History-of-O.R.-Excellence/Biographical-Profiles/Magee-John-F.

㉔ Arthur D. Little［EB/OL］.［2021-12-31］. https://en.wikipedia.org/wiki/Arthur_D._Little.

后，凭借其于 1952 年所著的《自动化：自动工厂的来临》（*Automation: The Advent of the Automatic Factory*）一书产生了广泛的影响力，也为他在 1954 年创立自己的咨询公司奠定了基础。[○]

迪博尔德和他的同事们不只提供科技和系统建设方面的建议，他很早就认识到，要想让软件发挥价值，必须深入了解客户的业务、组织和行业，提出有指导意义的观点和建议。这个洞见很有前瞻性，要知道，当时计算机还只是用于一些很基本的数据自动化处理工作。迪博尔德和他的同事们会用 6 周到 6 个月的时间做出一个 80 ～ 250 页的详尽的研究报告。他们不仅帮助客户分析数字计算机系统如何做生产排期，降低整体成本，加快销售周期，分析这类自动化项目的投资回报，还为使用计算机系统的数据处理部门提供招聘、培训、晋升和知识分享的建议。迪博尔德或许是最早的有意识地运用思想领导力的顾问之一。他和他的同事们一直保持着发表文章的习惯，不断阐述和传播其专业经验和洞见。这些发表于知名期刊上的内容，持续地为企业带来新的商机。

▎协作共创业务

协作共创业务的价值呈现模式，通常是客户产品的开发实现或是解决方案的部署实施。形式上可能是参与研发推向市场的软硬件产品，是交付承载数字化业务的应用软件，是建设内部的 IT 系统，是集成和定制多个厂商的产品和服务来贴合业务场景，或是搭建前面这些软件所依托的基础设施。这类业务需要深入客户所处的复杂问题领域，掌握纷繁复杂的情境，识别并运用合适的技术，最终的交付物成为客户业务的一部分，从而贡献直接的商业价值。

○ YOST R J.Making IT: A history of the computer services industry［M］. Cambridge: The MIT Press，2017.

协作共创业务的服务环涉及众多领域的经验、知识、专业技能，汇集在一起的参与者可能来自客户、科技服务企业和第三方合作伙伴。由于服务的实现是一个整合众多知识工作者的认知和能力来解决复杂问题的过程，工作方式依赖于集体的共同理解，产出效果取决于传递信息、学习和转化知识的效率。从项目上习得的知识，不仅以技能的形式存在于个体，还体系化为针对科技和商业问题的洞见、充盈案例的知识库、不断优化的协作模式，从而成为企业的资产。

1. IT 咨询的先锋——安达信

20 世纪 50 年代初的一个清晨，安达信会计师事务所 Arthur Andersen & Co. 的董事总经理伦纳德·斯帕切克（Leonard Spacek）正和他的客户闲聊。坐在他对面的是联邦爱迪生公司（Commonwealth Edison Co.）的 CEO 威利斯·盖尔（Willis Gale）。⊖他们聊到一个有些陌生的话题——刚刚发明没多久的计算机。此时，只有美国联邦政府机构和几个研究机构在使用计算机，计算机还没有得到什么商业应用。他们尝试探讨这一新事物会对这家大型电力公用事业公司的业务有什么影响，不过并没有产生什么方向性的思路。但正如所有的优秀顾问一样，斯帕切克向客户保证，他回去一定研究研究。

斯帕切克找到了乔·格利库夫（Joe Glickauf）和约翰·希金斯（John Higgins）。这两位都曾加入美国海军，算是同僚。格利库夫在美国海军做过工资和其他数据处理相关的系统，而希金斯则在 IBM 和美国海军管理过一系列机械化系统项目。他们在军队见证了自动化带来的生产力跨越式提高。格利库夫和希金斯挑选了 5 名有着出色数学技巧的年轻人，组成一个核心团队。他们开始研究如何把计算机用于商业领域。这批幸运的年轻人先是在费城同研究员约翰·莫奇利（Dr. John W. Mauchly）和约翰·埃克特

⊖ Accenture. Values. Drive. Leadership. The history of accenture［M］. Chantilly: The History Factory, 2005: 6.

（J. Presper Eckert）一起工作。莫奇利和埃克特是通用自动计算机（Universal Automatic Computer，Univac）的创造者。Univac 可能是最早拥有存储能力的计算机。然后这个团队又到了纽约，接受格蕾丝·霍波（Grace Hopper）女士的训练。格蕾丝·霍波作为当时世界上最著名的程序员，是美国海军级别最高的女士。她开发了基于英语语法的编程语言——Flow-Matic，也就是后来跑在各种 IBM 主机上的编程语言 COBOL 的前身。她让程序摆脱了机器语言的束缚，编程效率有了质的提升。COBOL 编写的软件伴随着 IBM 主机，在后面的几十年里支撑着全世界无数的关键交易型业务的运转，特别是金融交易。

这个团队的第一个客户是通用电气（General Electric Company，GE）。GE 正在肯塔基新建的生产设施 Appliance Park 展示最先进的制造技术。作为未来制造业的典范，GE 希望该设施的管理运营也展现出前瞻性，比如用计算机这样的新技术完成工资和其他后台办公事务的自动化。1953 年 3 月，安达信开始了可行性研究。由于项目的不确定性很高，安达信只收取了成本价 64 000 美元，与客户共担使用前沿技术带来的风险。在其研究结果中，安达信推荐了安装部署 Univac 1 型计算机。1954 年 1 月，这台价值 50 万美元的计算机到位，这在当时是一笔巨大的资本投入，成为美国第一个计算机商业部署。

就在这个项目的执行过程中，当初 5 名年轻人中的乔·卡里科（Joe Carrico）和其他人一起在临近芝加哥的西北大学（Northwestern University）开办了一个编程培训课程。26 名加入这个培训项目的新人标志着安达信 IT 服务业务的建立，这就是后来全球 IT 咨询服务巨人埃森哲的前身。不过在那个时候，它有一个乏味的名字，叫作管理服务部（Administrative Services Division）。

相对于其他早期的科技服务企业多是从咨询业务起步，安达信一开始就是从计算机应用软件开发入手。那个时候"软件"（Software）这个词还不存在，一般的叫法是"定制编程"（custom programming）或"编程服务"

(programming services)。[⊖]

安达信投入大量资源，加快对这一新领域的知识提炼、转化和推广。不仅最早规模化地开展了软件编程的职业训练，而且在 20 世纪 60 年代就有了自己的一套软件工程方法 Method/1。这套方法定义了 IT 项目软硬件需求分析的通用语言，提供了一个从功能跟踪到文档管理，以及包含了基本的设计、开发和多级测试的瀑布型流程。[⊜]在崇尚自由、不受约束的黑客精神刚刚盛行的时代，这显得颇不寻常，给安达信和后来的传承者埃森哲，注入了不一样的基因。

为了有效运作协作共创业务的供应环，企业根据当前客户机会、市场和行业的趋势，针对专业技能和知识资产的需求种类和数量做出预测，并据此来规划招聘、培养和并购策略。现有的预测和策略应随着反馈环中流动的信息而不断调整适配。有时候，为了适应供应端的约束和特点，比如能力结构、人员流动性，还要对团队的分工协作等工作方式做出相应的设计。

协作共创业务的一个挑战是规模化招聘和培养高素质的知识工作者。科技服务业的黄埔军校，可能会让人有些意外，既不是 IBM，也不是埃森哲的前身安达信，而是一个非营利组织——兰德公司（RAND Corporation）。

2. IT 咨询的"黄埔军校"——兰德公司 SDC

兰德公司的英文名称 RAND，指的是研究与开发（Research and Development）。兰德公司可能是美国政府和军方最重要的智库。1959 年，兰德公司建立了独立的公司——系统开发公司（System Development Corporation，SDC）。当 SDC 有了 700 名程序员的时候，整个美国也才不过 1200 名程序

⊖ CAMPBELL-KELLY M. From airline reservations to sonic the hedgehog: a history of the software industry［M］．Cambridge: The MIT Press, 2003.

⊜ Accenture.Our history of innovation［EB/OL］．［2021-12-31］．https://www.accenture.com/us-en/accenture-timeline.

员。之所以建立这么大一家公司，一开始不过是为了做一个项目——赛其系统（半自动地面防空系统，Semi-Automatic Ground Environment，SAGE），一个基于雷达和计算机网络的实时防控系统，由美国空军资助。在成立最初的几年，这个项目一直是 SDC 最主要的收入来源。[⊖]

SAGE 项目员工的工作场所大多比较偏远，收入又受到空军合同价格水平的限制，同时，在 SAGE 这样的大型军方项目上学到的编程技能在市场上颇受欢迎，因此 SAGE 项目的员工流失率很高。在项目开启的最初五年里，项目的员工人数从 500 多人增长到 3500 人，流失也数以千计（从 1954 到 1960 年约 4000 人离开）。这批软件从业者走向了研究机构、政府机构，当然更多的去往其他科技公司，推动了整个行业的发展。

人员流动促使 SDC 采取了一系列针对软件开发的招聘和培养措施。现在战略咨询公司和投资银行招聘时常用的能力倾向测验和其他心理测评手段，SDC 都是先行者。SDC 用这些手段来批量识别有天赋的程序员，虽然人们对这些评测的实际效果众说纷纭。

SDC 是最早采纳模块化开发的组织。模块化开发将大部分程序员所需要掌握的系统知识控制在模块内部，降低了学习负担，加快了上手速度。SDC 很早就使用了精心设计的开发流程。这些后来被称为软件工程的管理手段，降低了开发过程中人为出错的概率，强化了知识的记录和传递。这一切，只是为了应对人员的高速增长和快速流失。SDC 的一位总裁 Kappler 曾说过，"SDC 作为一家非营利机构，所扮演的角色就是成为一个培养程序员的大学"。

流程运营业务

流程运营业务的知识以组织实践的形式存在于技术、规则、流程、工具

⊖ YOST R J. Making IT work: A history of the computer services industry [M]. Cambridge: The MIT Press, 2017.

和基础设施当中。知识反馈环的效果体现于深入认知客户业务，并将其转化为流程和规则，实现标准化后以先进技术再将其自动化，从而提升业务响应的质量和降低业务扩展的边际成本。

1. 从打孔卡片到高科技——IBM

早期的流程运营业务多是跟数据处理相关。IBM 一开始的价值主张是让更多企业，特别是中小型企业，使用 IBM 的打孔卡片制表机来处理库存、财务、人力资源、市场和客户相关的数据。这些打孔卡片制表机的继任者是 IBM 计算机，原先部署着打孔卡片制表机的服务中心也摇身一变，成了"科学计算机中心"，不过做的还是打孔卡片制表机做的事情。就像"Computer"最早指的是操作计算设备、从事数据计算的人，而非计算设备本身，软件业常用的"应用开发"（Application Development）一词的出现，其实远早于计算机的商业应用。当时 IBM 用这个词来描述会计使用打孔卡片制表机时的作业流程，应用于会计业务相关的数据处理场景。[⊖]

围绕 IBM 不断升级的计算机系统，IBM 的服务管理部（Service Bureau Division）负责寻找尽可能多的应用场景，试图把计算机运用到成本核算、生产控制、油气管道设计、先进飞机研发等各种需要处理数据和计算的领域。部署在各地服务中心的分时计算机不断扩充能力，衍生出了销售计算资源时间，以及结合计算资源、软件的各种服务，堪称是集业务流程外包（BPO）、互联网数据中心（IDC）为一体。

2. 专注发工资 70 年的 BPO 专家——ADP

说起 BPO，必须要提到 ADP（Automatic Data Processing）。ADP 最早叫 API（Automatic Payrolls, Inc.）。学会计的亨利·陶布（Henry Taub）观察

⊖ YOST R J. Making IT work: A history of the computer services industry［M］. Cambridge: The MIT Press, 2017.

到中小型企业在工资处理上的混乱，在 1949 年创立了 Automatic Payrolls, Inc.。创立之初的这个名字就清楚地说明了 API 和人事薪酬的渊源，这项业务直到今天仍是 ADP 最主要的服务领域。其业务模式看上去很简单，相对于客户自己处理，专业服务商的效率会更高。专注所带来流程方法的优化，加上规模效应，产生的效率差异很容易体现其价值。这项业务真正的难点是说服客户。要把像工资单这样机密神圣的数据交给一个外部的公司处理，赢得信任是赢得业务的关键。

ADP 和当时的 IBM 服务管理部，还有其他大多数借着计算机革命风口起飞的企业有着不一样的起点。可能是因为没有技术基础，一开始 ADP 并没有什么计算机方面的建树，而是专注从业务问题出发。ADP 在很长一段时间里都只专注于一种服务，这与 IBM 很不一样，IBM 是尝试把计算机用到所有能够想象到的地方，而 ADP 并没有实现其名字里的 A（Automatic）代表的自动化。成立的前十年，ADP 基本靠手工帮客户处理工资单。亨利·陶布坐公交车到客户那里收集纸制的工资单，然后把装有工资支票和收据的信封送出。

直到 1961 年，引进了 IBM 的数据处理系统后，公司改名为 ADP，自动化终于名副其实。真正驱动 ADP 规模化使用计算机技术的是其业务的区域扩张，扩张过程中的一系列并购更是让标准化、自动化的迫切性激增。要在多个地点同时高质量地提供标准化服务，如果没有基于 IT 设施和应用软件的流程部署几乎是不可能完成的。

比较三种业务类型的组织特点：

- 规划转型业务解决的问题本身高度复杂，不确定性强，成效亦是难以准确预测。精英小团队的作战模式价格高昂，客户要把钱花在刀刃上，只会用于撬动更大商业价值的项目。这类项目上容纳新手的空间小，要培养新人，达成平衡的人力杠杆水平，很考验资深人员分解复杂任务和培养新人的功力。

- 协作共创业务要帮助客户达成策略的落地和产品的实现，项目涉及的活动种类繁多。既有对经验、认知要求高的复杂任务，也有具备基础专业技能就能承担的执行工作，更多则介于两者之间。这一类业务往往项目体量大，团队规模也大，对预算控制、人才供给的要求高。
- 流程运营业务的关注点在于不断发现规模效应的新场景、新环节，通过业务标准化、流程化，以数字化技术提高自动化水平，创造效率的价值空间。

上述对三类业务的分类主要根据业务模式和核心能力的差异，业务规模化的空间次第上升。如果从业务效果角度出发，从咨询规划、设计开发、部署实施，乃至运维和优化演进，几种类型服务的结合才能创造端到端的价值。因此，不管从哪类业务起家，试图规模化成长的企业都会逐渐覆盖上述三类业务。只是由于自身禀赋、品牌定位的特点，在核心优势的建立上有所取舍。

以笔者所在的 Thoughtworks 为例，Thoughtworks 有一类数据智能业务，合作模式经常始于一个精益数据探索（Lean Data Discovery，LDD）的咨询阶段。这个阶段的目标是起草一个数据驱动的业务创新全景图，从数据策略的角度形成业务愿景上的共识。下一步是定义一个数字策略的投资组合，识别出最小可行产品（Minimum Viable Product，MVP）机会点，设计一个初步的路线图。这个阶段对相关专家的专业技能有很强的依赖性，是规划转型业务。

在精益数据探索咨询之后，是相关的 MVP 的开发实施，以及把 MVP 投入真实业务场景做价值验证。然后对潜力高的产品进一步投资，使其贡献于业务愿景的实现。这个阶段通常是规模化产品交付和实施的阶段，属于协作共创业务。

相关的智能产品或数据平台完成后，可能由运维部门或第三方管理服务部门托管。这个阶段需要严谨的流程和智能高效的运营基础设施来确保服务质量、响应速度和运营效率，是流程运营业务。

在科技服务领域，除了数据智能业务以外，企业架构与平台的规划和实施，产品创新、设计和研发等不同业务都有相似的特点，汇集多个服务模式才能完成各自的价值交付。这对服务组织的结构设计带来了挑战。到底是模式类似的业务放在一起构成一个业务单元，还是解决一类端到端问题所需的不同模式业务放在一起成为一个业务单元？这些选择各有利弊，后面的章节会有更详细的探讨。

科技服务业务的规模和人员投入数量在一定程度上线性相关，相对地，科技产品企业有着低廉的边际成本，产品的成功意味着利润和规模的非线性增长。增长模式的差异，让产品业务似乎更具吸引力。但是，科技服务和科技产品这两类业务在企业市场一直快速增长。根据 TSIA（The Technology & Services Industry Association：科技和服务行业协会）发布的科技服务 50 指数，全球 50 家大型上市科技服务公司的数据显示，从 2013 年开始，这些公司的总服务收入开始超过产品收入，并且在这十年里不断拉开了差距（如图 1-3）。[⊖]此外，科技服务由于其具有跨越产品和产业生命周期的韧性，加上稳健的现金流，吸引着众多企业不断进入并积极拓展这项业务的边界。

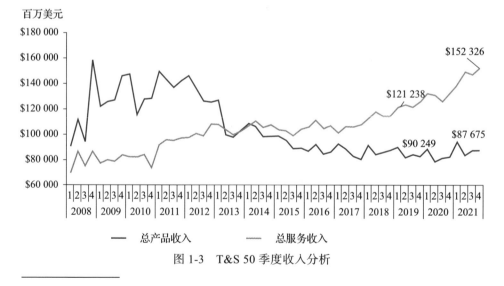

图 1-3   T&S 50 季度收入分析

⊖   STANLEYH. The state of service offer management 2022 ［R］. Technology & Services Industry Association, 2022.

其实除了上述三种常见的业务类型，科技服务领域其实还有一种灵魂人物依赖型业务。其成功的关键在于核心成员的个体认知能力、企业家式的问题解决模式，以及个人创造性的成就。过去，这类业务往往发生在缺乏经验积累和知识框架的新领域，例如新型业务的战略咨询、颠覆性意义的创新产品设计。最近，基于成果收费的服务模式开始出现，客户和服务商合作打造创新业务，分享成功的收益，共担失败的风险。这类内部创业项目需要企业家精神的领导，也驱动产生了新的灵魂人物依赖型业务。

彼得·德鲁克 1967 年发表在《麦肯锡季刊》(*McKinsey Quarterly*) 上的文章 *The manager and the moron* 里有个比喻：计算机之于信息，就像电站之于电力。发电站使得很多事情成为可能，但是如果没有那些在不同场景下发挥作用的设备，电力将无处可用。今天，科技服务是向众多行业注入的催化剂，不断触发着计算机以及其他数字化科技的新场景。

红皇后假说

业务算法化

"喏，看吧，你得拼尽全力，不停奔跑，才能留在原地。"《爱丽丝镜中奇遇记》中的红皇后如是说。同样的一句中国老话是"逆水行舟，不进则退"。美国进化生物学家利·范·瓦伦在 1973 年提出了"红皇后假说"——物种为了生存，必须不停地优化和改进，才有可能对抗捕食者和竞争者。但是由于捕食者和竞争者同时进行着相应的改变，物种的生存概率并不一定提高。一个物种想要在生态系统里获得有利的位置，就要有超出其他物种的进化能力。当前的适应并不能保证未来的成功，进化能力才是物种延续的关键。

外部社会经济环境的变化、竞争对手的发展，甚至客户的转变、周边各要素的快速变迁，让商业组织时刻面临价值创造和价值呈现的挑战。咨询公司很善于为客户制造焦虑。当然，他们说这焦虑是变革所需的紧迫感。他们唠叨着，组织的新陈代谢仍然太慢，在 VUCA（Volatility, Uncertainty, Complexity, Ambiguity——易变性、不定性、复杂性与模糊性）的世界里要准备好随时被颠覆。不过这些咨询公司与其他专业服务组织一样，坐看科技产品企业和互联网公司的云起云落，其模式经历了悠久的历史，却一直没有什么太大的变化。以麦肯锡为例，自 1926 年创立伊始，虽然大师辈出，创造出各种概念，是企业、行业乃至国家一波又一波变革之中的弄潮儿，但其自身的业务模式跟百年前成立时相差不多。

百年长青的业务模式并不意味着永远不会被颠覆，跨界竞争者凭着科技创新的力量正引发金融、零售、旅游等行业格局的剧变，而追赶科技服务组织的捕食者，则是加强其自身业务的算法化。

罗杰·马丁（Roger Martin）用知识漏斗（Knowledge Funnel）描述知识的演进。如图 2-1 所示，这个漏斗模型展示，一个复杂问题的解决需要经过谜题（Mystery）、启发（Heuristic）和算法（Algorithm）三个阶段。

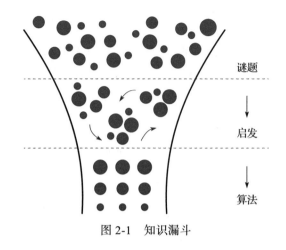

图 2-1　知识漏斗

（图中文字：谜题　启发　算法）

罗杰·马丁认为，复杂问题的解决总是从谜题阶段开始。探索一个神秘的问题，可能会有无限种方式。笔者在另一本书《精益软件度量》里用过一个交通工具的例子："人类一直在孜孜以求地获取更快更好的交通工具。那么如果说'更好的交通工具'是一个谜题，经过几千年的摸索，在工业革命之前，交通工具这个谜题已经被降解成一系列的启发式问题。其中的两个可能是：更好的马车和更好的帆船。相对于谜题，启发式问题是将探索的领域缩小到一个更加可控、可管理的大小。当有了这两个启发式的问题之后，人们就倾向于不再去考虑'更好的交通工具'这么一个没边儿的问题。目标就变成了'如何制作更精致的马车，让马车更轻便、更结实''如何制作更大的帆船和有效的风帆，让帆船载货量更大，速度更快'。问题的解决聚焦在了产品的升级和演进，这两个问题又被进一步降解成了一系列的算法化问题。算法化的问题是指已经有固定的公式、模式来解决的问题，对于马车和帆船的例子来讲，马车和帆船的制作就是一个算法化的问题，经过训练的工匠能够依据固定的流程和工艺，顺利地重复制作多个产品。"

一个业务领域成熟的过程，就是这个领域的问题从谜题到启发和算法，不断降解的过程。知识密集型组织解决的问题大多处于知识漏斗靠近中上的位置，位于谜题和启发之间。业务问题是否处于这个区域取决于如下几个特点。

- 重复性——可以算法化的问题，大多由软件自动化实现或是交给平台化的服务组织，知识密集型业务要解决的问题通常都是与业务情境有着很强的联系的问题，每次的解决方法和解决效果都有所不同。

- 社会化属性——问题的解决不仅需要分析性方法，还需要大量社会化能力。与不同领域相关各方联结、协作和谈判时，总是会遇到不可预测的反应。而诸如说服、找出重点、达成共识这样的能力需要长时间刻意练习才能提升。

- 效果的模糊性——服务对象很难对服务效果做出客观有效的评价，与服务商接触的主观体验会显著影响人们对服务效果的判断，因此人们不得不借助品牌和声誉等社会性证据，避免不同人评价同一服务时，出现"爱的爱死，恨的恨死"这样极端的结果。

- 学习的价值——不管是在一个领域积累，把踩过的坑变成自己的奖杯，把挫折变成勋章，还是把一个行业、客户、项目上所学到的知识运用到不一样的领域，以他山之石攻玉，快速学习的能力让组织善于应对变化的客户需求和商业环境，同时，在技术和方法的更新换代中持续获得新的价值创造能力。

- 影响客户对问题的定义——解决表面的问题并不能使价值最大化。专业的意义在于看到客户的盲点，改变由于组织惯性而植入人们头脑中的思维定式，发掘更深层次的问题，展现更大的格局和不同的视角。

当知识漏斗中的一项业务出现下移的趋势时，征兆会很直接地体现在客户的日常反应当中。如果客户总在拿服务和产品对比，要求采用成型的产品替代服务中定制和创意的部分，那么说明服务的重复性在变高，工作内容可能出现了算法化的机会，意味着服务内容被产品化、被机器替代的可能性增加。

社会化属性的降低也有明确的征兆。客户越来越希望用文档来驱动项目的推进，而不是希望得到更多面对面交流的机会。如果文档就能承载问题的定义、问题产生的背景和解决问题的手段，可能暗示着隐性知识变得不再那么重要。当然，还有一种可能性是客户低估了隐性知识的作用，高估了知识显性化的效果。

效果模糊性降低的一个征兆是客户越来越难以被满足，而且能为其不满提出清晰客观的衡量依据，比如数字化战略规划服务未能帮助客户在预期的时间内达成流量、转化或营收的目标。另外一个征兆是更加专业化的竞争对手出现在相应的细分市场，愿意并能够向客户承诺实现更加精准的业务目标。

当足以等效替代的低成本竞争对手开始出现时，预示着学习的价值在该服务领域已经降低。这通常是业务已经足够成熟、变化足够缓慢、低成本的竞争对手用工具和流程固化了知识，替代了学习的价值。

最后，服务商一旦不再能影响客户对问题的定义，就只能被动响应客户的需求。更糟的是，即使做了被要求的事情，客户反而更加斤斤计较。服务商洞见不足时，只能用效率弥补，于是进入了挤压成本的恶性博弈。

■主动算法化

搅动专业服务领域的一个颠覆性力量是竞争对手把业务问题的解决办法算法化。没有历史包袱的跨界者更有这方面的动力和潜力。与其等着被颠覆，让自己处于被迫应对的局面，还不如主动推动自身业务的算法化。更好的做法是主动研究和评估竞争对手，特别是行业头部玩家，识别其业务和能力中浮现出的算法化机会，赶超对手。

算法化的核心是把隐性知识显性化，然后用套路和工具，降低对个体灵感和经验的依赖，提高人均所能够撬动的价值杠杆。如何把隐性知识显性化呢？常见的隐性知识存在于这几个领域：产品和服务，人员和流程，客户和市场。我们这里先关注产品和服务领域。

大卫·梅斯特（David Maister）根据解决问题的不同，把专业服务分为三个类型："大脑袋"（Brain）"白头发"（Gray-Hair）和"执行员"（Procedure）。[一]这个比喻与个人的能力特点相关，实际上科技服务企业的每个类型的业务都可能会用到这三项不同的能力，只是比重会有差异。因此，与原来大卫·梅斯特的用法不同，我们用这三个名称代表在每个类型的服务的交付过程中，在更细的颗粒度上，团队要完成的三种不同的活动。

"大脑袋"解决的是前面知识漏斗里接近谜题类的问题。这类问题要么仰仗深奥难懂的技术，要么非常独特，解题过程存在极强的不确定性，并且很可能有较长的验证周期，一旦出错，基本无法通过一般手段来纠正。由于无法提前验证方法的正确性，过去的经验又不能复制，能够做的就是挑选最有把握解决问题的人来做。于是，做这类业务的人大都自称"街上最聪明的仔"，能够提供最出色的思路。我们又称这种人为"灯塔"，他们的作用是在黑暗和迷雾中指引方向。由于能在业界树立起这样声誉的人有限，这类人只会去解决高附加值的问题，规模化的潜力有限。

"白头发"从事的是强经验依赖型的活动。他们遇到的问题虽然很复杂，但并不是前所未见，也不是要用到超前到完全未被验证过的方法或技术，他们在其他地方遇到并解决过类似的问题，只是情境和具体细节不同，经验仍然可以借鉴，经过验证的专业知识和技巧都极具价值。做这类业务的人口头禅是"这事儿我干过"。由于相关知识、技巧和经验不一定依赖个人所有，也可能来自组织的积淀，"白头发"的可扩展性比"大脑袋"要强些。

[一] MAISTER D H. Charting your course ［EB/OL］. ［2021-12-31］. https://davidmaister.com/articles/charting-your-course/.

"执行员"负责的工作要求响应及时、执行快速、质量可靠，高性价比是关键。这类领域通常已经总结出最佳实践，问题的解决过程能一定程度地标准化。竞争力一方面体现于掌握专精技能，熟练运用相关工具的专业人员，另一方面要识别现有方法、流程和工具中存在的问题，持续提升其效能，甚至探索突破性的创新。

每种业务都可能覆盖上述多种活动。以协作共创业务的创新产品研发服务为例，如果创意和设计对产品的成功非常关键，这部分工作中的一些活动就需要"大脑袋"承担。软件开发过程则混合着"白头发"和"执行员"的工作。有过相似项目经验，掌握相关流程、工具和技术栈的"白头发"们，指导和带领着具备基础技能的团队成员，一起完成一个产品的研发。

将上述三种活动和知识漏斗的问题算法化过程相关联，我们可以据此分析有可能算法化的几个场景。

▍复杂问题体系化

科技服务企业需要不断把"大脑袋"灵光一现的创新思想和积累于脑海的经验视野，转化为结构化的资源，沉淀为组织的知识资产，可构建一个思想和经验的框架模型，也可以总结一套适用于特定场景的方法和实践。这些内容既可以减少其他人的重新工作，又能够帮助更多相对初级的专业人员完成服务的交付，保障可预测的服务质量。

以笔者在 Thoughtworks 从事的数字化转型服务为例，早期，全公司只有少数一些人具备帮助客户端到端地开展这项业务的能力。这些人不仅有着敏锐的行业嗅觉，清楚了解各种内容广博的数字化科技，还能深刻理解客户的组织和业务情境，更重要的是掌握这些要素之间的关联影响，并因地制宜权衡取舍。涉及的知识范围之广、影响因素之多，以至于要做出相对准确的判断，堪称一门艺术。这些先行者们的探索活动依赖的是经验和直觉，从各个角度建立假设，快速验证并修正方向，做的是"大脑袋"的事情。

积累一些案例经验之后，这些人观察到这类服务过程中浮现出的模式，于是总结出了现代数字化转型业务的五个核心要素。

- 低摩擦的运营模式；
- 企业级平台战略；
- 智能驱动的决策机制；
- 客户洞察和数字化产品能力；
- 工匠精神和科技思维。

所有的模型都是对现实复杂世界的简化，而现实永远比模型复杂棘手。所以这五个要素虽然不能覆盖数字化转型业务的方方面面，但能够反映重要的关注点，基本够用。有了这个框架，就不用每次从头开始，完全靠经验和直觉来摸索数字化转型的策略。

为了让更多人能够有效识别转型目标、策略和优先级，从而设计出适合的转型旅程，这些先行者设计了一个数字化流畅度模型（Digital Fluency Model，DFM），如图 2-2 所示。这个模型倒也不是凭空出现的创新，其元模型来自黛安娜·拉森（Diana Larsen）和詹姆斯·肖尔（James Shore）于 2012 年发布的敏捷流畅度模型。⊖

设计这个模型的人发现，所处商业环境、禀赋不同的公司发展数字化转型业务的重点是不一样的，不能用一刀切的成熟度模型来定义。像 CMM 这样的能力成熟度模型明确设置了等级越高越好的期望，似乎到了最高等级就拿到了最终的奖杯，就一劳永逸地解决了问题。流畅度的概念来自语言学

⊖ SHORE J, LARSEN D. The agile fluency model［EB/OL］.［2021-12-31］. https://martinfowler.com/articles/agileFluency.html.

习。当一个人要学习一门外语时，首先要看看学习的目的是什么。是去旅游，是在工作中使用，还是要长年居住在新的国家？学习的目的决定了应该把外语掌握到什么样的流畅度。

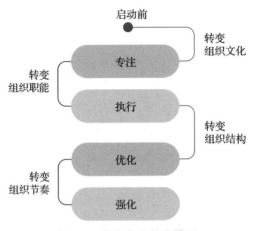

图 2-2　数字化流畅度模型

一家企业不一定在五个要素上面面俱到，样样精通，加强所有核心要素不是转型的目的。更合适的做法是根据组织特点、业务模式、竞争环境和自身战略来权衡取舍，决定每个要素在不同阶段的流畅度目标，选择适当的投入水平和投资内容。有的时候，在某个核心要素上加大投入，达到更高的流畅度水平不一定能带来太多额外的价值。时机不对的时候，甚至可能带来负面的效果，以至于影响整个数字化转型战略的声誉和干系人的信心。当业务环境变化时，我们应随之不断调整各个核心要素的流畅度目标和相关投入方向。流畅度模型把制定转型战略的工作进一步拆解到了每个要素的流畅度目标制定，降低了所需知识、经验和认知能力的要求。

以某金融服务公司为例，该公司认为，取得长期成功的关键是从其数据资产中释放价值，并成为客户的终身合作伙伴。该公司还发现，客户的平均年龄有所下降，所以应该设法迎合那些期望有更好的数字体验的年轻人。因此该公司选择在智能驱动的决策机制这个要素上向着强化级别努力，同时增强客户洞察和数字化产品能力以吸引年轻人。于是，该公司采取的一个举措是投资现代化的客户数据平台（Customer Data Platform，CDP），并以自建团队和寻求高端服务商合作相结合的方式，增强产品设计能力。其数字化流畅度目标如图 2-3 所示。

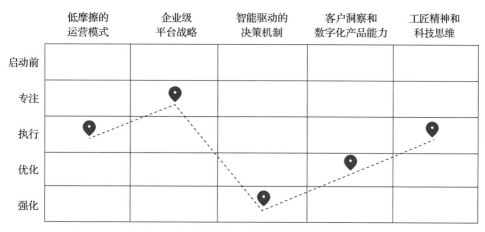

图 2-3 某金融服务公司数字化流畅度目标

决定了每个核心要素的流畅度目标后，就要选择合适的举措和投资。以"优化"这个流畅度级别为例，这对大多数公司来说是一个突破现有组织约束的阶段，快速实现价值交付和采用新技术会带来更高的回报。高价值的新业务模式逐渐浮出水面，企业在部分领域就可能领先甚至影响市场发展的节奏。可选的部分投资选项，如表 2-1 所示。

表 2-1 数字化流畅度"优化"级别的部分投资选项

• 高度授权组织	• 交互设计
• 职能部门的转型（人力资源、学习资源中心、财务）	• 围绕产品的组织设计
	• 数据治理
• 适应性领导力	• 数据科学
• 内部倡导平台即产品	• 自助数据平台
• 围绕平台的组织设计	• 数据即产品
• 自助服务能力	• 适应性架构（自动化基础设施和测试、云原生、技术自助服务）
• 合规自动化	
• 产品管理能力	• 开发者体验
• 产品专业知识	• 技术深刻理解业务战略

观察上述这个业务定义的过程，经过一系列的建模活动，数字化转型这个高度复杂、高度不确定的活动，逐步降解为一组专业领域的投资选项。不确定性降低之后，业务活动对应到了多组以"白头发"和"执行员"为主体的团队，由一群具备相关领域经验的专业人士分别承担，并取得足够满意的效果。

▎专业问题产品化

科技服务企业跟科技产品企业之间的界限并不总是那么清晰。企业软件公司的产品一开始多是来自对业界最佳实践的总结沉淀，服务体系化之后就有潜力走上产品化的道路。如图 2-4 所示，科技产品企业与科技服务企业的经济模型差异在于边际成本。随着客户的增多，摊薄研发和营销成本，边际成本就越低。同时，随着市场占有率的提高，企业有更多的资源用于抬高竞争门槛，直到实现一定程度的垄断，或者产品生命周期被新进入的创新者终结。

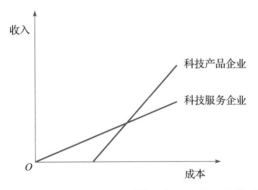

图 2-4　科技产品企业和科技服务企业的经济模型

对于科技服务企业来讲，产品化的好处除了成本下降，还有交付周期的加速。产品化的目的不一定是完全去除服务部分的工作，有的时候是在不同的项目之间增加重用的机会，减少定制化的比例，从而为客户缩短投入市场的时间周期。因此，即使产品不一定有多么完备，也是有价值的。我们把这类半成品叫作服务加速器。

有一家全球领先的战略和管理咨询公司，在钢铁冶炼领域掌握和维护着一套复杂的配矿决策模型。这套模型综合了技术和利润等复杂约束的数学规划，不仅考虑了原材料的性能、化学工艺、产品质量，还考量了原材料的价格、成分、运营成本和销售收入。这套解决方案最早依靠的是行业专家的经验和能力，先是转化成复杂的 Excel 模型，然后强化转为基于人工智能的模型。该套模型不仅使工作效率大幅提高，可以由不同角色执行生成配矿决策，还能够在线对配矿决策进行分析、优化。这套系统的部署，让专家把注意力放到针对模型和业务的认知和设计上。这些涉及更强的认知能力、行业经验和社交互动的活动，更能体现知识工作者的价值。

程序问题自动化

当问题的复杂度或创新性有限，逐渐不再需要知识密集型的团队来解决时，团队创造价值的重点开始由效果向效率转移。转移的方式是根据问题的情境来制定算法化的策略，目的是把解决问题的过程分解为颗粒度足够细的工序，让工序足够简单，可以由较为初级的专业人员完成，并且对于其中重复的部分，利用技术手段实现自动化或半自动化处理。

一个场景是利用技术提高专业人员的能力。在象棋对战实验中，人与人工智能合作的一方大概率会击败各自独立参战的人或机器。类似地，技术能够帮助专业人员获得远超自身的计算思考速度和能够直接使用的数据信息，完成单凭人力难以完成的任务。传统咨询业务中有相当多的工作量都放在了数据的收集、处理和分析环节，知识图谱这样的技术和工具能够显著加速这部分工作的完成速度，改善数据覆盖的全面性。我们看到，已经有领先的管理咨询公司正在为其分布在全球的顾问打造一个自助式的人工智能平台，期望以此让顾问像拥有了智能管家贾维斯的钢铁侠那般如虎添翼。

软件交付过程中也存在着可以自动化的环节。例如用自动化测试的手段来完成单元、功能、集成，以及性能、安全等各级各类质量保障活动。但在自动化之前，产品的质量保障策略，以及各级各类的测试策略，都需要"白头发"预先设计，并在交付过程中，不断迭代、调整、改进。

■ 算法化的组织障碍

生物界中，一个生态环境里多个物种的进化之间有着相互制约的关系，这种牵制作用之下，有时候会让显著变化的发生变得非常困难。在商业世界里，我们也看到相似的现象。一些组织由于内部制约，其算法化的努力未能达成预期效果，这说明主动算法化需要因地制宜。

首先是低估了情境的复杂度，强行算法化。一度如火如荼的模型驱动软件开发运动，参与者热切地期望找到把软件生成过程算法化的通用手段，即通过建模工具，拖拖拽拽就能自动生成应用软件。不过除了留下华而不实的代码生成工具和更多难以维护的遗留代码以外，并没能走多远，仍然只是在一些细分问题领域发挥着作用。今天，随着技术的发展，低代码运动又卷土重来，能写代码的人工智能似乎也出现在人们的视野中。我们的应对之策，是认真分析这些新的技术发展所适用的问题场景，既不要盲目乐观，指望找到"万灵药"，又要充满探索的好奇心，主动采取行动。

此外，更多障碍可能来自个人的抗拒。有人可能掌握了足够的技能，但对投入精力学习和研究更复杂、更高价值的问题缺乏足够的动力，也可能担心"教会徒弟饿死师傅"。但是，红皇后假说告诉我们，不断进化的捕食者就在身后。知识漏斗中知识的下移降解不随个人的意志转变，总会有人不断推动隐性知识显性化，让门槛降低。敝帚自珍、故步自封的人将会面临被"饿死"的境地。这种情况不仅适用于个人，也适用于组织。

在快速变化的时代，过去的成功经验可能会成为我们赢取下一次成功的最大敌人。知识密集型组织的生命力源于持续革新自己，而革新自己的一种方式就是主动降解依赖少量明星、专家解决问题的过程。将可以算法化的部分，变为更多人可以完成的任务或者转为自动、半自动的处理模式。具有高认知水平和经验丰富的专家则继续追逐新的更具挑战性的问题。不能主动推进算法化的科技服务组织，迟早会像遇到流水线的手工作坊一样，在捕食者的步步紧逼之下，被迫退入狭小细分的市场空间。

2 号引擎

孵化新业务

热带雨林的生物多样性让人们惊叹，每公顷土地上能有 650 种树，比整个北美大陆上的树的种类还多。这让人们不禁好奇，到底是什么样的力量推动着热带雨林演化出这般的多样性，让这么多的物种和谐共处。犹他大学的菲莉丝·科莱（Phyllis Coley）和托马斯·库萨尔（Thomas Kursar）2014 年在《科学》杂志上发表了一个观点，他们认为这些物种的共处一点都不和谐，植物和植食动物之间的"军备竞赛"驱动了多样性的演化。[○]当一种植食动物发现了采食某种植物的新方式后，那种植物必须演化到能够抵御它们。有的植物会在树叶里打包数百种针对昆虫的毒药，还有的植物分泌出甘甜的花蜜吸引蚂蚁，而这些蚂蚁会攻击其他吃树叶的昆虫。复杂的攻守关系催生了近乎无限种类的共存方式，经过许多世代后，这些攻守关系和共存方式的变化推动了新物种的诞生。这是不是有点像专业服务公司与客户之间博弈合作关系的演变？

首先是不断被削弱的信息不对称。当今获取知识极为便捷，"太阳底下无新鲜事"，"一招鲜"的价值大大降低。过去，知识和经验都存放在公司的知识库里，造几个新名词，建几个新框架，就能引起客户的兴趣。今天，海量的知识在互联网上唾手可得，客户稍作研究，就能初步验证服务内容的来龙去脉、业界格局，甚至未来趋势。而且客户日渐成熟，对服务理解更深，因此在性价比上提出更高的要求。不少客户合作过多个服务商，久经各种考验。也有不少客户高管是从乙方跳槽过去的，对服务商策略了如指掌。缺乏实际价值落地能力的"偶像派"，其溢价急剧衰退。

其次是服务内容面临被边缘化的境遇。随着科技日益成为业务革新的驱动力量，企业投入越来越多的力量自建科技服务组织。这一趋势既催生了新的机会，又增加了服务商重新寻求差异化定位的动力。

○ COLEY P D, KURSAR T A. On tropical forests and their pests［J］. Science. 2014，343 (6166): 35-36.

除此之外，像受到冲击的其他行业一样，专业服务也会面对跨界的竞争者。互联网平台公司，比如阿里巴巴的阿里云和亚马逊的云服务平台 AWS，借助其平台的强大社会和经济影响力，以及财务资源，进入企业服务领域，对科技服务市场造成了巨大冲击。

这些趋势让客户看到了持续挤压服务商的利润空间的可能。就像热带雨林里的植食动物一样，客户不断提出更低成本的竞争选项，刺激科技服务组织展开"军备竞赛"。如果一家服务商希望保持优质服务的定位，要么如前文所述，将问题算法化，主动标准化、自动化原有解决方案，不断淘汰低价值业务；要么重新发现更高价值的问题，拓展新的业务能力，推出新方案、新服务，通过创新重获议价资格。

最后是"军备竞赛"推动着业务的多样性发展。不断涌现的新兴业务是公司生命力、活跃度的体现，满足着资本市场、员工以及其他干系人对增长空间的期许。回顾任何一个组织的历史，不管是企业内部的研发组织，还是直接面对客户的服务组织，其业务大多起步于专精某个细分的领域。IBM 起步于打孔卡片制表机，而大名鼎鼎的麦肯锡，自创立起的很长一段时间里，其名声都是跟"Cost Cutter"（成本削减工具）联系在一起。但是，如果仅凭创始人詹姆斯·麦肯锡（James McKinsey）创立的管理会计这一门学科，麦肯锡也不会成为今天的麦肯锡。

创新的边界

那么，新兴业务从哪里来？边缘战略[一]是我们可以参照的一个思考框架。边缘战略源自对生态学中边缘效应（Edge Effect）的观察。两个或两个以上

[一] LEWIS A, MCKONE D. Edge strategy: A new mindset for profitable growth ［M］. Boston: Harvard Business Review Press, 2016.

不同性质的生态系统交互作用之处，也叫交错群落（Ecotone），会"由于某些生态因子（可能是物质、能量、信息、时机或地域）或系统属性的差异和协合作用，而引起系统某些组分及行为（如种群密度、生产力和多样性等）的较大变化，称为边缘效应"。⊖

这让人想起 700 万年前非洲大森林里的一支古猿族群，在与其他猿猴种群竞争中败下阵来之后，不得不进入森林与广袤草原交错的边缘栖息地带挣扎求生。尽管遭遇奇高的死亡率，加速的进化却让族群在繁衍生息的旅程中越走越远，最终成为人类。而留在森林里的猿猴种群则大多消失在了历史的长河之中。

创新活动在系统的边缘结合处最为活跃，就好像开源和闭源的生态之间（Linux 和 Windows），开放和封闭的生态之间（Android 和 iOS）。这些竞争而又互补的生态相邻之处，学习、碰撞活动格外剧烈，涌现出各种创新的商业模式和产品。如果把科技服务组织、客户和其他第三方，看作不同的生态系统，生态系统之间的三种商业边界（见图 3-1）之上存在着的交错群落是发展新生业务的沃土。

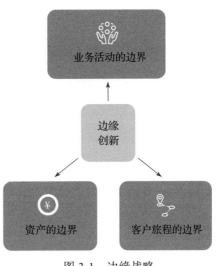

图 3-1　边缘战略

业务活动的边界

服务商、客户和第三方之间，业务活动的边界其实并不总是那么清晰

⊖　百度百科. 边缘效应［EB/OL］.［2021-12-31］. https://baike.baidu.com/item/%E8%BE%B9%E7%BC%98%E6%95%88%E5%BA%94/4679023.

和稳定。服务商创造价值的一个方式是通过展示效率和专业的优势，逐步把原来由客户自己从事的一部分非核心经营活动，转移到服务商的业务当中。比如笔者所在的 Thoughtworks，过去专注于软件的开发阶段，由客户或第三方负责管理和维护部署上线之后的软件和承载软件运行的基础设施。Thoughtworks 承担这项维护工作的性价比不高，所以没有积极争取这类业务。当基于云原生架构的应用越来越普遍，DevOps 等自动化能力优势让 Thoughtworks 在这类业务上的经济性有了大幅提高，于是把上线之后的软件及其生产环境的运营工作纳入了服务范围。这是把业务边界向客户内部逐渐渗透的策略。

客户旅程的边界

一家企业与其客户之间的触点和客户旅程存在一个时间线的边界，沿着这个边界延伸会触发新的业务机会。Thoughtworks 一直强调打造端到端的服务，促进业务闭环。向前，很早就开始孵化和组建 UX 团队，把产品开发向设计延伸，覆盖至业务策略、产品策略、创意和用户调研。向后，几年前接手了开发阶段后的产品运营和演进。一前一后，尽可能延伸与客户共同的旅程。近几年战略管理咨询公司大举进入实施领域的举措也可以看作客户旅程边界的拓展。麦肯锡以 McKinsey Digital 进入软件规划、设计和部署领域，而 McKinsey Analytics 则帮助客户解决数据科学和分析的挑战。BCG 也有类似的策略，BCG Platinion 专注技术实施，Gamma 的定位跟 McKinsey Analytics 有些像，BCG DV（Digital Venture）则帮助客户企业孵化和打造新的数字化业务。

资产的边界

重新定义企业的有形和无形资产可以开启新的发展空间。有的企业打造内部价值链上的一些环节，展现出超越行业水准的能力，于是就有了重新定义资产边界的机会。内部价值链外化为新业务的同时，与现有业务发生协同效应，叠加成为独特的竞争力。近几年金融机构纷纷在旗下成立金融科技公司就是这样的思路。兴业银行号称"同业之王"，早在 2004 年就开始为中小型银行提供服务。为了把内部金融科技能力从一种业务优势延伸为生态优势，2007 年兴业银行在国内率先推出同业金融合作品牌——银银平台，为中小银行建设和托管商业银行核心系统。到了 2019 年，银银平台累计与 372 家商业银行建立合作关系，已实施上线 226 家。[○]另一个例子是 Thoughtworks 推出的思沃学院服务。Thoughtworks 的内部人才培养体系一向被业界称道，因此将原本对内的思沃内训推向市场，帮助诸多客户培养了大批出色的数字化人才。

2 号引擎：新兴业务的生长

一家企业能长期在复杂多变的市场环境中竞争和博弈，在于其业务组合表现出足够的韧性。这种韧性不仅体现在上述三个边界上不断涌现的创新，还体现在这些创新的想法能够成为新的增长动力。Tata 集团最初是以母公司积极干预，维持集中控制而闻名。近些年来集团逐渐放手，精简了投资组合，专注于支持业务部门，使其获得集团层面的资金或人才支持。Tata 集团谨慎发展它的母合优势（Parenting Advantage）[○]，尽力做到在发挥核心业务潜力（Tata 称之为 1 号引擎）和重塑未来业务（2 号引擎）之间取得正确平衡。[○]

○ 来源：兴业银行 2019 年年度报告。
○ CAMPBELL A, GOOLD M, ALEXANDER M. Corporate strategy: the quest for parenting advantage［J/OL］.（1995-03）［2021-12-31］. https://hbr.org/1995/03/corporate-strategy-the-quest-for-parenting-advantage
○ FELENBOK J P, OJHA N, VESTRING T, et al. Asia's conglomerates: end of the road?［EB/OL］.（2018-09-14）［2021-12-31］. https://www.bain.com/insights/asias-conglomerates-end-of-the-road

1号引擎的业务拥有至少一个成熟的业务模式，其短期经营指标、长期愿景和战略与集团一致，与集团有着充分的互动并相互影响。作为集团的主营业务，1号引擎有着自我创新和持续演进的能力。对于2号引擎，则需要合理布局新兴业务的三个阶段：S1、S2、S3，如图3-2所示。

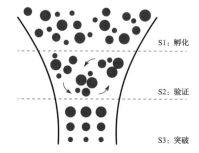

图 3-2　合理布局新兴业务的三个阶段

S1：孵化

S1孕育着企业的希望，新兴业务的目标不是对现有业务做渐进式的改进，而是要么对现有模式以10倍速的效率进行提升，要么突破当前格局进行拓展。不管怎样，按照《跨越鸿沟》的作者——战略和创新专家杰弗里·摩尔（Geoffrey Moore）的看法，对于每个在孵化区中的机会，如果没有潜力在规模化成功时贡献公司10%以上的营收，便不值得孵化。

新业务的来源既有自下而上的草根式创新，也有自上而下，将前瞻性的洞见转化为新战略方向。在知识密集型组织中，我们观察到三个常见的创新触发因素：基于个人兴趣和热情的自发项目、解决业务挑战的举措、捕捉市场趋势的战略投资。不管一开始是由哪个因素触发，后续的发展大都体现了这三个因素的结合。

知识工作者大都有一个特点，有时候会由兴趣和好奇心所激发，由个人热情所驱动，在新的领域做出探索性的尝试。2018年Thoughtworks帮助一家全球顶尖科技公司进行一个涉及数万人的数字化转型项目。十几位咨询师参与了精益共创、业务设计、架构设计、DevOps各环节的评估、规划和赋能工作。客户形容十几个人投入几万人的组织如同"撒胡椒面"，无法规模化作战，因此颇有怨言。笪磊、钱冰沁等几位咨询师反思，为大型组织做这样的转型是不是应该配备一套"作战补给包"？如图 3-3 所示，用工具来替代咨询师，推动最佳实践的规模化部署。

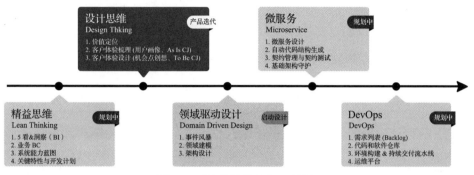

图 3-3 "作战补给包"工具链

整个工具链的需求中有一个环节引起了咨询师的兴趣。在产品商业立项过程中，产品经理必须采用场景化、以用户为中心的协同实践工作模式。但在这样数万人的研发和服务组织中落地时，遇到了一系列问题：

- 方法落地的规范性无法保证，过程不可视。
- 多人协同作业效率低，每次都聚集到工作坊不现实。
- 设计产出不可回溯，输出不具备严肃性。

于是他们产生了创建一个数字化产品协同工作平台的想法，将设计思维的方法和实践植入变革流程。

不少科技服务企业都愿意打造一个相对宽松的工作环境，鼓励员工去作出各种尝试。而公司所能接触到的广泛的客户问题，为这些尝试提供了验证的土壤。如果探索取得的成功信号与企业的战略方向匹配，就有可能得到更多的支持和资源，新的业务就由此展开。笪磊和钱冰沁找到了几位志同道合的小伙伴，用项目之外的时间（Thoughtworks 内部称为"打黑工"）完成了一个原型产品，还起了一个颇具野心的名字——盖亚，试探着在市场上寻找商机。热情和努力不一定意味着成功，盖亚并没有引起客户的兴趣，当然也没得到公司的关注和投资。不过这个小团队没有放弃，经过一段时间的琢磨后出现了一个转机。新冠疫情连绵数月，市场对远程协作的诉求越来越强烈。同时，团队意识到专注的重要性，对包罗万象的咨询"作战补给包"概念做了减法，定位为"设计思维方法论＋白板"（原型图如图3-4所示），并起了个新名字——BeeArt，推向市场。Thoughtworks看到了机会，增加了对团队投资，加速产品的成熟和验证。

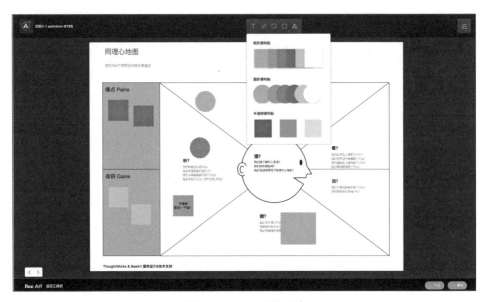

图 3-4　BeeArt 原型图

热带雨林中的物种繁衍、演化的成功与否在于能否开发出新的资源，占据新的、还未被占据的生态位。生物对生态位的竞争，取决于物种和环境之间的相互作用。正如新物种的诞生依赖合适的气候、水、土壤等非生物环境因素，新业务的成功孵化不仅受制于市场接受程度、技术成熟度等外部环境因素，还依赖企业内部环境。BeeArt团队启动了内部创业后，不仅得到了内部其他团队的精神鼓励，还与一些团队形成了实质的内部合作生态，共同向市场和社区推荐产品。咨询师将自己的知识与社区进行资源置换，以"卖自己"拓展合作渠道。例如：自己帮社区讲课，社区承诺使用20个账号。随着探索和学习的深入，团队的风格也发生转变。从"酒香不怕巷子深"的想法，到后来找社区摆摊，策划送礼活动，做客服，团队开始变得"接地气"了。

草根创新的一个障碍是人们对外来方法的抵触——"在别的地方发明出来的，在我这里肯定不适用"，因此很难获得其他团队的认可和支持。在一项调研里，52%的人都认为组织内部的各种不同的立场是创新的最大阻碍。⊖创新者需要与多方协商达成共识，动员各种资源，获得运营部门的支持，努力与其他团队制造协同效应，这些活动对创新者的能力和能够坚持的时间都是巨大挑战。新业务要么配备拥有丰富社交资源的领导，要么配置具备社交能力的人才，润滑人际关系。

新业务、客户和竞争对手之间的相互作用，类似于热带丛林里植物与植食动物，以及其他利用相似资源生存的植物之间的动态关系。一定要记住的是，孵化新业务与单纯的研发完全不同。新业务的商业潜力建立在客户购买意愿、客户可选替代方案、价格定位、竞争对手反应等种种外部假设之上。

对于科技产品企业来说，S1的目标可能是推出一个MVP，而对于科技服务企业来说，验证商业潜力的第一个里程碑是一到两个灯塔客户。客户真金白银的买单行为才能证明新业务的价值。如果新业务在3～6个月内没有从市场上得到正面反馈，就应该考虑尽快退出。再以前文提到的BeeArt为例，它很快得到了一家银行的关注。这家银行自身的数字化水平很高，他们的正式试用以及后续的付费行为，初步验证了BeeArt的商业价值。团队从这家银行客户和另一家大型科技公司的试用过程得到了大量高价值的反馈，产品由此进一步校准了定位。

S1是一个小步快走，快速验证，快速淘汰的阶段。与《精益创业》里提到的MVP相似，要有足够多的业务机会进入S1，以最低成本投入验证，

<hr>

⊖ Manifold Group. The future of professional services ［EB/OL］.［2021-12-31］. https://www.manifold.group/podcasts/the-future-of-professional-services.

并尽快淘汰其中的大部分。孵化区的业务需要反复面对一个灵魂拷问：为什么是由我（我们公司）来做这个业务？也就是说，与其他公司相比，我们做这件事的优势到底是什么，对愿景和战略的意义是什么？此外，承认失败对于任何人来说都是困难的事，公司必须要有合适的治理机制确保及时淘汰潜力不足的业务。

S2：验证

验证商业潜力的第二个里程碑则是验证服务是否有足够的市场规模，即服务所解决的问题和创造的价值是否具备普遍性。通过 S2 验证的业务具备几个特点：

（1）有了相对清晰的商业模式，明确了产品方向、盈利模式，以及与公司其他业务之间的关系。

（2）业务所需的关键能力基本完备，比如领域专家、目标市场专家和商业化负责人。

（3）团队负责人已经树立起有效的影响力，成员对团队有归属感和身份认同。

（4）在目标市场上不同类型的客户群中得到真金白银的验证。

（5）新的商机持续进入销售漏斗。

幸运地遇到"粉丝"客户，凑巧碰到一个客户的痛点，一些偶然因素可能会把新业务的创意推过了 S1，但是缺乏普遍意义的新奇想法会在 S2 失去动力，陷入停滞。如果新业务经过了一段时间没有实质性的进展，企业就应该考虑采取退出策略。这个验证期的长短取决于市场反馈的周期、新业务调整方向的灵活性等因素。反馈周期慢的业务可能需要给予更多的耐心，而调整灵活性高的业务可以多尝试探索不同方向。

退出并不一定就是解散团队终止业务，还有两个可能的选项。一个选项是并入现有业务。这种情况一般是由于新业务没有展示出显著的独立价值，不太可能成为新的规模化业务（比如获得 10% 的主营收入），但可以作为现有业务在能力和差异化上的补充或是业务增量的扩展。

另一个选项是出售给外部投资者或其他能够更好发展这项业务的企业。新业务不成功的一个原因可能是内部环境不匹配，换个环境说不定能得到更好的发展。Thoughtworks 曾经孵化过一个叫金数据的线上表单产品，目标市场是海量的企业和消费者。尽管业务增长很快，但是基于流量的业务模式与自身围绕服务大客户而设计的组织模式之间的冲突日益明显。最后 Thoughtworks 还是选择了剥离，放手让金数据到另一家更适合的企业发展。新孵化的 BeeArt 吸取教训，起步时在产品定位上更加贴近主营业务，从而能够在公司平台上借力，从现有客户群中快速获得灯塔客户。

S1 和 S2 的淘汰率都很高，企业应该有鼓励试验、包容失败的安全环境，否则会扼杀让新想法涌现的组织的动力。成功与失败都是有益的学习。对团队负责人要设定好期望，如果失败，团队还能回到企业主营业务继续做贡献，重新选择发展路径，或是伺机再起。

S3: 突破

对 S3 的业务的投入要远高于前面两个阶段的投入，甚至要变革原有的组织机制，才有可能突破规模和市场占有率的瓶颈，成为新的主营业务，完成新旧的更替，这意味着要面对多重挑战。

S3 的业务会面临跟现有主营业务的资源发生冲突。一家企业的人力、财力资源毕竟有限，大都集中在当前主营业务，因此需要重新分配资源。新能力、新模式的孵化和成长会经历较为困难的阶段，不够可靠的服务质量、低成交率，都让销售团队和客户服务团队嫌弃，而让客户失望的风险更是让人心惊肉跳。相对而言，把精力放在现有业务上通常对销售团队达成目标更加有利，而这就需要设计倾斜性的制度，重新配置市场和销售端的资源。

由于企业的运营机制大多与主营业务相配套，如果现有机制与 S3 的业务有冲突，就要设计和建立新的机制。这种情况常发生在由共享服务中心提供的人事、财务、法务等运营职能上。

一旦进入 S3，业务的核心就是增长。企业要尽快突破瓶颈，打造行业比较优势，形成规模。虽然新业务的盈利能力可以低于主营业务，但要维持一个可持续的健康度。与消费市场不一样，企业市场一般没法满足高投入所对应的高增长的期望。人们常常高估自己业务的增长速度，低估资本市场和企业投资决策者的多变、无情。在创新的战场上，能等到黎明到来的战士少之又少。

S3 的业务所需的投入和对当前业务的冲击，远高于前两个阶段。如果迟迟不能突破，就会成为企业的拖累。如果出现了下面的征兆，就要果断采取干预措施，比如更换更合适的负责人，资源并入其他业务或干脆退出：

- 规模持续萎缩；
- 竞争力持续处于行业中等或以下水平；
- 在缺乏合理的理由的情况下，创新不足且无法达成战略目标。

S3 的业务不一定是由前两个阶段自然生长得来。除了自建以外，还有收购和联盟等选项来实现业务的突破。

▌艰难的新生

战略思考框架可以帮助我们发现潜在的探索方向。合理设计和部署 2 号引擎，使得企业源源不断地从种子业务中产生高速成长的新业务，并从内部革新其主营业务，达成持续平衡的发展。但是知易行难。

首先是市场验证周期较长。相对于制造业或其他需要大量固定资产投资的业务，科技服务算是轻资产业务。但与互联网公司的各种模式相比，建设新的专业服务团队和能力需要更长的周期。相对于面向消费者市场，企业市场的反馈速度很慢。对于建立在错误假设上的创新想法，即使看到失败信号，我们也有可能当断不断，怀有侥幸心理，指望奇迹的发生。而对验证周期超过预期的业务，我们可能失去耐心，让有潜力的想法倒在黎明之前。

1号引擎是曾经成功的业务，贡献着主要的收入和利润。但同时，由于竞争门槛降低、差异化衰减，或是由于跨界对手携替代方案启动了降维打击，成熟业务也可能成为面临各种危机的业务。此外，出于对突破区业务的支持所做出的资源倾斜，以及职能部门的机制调整，难免会引起组织的动荡，进一步对1号引擎造成压力。

巨大的压力会引发决策者两个可能的反应。一个是启动防御性策略。加强1号引擎的主营业务，巩固门槛，优化效率。另一个是焦虑中匆忙向2号引擎施压。不管是自主研发还是收购兼并，企业都会急迫地将新业务推向市场，并以激进的策略催熟新的模式，快速占据市场，期望得到资本市场的认可。

但是，2号引擎的业务的风险不亚于初创企业的风险。匆匆跳进战场的传统团队，常会受到路径依赖的影响。过去的成功纪录，让团队尝试以曾经有效的方式运作新业务，并按照过去的轨迹预测经营的效果，而结果总是让人失望。

主营业务长期经验积累带来的单位成本下降，让新的尝试和学习显得昂贵又不划算。并且由于所处的是新领域，企业缺乏现成的流程和机制支持其经营活动。

更糟的是，为了突破创新者的窘境，企业往往会要求创新者拥有相对独立的资源和运作环境，以保护其不被其他业务的诉求所左右。同时，面对高度不确定性的内部创业环境，创新者必须具备强驱动力、责任感和自主凝聚力。自主凝聚力的另一个说法就是抱团。抱团行为很容易就被看作山头主义，缺乏大局观。模式的差异、目标市场的差异、所需能力和资源的差异，最终导致创新者行为模式的不同。行为模式是文化的表征，如果创新者被视为异类，就容易引起争议和反对。于是，新业务陷入孤立无援的处境。即使是与现有业务有协同效应的新业务，也常常难以幸免，最终导致无法与由创业者领导、得到风险资本支持的初创企业竞争。

而雪上加霜的场景是，1 号引擎的业务也在为利润率挣扎。有时候，决策者面临压力，不得不忍痛转向防御性策略。把资源从 2 号引擎中撤出，把精力重新投入主营业务，以削减成本，提高利润。即使决策者通过这样的举措争取到了些许喘息的空间，企业的实力也可能已经遭到进一步侵蚀，而 2 号引擎也因失去动力而熄火，业务和品牌不可阻挡地掉入恶性的螺旋式衰退。

正如《哈佛商业评论》里的文章《积习难改，但终将改变》（*Old Habits Die Hard, But They Do Die*）中提到的，"达成长期稳健发展的公司都在稳定性因素（文化、关系、领导力、战略）和动态因素（快速动员资源、市场探索实验）之间取得了平衡"。⊖

⊖ MCGRATH R G. Old habits die hard, but they do die [J]. Harvard Business Review, 2017 （1）.

万物生长

多元化的逻辑

沃尔特·迪斯尼（Walt Disney）先生于1922年在堪萨斯城创立了欢笑动画公司（Laugh-O-Gram），不过很快就破产了，但这次创业并非全无成果。1923年，沃尔特·迪斯尼搬到洛杉矶后，终于卖出了他第一部成功的短片，是他在堪萨斯城创业时制作的《爱丽丝梦游仙境》。以此为契机，沃尔特·迪斯尼跟他的兄弟罗伊（Roy）一起，于1923年10月16日在加利福尼亚州好莱坞创立了迪士尼兄弟动画工作室，也就是后来大名鼎鼎的迪士尼公司。

1955年迪士尼开放了第一个主题公园，标志着业务多元化的一个开端。这时的沃尔特·迪斯尼先生可能已经开始思考一系列问题：什么是迪士尼该做的业务？跟其他做类似业务的公司相比，迪士尼能做出什么特色？不同业务板块之间的关系是什么？可能更重要的一个问题是，这世上有这么多赚钱的生意，什么是迪士尼不应该做的？说到底，迪士尼到底是什么？这都是企业发展到一定阶段，领导者必须面对的问题。

迪士尼的逻辑

迪斯尼先生在1957年自己手绘了一张业务战略图。图4-1是对其简化的示意图。图中的信息流显示，院线电影是迪士尼的核心，多个平台业务环绕在其周围。电影为漫画提供材料，漫画则推动电影的销售。漫画作为素材，变成可以重复出版的书籍。电影又为迪士尼杂志输入内容，通过杂志可以营销迪士尼公园的业务，而公园是电影授权商品的销售渠道。这个复杂的价值创造网络，奠定了之后60年迪士尼的发展哲学。

迪斯尼先生并不是第一天就有了这么宏大的想法。1943年，迪士尼公司已经创立了20年，业务还只有如图4-2所示的一条核心主线，即把好的故事转化成好的电影。

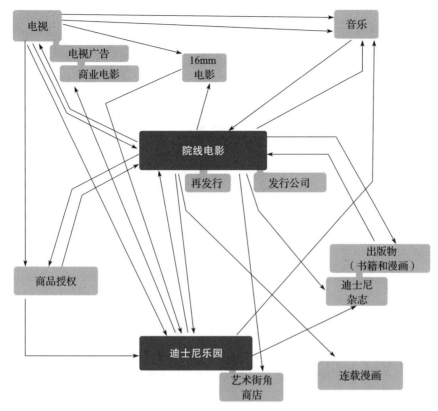

图 4-1　迪士尼价值创造示意图

今天那些业务版图辽阔的企业多是起步于一款爆款产品，只是，任何单一业务的容量都有限，企业终将面对多元发展的趋势。可惜的是，不少颇有作为的企业家仅仅把业务做到一定程度，还没来得及成就一个伟大企业，就匆匆转身变为投资家。他们把企业变成投资公司，以撬动更多的资源，捕捉各种热门风口，追求对资本财富和相应名声权势的渴望。

迪士尼公司的故事告诉我们一个道理，企业家和投资家不同，寻求的是企业价值增长和基业长青之道。迪斯尼先生没有只盯着对手，满足于迎合客户的现有需求，而是持续发展自己的认知，提炼出一套与其自身使命契合，与其业务格局绑定的价值创造模型。以这套模型指导企业拓展新的商业机会，使得业务版图中的各个节点之间形成相互促进的正向价值流动。不过与做加法相比，这套模型对做减法的意义可能更为重要，因为太多企业在无序的多元化扩张中迷失了方向。

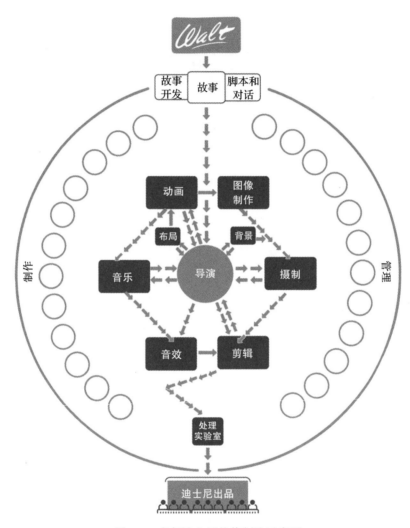

图 4-2　老版迪士尼价值创造示意图
资料来源：HIRASUNA　D. Walt Disney's creative organization chart ［EB/OL］.（2009-08-07）［2021-12-31］. https://atissuejournal.com/2009/08/07/walt-disney%e2%80%99s-creative-organization-chart.

科技服务的价值创造模型

科技行业，特别是互联网大厂，流行着一个"占坑"原则，"这个业务我都不知道它是什么，也不知道它通往何方，但别人做了，我也得占个坑，免得别人干成了，把我甩下来，我不就亏了吗"。互联网公司多宣称有所谓的底层逻辑，虽然纸上的图画得漂亮，可真正做起来不少领导者多多少少还是有"占坑"的想法。由此造成扩张和裁减的剧烈循环波动不是我们想看到的，更正确的方式是做类似迪斯尼先生的思考，先设计一个抽象的来自业务模式的价值创造模型，然后分析企业自身禀赋。图 4-3 示意了一个简单的例子，是科技服务行业价值创造模式的表达方式之一。每个人都可以绘制出表达自己洞见的模型。这个模型把业务模式的考量分成两个维度：一个是价值准确度，另一个是价值适应性。

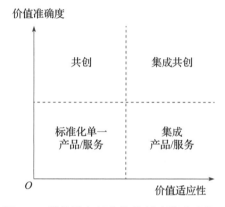

图 4-3　科技服务行业价值创造模型示意 1

准确度光谱的两端分别是：最大化提供服务的效率、最大化满足客户个性化需求。前者是供应商预先定义了标准化产品和服务，期望其充裕的特性中总有一部分能覆盖目标客户的需求，从而以最高的效率服务最多的客户。后者则是与客户充分交流，获取其业务愿景、目标和业务情境，以创新和差异化的定制服务为客户创造最大化的价值。价值准确度衡量的是企业提供的服务处于光谱两端之间的什么位置。

价值适应性则衡量服务者能够在多大程度上及时增加、改变、整合服务的类型，全面解决客户的复杂问题，取得端到端的成果。避免让客户自己组建团队或求助于第三方，费神费力去定制、整合多方的产品和服务。

低价值准确度和低价值适应性的代表是 SaaS 订阅模式服务，还有标准化程度较高的套装产品，这类产品期望达到的效果是放之四海而皆准（one size fits all）的。相反，专业咨询公司和设计师事务所在价值准确度上得分较高，但因为专业化导致较窄的服务范围，让它们难以端到端地解决客户问题。而传统的规模化集成厂商能够完成很多事情，但大多只能被动响应客户的要求，缺乏定义问题的能力，不能在"做什么"和"为什么做"这些问题上提供洞见。

左下象限的标准化单一产品/服务易于规模化，所谓的爆款产品常处于这个象限。定位专精的高端服务公司往往出现在左上方的共创象限，不少大名鼎鼎的设计师事务所，比如IDEO、Frog都处于这个象限。像MBB（麦肯锡、BCG、贝恩）这样的战略咨询公司，也都处于这个象限。大体量服务商多处于右下方的集成产品/服务象限，比如印孚瑟斯、TCS等全球性的IT服务商域。右上方的集成共创象限是这些大型IT服务商和一些管理咨询公司正努力进入的区域。它们的业务跨越了战略、运营、定制产品的各个方面，有时候甚至可以和客户紧密捆绑，以利润分成或资本合作的方式，共担风险和收益。

这四个象限各有各的好处，不存在什么高低贵贱之分。但是，业务增长的诉求会驱动组织努力向右侧发展。如图4-4所示，我们看到阿里巴巴、腾讯这些互联网平台公司都开始做企业市场，从一开始只是提供平台服务，到整合第三方生态伙伴提供整体解决方案，有的甚至组建了自己的服务团队。这是一个从左下象限向右下象限，甚至向右上象限发展的道路。而Thoughtworks则是从左上角的共创象限朝着右边发展的典型案例。

图4-4　科技服务行业价值创造模型示意2

▎Thoughtworks 的以科技为核心

Thoughtworks以提供高端定制化的软件开发服务起家，一向以追求代码级的设计和质量，快速掌握新兴技术和开发实践，解决复杂工程技术问题而著称。价值主张以科技为核心（Tech@Core）。工程能力的广度和深度，在行业里少有公司能比，因此常会被召唤去做一些"救火"项目。客户的理由常常是"你们能搞定（You deliver）"，非常认可团队的执行能力。此外，由于高度协作和分享的内部氛围，Thoughtworks 在组织层面沉淀了丰富的隐性知识资产。回顾过去这二三十年，低成本快速堆砌功能的做法主导着整个软件行业。这样的对比让 Thoughtworks 跟其他公司区别开来，在高质量、高复杂度软件产品研发上取得了独特的优势，一直占据着一个较小的细分市场。

Thoughtworks 的目标定位是右上象限。如果要在价值准确度和价值适应性上都做到更佳，就需要再定义价值创造模型，超越原有的核心工程能力，进一步拓展广度和深度，实现业务增长，提升组织的韧性。基于这样一个目标定位，和 1957 年的迪斯尼先生一样，Thoughtworks 要画出跟客户共创未来的商业原理。于是，CEO 郭晓在 2015 年描绘了一个模型。如图 4-5 所示，这个模型将指导公司根据科技和经济等宏观环境的发展延伸其核心能力，对可供配置的能力、活动、资源做出合理的预测。然后组合这些配置要素，并根据部署后的反馈，验证模型的适用性。验证的结果将帮助模型迭代演进，延伸至相邻领域，揭示其他有价值的配置组合模式，扩大价值创造的图谱。〇

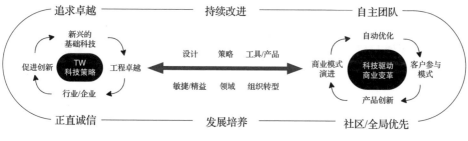

图 4-5　Thoughtworks 价值创造模型

〇　ZENGER T. What is the theory of your firm? ［J/OL］.（2013-06）［2021-12-31］. https:// hbr.org/2013/06/what-is-the-theory-of-your-firm.

郭晓首先对科技、商业和社会的板块迁移趋势（Seismic Shift）进行分析。如图4-5中右环所示，Thoughtworks存在的意义在于从科技驱动的商业变革中发现创造商业和社会价值的机会。在纷繁的各种宏观趋势里，Thoughtworks关注的是科技驱动的自动化和流程优化机会，以及客户参与模式、产品创新和商业模式演进。

在这些主线底下是一系列技术发展趋势。如图4-5中左环所示，Thoughtworks要制定科技策略，并采取行动来识别和验证新兴的基础科技，通过卓越的工程能力，推动企业和行业对新技术的使用，激发创新。图左侧这些能力的建设是以推动图右侧宏观板块的迁移为考量的。然后基于上述判断，设计、孵化和增强图中箭头上下所示的各种服务，把图右侧的商业价值和图左侧的策略方向关联起来。

此后的几年里，Thoughtworks业务拓展到组织转型战略咨询、数据和人工智能、产品创新、企业架构和平台化等领域。像迪士尼一样，这些新的服务并非凭空产生，而是充分依托了原有的核心工程和咨询能力，并与现有的客户资源、人才资源流动互补，在协同效应的推动下很快取得了领先的市场地位。更广泛的能力和服务图谱，使得Thoughtworks可以帮助客户应对更宏大的业务挑战，业务规模因而有了一个量级的发展。

不过，直到现在为止，Thoughtworks仍是一家中型公司，业务的深度远超广度。要说起科技服务行业里种群的进化和多样性的范例，埃森哲是一个绕不过的话题。

从高绩效到新科技的埃森哲

埃森哲自20世纪50年代就开始了IT咨询业务。到了21世纪初，随着信息技术从业务的支撑性角色转而成为新型数字化业务的核心，以业务咨询、技术实施和流程外包为主业的埃森哲，经历了一系列战略调整。这个过程可以让我们一窥巨型科技服务企业随时代脉搏而动的多元化发展脉络。

1. 高绩效时代（2001～2014年）

2001年7月19日，埃森哲在纽约证券交易所（NYSE）正式挂牌上市，很快就于2002年提出了"交付创新"（Innovation Delivered）的价值主张。这个价值主张在2003年变成了"交付高绩效"（High Performance Delivered），并维持了长达12年，一直到2015年。

对比之前"交付创新"的价值主张，"交付高绩效"似乎表明埃森哲努力把自己和那些管理咨询公司区别开来，更注重业务目标的落地。相对"创新"这样颇有局限性的热门词语，"绩效"这个词的定位回归商业根本，强调埃森哲始终是根植于客户，并在动荡的环境中，持续地为客户、员工、股东和社区创造价值。价值的创造不是从单个项目的视角出发，而是从客户整体业务成效的视角出发。总结下来，这个价值关注点就是一个词——"高绩效"。

为客户创造高绩效构成了埃森哲这些年的核心业务逻辑。高绩效的本质意味着不断超越当前的水平，因此要了解与理想水平之间的差距，寻求改进和优化的机会，设置高目标，以达成最大潜力的效果。不管对于客户，还是对于埃森哲自己，高绩效都是一个行动的抓手。

围绕帮助客户达成高绩效的目标，埃森哲建立了三个增长平台（Growth Platform）：一是业务咨询，具备深入行业的经验和变革能力，构建与客户长期的信任关系；二是系统集成和技术服务，关注开发和部署软件应用，集成并使企业的业务流程自动化，与SAP和甲骨文这样的产品厂商一起，优化企业的IT基础设施；三是业务流程外包（BPO），代理运营客户的一部分业务流程，比如人力资源（HR）流程、行政流程、应用软件或基础设施的运维流程，直接为客户贡献业务绩效的成果。三大增长平台承载的不同业务模式和能力一直贯穿了埃森哲高绩效的整个阶段。

一开始提出高绩效的定位时，埃森哲只是对这个方向有一个大致的概念。后续的两到三年，埃森哲不断将这个概念具象化、体系化，并把整个组织各部门的能力、思想领导力、形象和品牌、人员招聘和培养机制全都和这个价值主张匹配起来。2005 年，为了阐述高绩效组织的内在品质，埃森哲提出了"绩效解剖"（Performance Anatomy），并在 2006 年扩展为高绩效的三个组件（见图 4-6）：市场聚焦和定位带来的更好的决策、独特能力带来的更好的实践、绩效解剖带来的更好的思维方式。

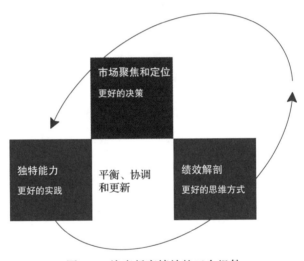

图 4-6　埃森哲高绩效的三个组件

三个组件之间是平衡、协调和迭代更新的循环关系。同样的理念不仅可用于帮助客户，还可以用于埃森哲自身的业务，以创造超出同行的效益。

- 市场聚焦和定位（Market Focus and Position）：判断在什么领域、如何竞争的战略决策，意图是让公司在合适的时间处于合适的市场位置。

- 独特能力（Distinctive Capabilities）：体现于将客户需求转化为业务流程、资源和能力相互作用的一组高效算法，进而投入资金来匹配该算法。持续改进算法并平衡演进式和革命式创新。
- 绩效解剖：5 个与文化、领导力和员工相关的组织心智模型。

　　（1）通过不懈追求客户价值的创新，主动塑造市场。

　　（2）通过对员工的培训、发展、引领，以及增强员工参与度，取得非凡的生产力。

　　（3）把信息科技作为卓越运营和竞争优势的一个来源。

　　（4）通过强调关键绩效指标的选择性计分卡（selective scorecard）进行有效管理。

　　（5）持续找到方法更新自身观念，保持组织的警觉性。

埃森哲 2007 年升级了绩效解剖的概念，格外强调了人才这个维度。随着西方社会"婴儿潮"一代进入退休阶段，人才匮乏成为埃森哲这样大规模知识密集型组织面临的重大挑战。埃森哲根据特点、目标和动机的不同，把全球工作人员分成下面 4 个组别，并配备了相应的薪酬、人员发展和绩效管理体系。

- 咨询（Consulting），与客户密切合作来驱动高绩效成果的团队。
- 企业（Enterprise），客户背后的支持团队。
- 服务（Services），交付高价值服务和优质运营效果的团队。
- 解决方案（Solutions），具备广泛的专业技能，为客户交付各种 IT 应用的团队。

也是这一年，埃森哲开始战略性地加快并购的步伐。一方面吸收所需的人才和智力资产，以节约时间和缩短学习曲线；另一方面开拓新的收入来源和新的业务模式，加速填补服务和客户覆盖面中的空白。

在高绩效的核心逻辑指引下，虽然受到了 2008 年经济危机的影响，但埃森哲的营收仍然从 2003 年的 116 亿美元增长到了 2014 年的 300 亿美元。伴随着业绩的增长，埃森哲在资本市场上表现也是不俗，按累计股东回报计算，从 2009 年到 2014 年，对比标普 500 指数和标普 500 信息科技行业指数，埃森哲的投资回报高出不少，如图 4-7 所示。

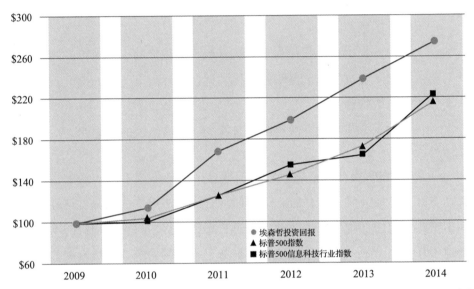

图 4-7　埃森哲投资回报、标普 500 指数、标普 500 信息科技行业指数比较（2009～2014 年）

2. 科技新时代（2014～2020 年）

此前，埃森哲跟随市场的步伐，开发了数字化业务所需的种种新兴技术和能力。但是，单凭这些技术和能力难以帮助客户带来组织层面的变化。新的数字化业务不是在传统 IT 部门里修修补补地增加一些数字化新能力，也不是完成几个数字化产品就能有效开展的。埃森哲必须帮助客户建立完整的数字业务。于是埃森哲在 2013 年把前面几年成立的数字营销、移动（mobility）和分析（analytics）业务整合成为埃森哲数字（Accenture Digital），一个新的增长平台，并于 2014 年宣告成立。这是 2003 年建立三大增长平台之后的第一次新增，说明了此时数字化业务在战略组合里的重要地位。推出一系列举措之后，2014 年埃森哲具备了完整的数字化能力，已经在为世界排名前 10 位的制药公司和前 10 位的消费品公司提供相应的服务。

2014 年，埃森哲成立了一个新的咨询业务线——埃森哲战略（Accenture Strategy）。过去，埃森哲业务咨询部门做的大多是业务改进、IT 规划、项目管理这些运营层面的咨询。为了摆脱埃森哲只擅长运营咨询的形象，新业务线的定位是同 MBB 竞争，帮助客户规划到底要做什么业务，厘清为什么要做、做的价值在哪里。显然，埃森哲要弥补其能力缺失，以深入地进入愿景定义、推进变革、创造新业务等领域。而埃森哲咨询（Accenture Consulting）仍继续聚焦解决如何做的问题。当然，这种区分说起来容易，其间的业务重叠等困扰，外人可能难以体会。实际上，到了 2020 年，这两个业务又合并了。

此外，埃森哲重新定位了原来的业务流程外包服务，强调了要与云基础设施相结合。以按需服务（as a service）的方式，帮助客户规模化地运营业务，强调快速接入，快速取得商业价值，并更名为埃森哲运营（Accenture Operations）。在这几年里，埃森哲进行收购兼并的节奏明显加快，2015 年约 8.5 亿美元的一系列并购，其中约 70% 是放在了数字化、云和安全相关的服务上。

科技驱动的数字化变革让客户的关注点出现了变化，埃森哲内部各种新兴的团队，以及对现有团队的各种调整，都可以看作对这种剧变的局部应激反应，但是似乎一直没有形成一个统一的策略。直到 2015 年，埃森哲终于决定调整业务的核心逻辑，从适应这个变化转而希望引领这个变化。

"绩效"（Performance）变成了"革新"（New），埃森哲提出了一个新的口号——"引领新动能"（Leading In The New），这将成为埃森哲未来的定位。这里的"新"与 2002 年的"交付创新"显然已不在同一层面，这里的"新"指的是将要影响到所有行业、所有客户的创新性科技，其中以数字化、云、安全相关的科技为代表。埃森哲希望在这样的趋势下帮助客户占据主动，成为变革者，从帮助客户优化现有业务，转向帮助客户转型进入新的数字化时代。与此同时，埃森哲在组织结构上也做出了调整，以适应新的战略。

到了 2016 年，这些"新"科技相关的新业务已经为埃森哲带来了 135 亿美元的收入，占总收入的 40%。更进一步，埃森哲开始向纵深探索。一个代表性的业务调整是埃森哲互动（Accenture Interactive）的成立，发起了对数字营销业务的积极拓展，很快埃森哲就成为该领域世界排名第一的服务商。埃森哲在云服务领域则采用了深耕垂直行业的策略，用于采集、共享和分析医疗数据的生命科学研发云，很快就被辉瑞、默克、葛兰素史克和礼来等顶级的医药公司所采用。

2017 年价值 17 亿美元的 37 笔交易，标志着埃森哲不仅仅把并购作为获得新兴能力的手段，而且把并购当作了重要的业务增长引擎。这些收购大多发生在数字化领域，比如德国的 SinnerSchrader 和法国巴黎的 OCTO Technology。这一年有几项引人注意的收购与以前的思路不同。埃森哲在美国收购了 SolutionsIQ，在巴西收购了 Concrete Solutions，这是两家以敏捷软件开发著称的 IT 服务商。这似乎说明，埃森哲意识到以前的软件交付模式在新的环境里遇到了挑战，迫切想要调整开发方法和实践。另外还在全球建设了 16 个 Liquid Studios，帮助客户快速创建数字产品的原型，掌握新兴科技和工作方式。

2018 年，围绕"新"这个新核心，埃森哲开启了各种新业务，有融合了平台、分析和人工智能的营销服务（Intelligent Marketing Operations），有 IoT 相关的 Industry X.0，还有开展人工智能服务的应用智能（Applied Intelligence）

等；又以智能平台服务（Intelligent Platform Services）为名，重新定义了与SAP、微软、Oracle、Salesforce 和 Workday（线上 HR 软件）这些商用套装软件服务商的合作，以及亚马逊云服务、微软云服务（Microsoft Azure）和谷歌云平台（Google Cloud Platform）这些主要云厂商的合作。2019 年，这些生态合作业务贡献了埃森哲约 40% 的收入，新数字化业务则由 2016 年整体收入的 40%，提升到了 2019 年的 65%。2020 年埃森哲更是组建了云优先（Cloud First）部门，并决定 3 年投入 30 亿美元，汇集 7 万名专业人员，提供从云迁移到云 AI 基础设施等能力的一站式的云解决方案。⊖

后续几年里，埃森哲在以并购推动业务扩张的道路上一路狂奔。在 2019 年完成 20 项收购之后⊜，2021 年仅上半年这个数据就达到了 35 项⊜。埃森哲加强在 SAP 上的投资，还大举进入新型业务软件的咨询和实施领域，投资了 Workday（线上 HR 软件）、Salesforce、Mulesoft 相关的服务企业。当然，数字化、数据和分析、云计算等新兴技术领域仍是埃森哲投资的重点。

这个新科技驱动的业务逻辑，代表着埃森哲革新自我所做的努力。埃森哲的营收从 2015 财年的 310 亿美元增长到了 2021 财年的 505 亿美元，虽然对于埃森哲的巨大体量而言是一个非常不错的成绩，不过在资本市场上的表现与之前几年相比不尽如人意，没有与标普 500 信息科技行业指数拉开差距，如图 4-8 所示。

⊖ Consulting.us. Accenture pumps $3 billion into new 70,000-strong Cloud First division ［EB/OL］.（2020-09-17）［2021-12-31］. https://www.consulting.us/news/4875/accenture-pumps-3-billion-into-new-cloud-first-division.

⊜ Upper Edge.How Accenture's strategy evolved in 2020 ［EB/OL］.（2020-10-21）［2021-12-31］. https://upperedge.com/accenture/how-accentures-strategy-evolved-in-2020/.

⊜ FAIRFIELD CJ. The 10 most interesting Accenture acquisitions Of 2021 ［EB/OL］.（2021-06-25）［2021-12-31］. https://www.crn.com/slide-shows/channel-programs/the-10-most-interesting-accenture-acquisitions-of-2021-so-far-/1.

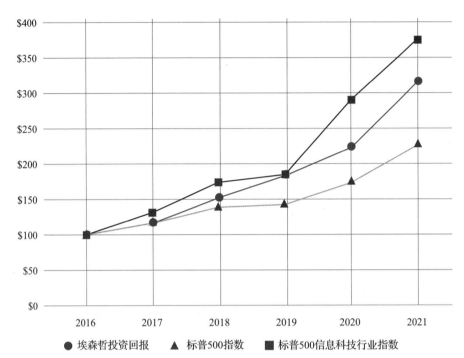

图 4-8 埃森哲投资回报、标普 500 指数、标普 500 信息科技行业指数比较图（2016～2021 年）

这个业务逻辑并不会一直保持不变。2020 年 10 月，埃森哲发布了新的使命：科技融灵智，匠心承未来（Deliver on the promise of technology and human ingenuity）。品牌宣言则改为"应变于新，启运未来"（Let there be change）。埃森哲希望以此拥抱变化，从财务和社会责任等角度为客户交付 360° 全方位的价值。为此，埃森哲调整了组织结构，相信其新的核心逻辑也会逐渐成形。

有人说，战略的本质是选择。迪士尼、Thoughtworks 和埃森哲的故事说明，选择不仅需要企业家的睿智、洞见和魄力，还需要一个业务增长的独特原理。当然，只有优美的理论也不行，这个原理的实现还需要：

- 契合企业使命和价值创造途径的明确目标；
- 对现有资产的全部潜力的清晰认识；
- 依托核心优势来指导投资组合的选择和企业的资产增值；

- 绘制实现目标投资组合的路线图；

- 为各个业务单元设计适应业务模式的运营模式；

- 驱动全局的变革，但是又能赋能本地团队；

- 赢得员工的认同和参与，兼顾灵活的员工组织模式；

- 有包容失败的试验性文化，同时拥有关注风险管理的自律。

回到生态学的边缘效应，"边缘效应以激烈的竞争开始，以和谐共生结束，从而使得各种生物由激烈竞争发展为各司其能，各得其所，相互作用的一个多层次、高效率的物质能量共生网络"。[○]

○ 百度百科. 边缘效应［EB/OL］.［2021-12-31］. https://baike.baidu.com/item/%E8%BE%B9%E7%BC%98%E6%95%88%E5%BA%94/4679023.

演变中的拓扑

生态策略

商业生态有三种特殊形式（见图5-1）：平台追求边际成本递减所隐含的垄断属性，供应链是强控制型的层级形式，集市则是基于临时交易需求的去中心化形式。

图 5-1　商业生态的三种特殊形式

虽然人们会用这三种形式给不同的生态体系贴标签，但现实中生态合作多多少少兼具这三者的一些属性，只是其中一种形式可能占据了主导位置。本书关注的生态战略更强调组织间独立且互补的合作关系，以满足单一组织力不能及的复杂需求，因此有以下几个特点。

- 生态的目标是整合成员之间互补的能力，解决复杂问题，实现宏大目标。
- 在特定场景下，生态成员围绕一致的价值主张，认可共同的前景，共享利益，共担风险。
- 组织之间存在着耦合程度不同的动态协作关系，以自组织的方式协同演进合作模式。
- 一般会存在承担指挥角色的组织，把成员组织起来，推动价值主张的共识，定义成员间的交互方式。
- 生态的成效很大程度上取决于能否把价值主张的达成途径分解为相对独立的价值创造活动，由各有所长的成员完成。
- 一个成员可能会扮演多个角色，多个成员可能会参与相似的价值创造活动。成员之间在一些场合下是合作关系，在另外一些场合下是竞争关系。生态中持续运行着多边的竞合关系。

科技生态中有着不同动机和行为的成员，涉及组织形态多样，可能是平台公司、科技产品企业、科技服务企业、其他专业服务公司，还可能有行业协会、政府组织和学校、研究机构等。科技生态帮助参与者增强彼此之间的交互，提升交易成功的概率和范围，促使更多创新产品和服务的涌现。

生态拓扑

《高效能团队模式》（中文版：*Team Topologies*）一书的书名直译是"团队拓扑"。书中描述了四种团队类型和团队之间的三种交互模式。我们假设组织形态具有一定程度的分形（Fractal）特征，就是局部和整体的自相似性。自然生成的很多事物有着极其复杂的细节：蜿蜒曲折的山川和海岸线、变幻莫测的云朵、海螺的断面、发散延伸的树枝，以及图 5-2 中叶片上的脉络。它们都有一个相似的地方，即在局部的微小部分就好像是整体的缩小版，局部和整体的复杂程度相似。

图 5-2　叶脉的分形

《高效能团队模式》讨论的是团队的结构，由小及大，上升到更宏观的层面，道理同样适用于跨组织边界的生态设计和运营。与书中的团队类型一样，我们把生态中的组织分成四个类型，只是对命名做了一些调整，定义是相似的。

- 价值流组织（Stream-aligned organization）：这类组织交付端到端可验证的业务价值，交付物是产品或是服务。
- 赋能组织（Enabling organization）：帮助价值流组织获得能力，以便更高效、更准确地交付价值。这些组织通常阶段性地发挥作用，协作中需要考虑引入和退出的时机与条件。

- 复杂子系统组织（Complicated system organization）：负责提供高门槛、高复杂度的核心技术或专业领域能力。通常，这些能力难以直接建立在价值流组织中，要么是获取这些能力的难度太大，要么是与自身专注的核心能力差异太大，担心会分散注意力，要么是把这些能力构建在组织内部的经济性不高，无法发挥这些稀缺能力的最大价值。
- 平台组织（Platform organization）：平台的经济效应意味着更低的边际成本。这种组织适合规模效益、网络效应明显的业务，服务方式多是自助式的。

企业数字化涉及诸多业务活动和相应能力，众多组织参与其中。我们从业务活动的梳理开始，把这个产业当作一个生态来分析。如图 5-3 所示，首先是愿景的提出，这是企业的领导者根据自身的理念和价值观，从自己对经济、社会的洞见之中提炼出来的。提炼过程有时候需要咨询公司的辅助。咨询公司作为赋能组织，凭借自身广阔的视野，以宏观研究为素材，协助企业完成洞见收集、理念萃取、语言表达、体系设计等工作，引导愿景的发现和共识的构建。其次，从愿景中衍生出了战略目标和优先级，并将战略目标的执行落地分解为多个主题，这些主题就构成了数字化投资组合中的一系列项目。

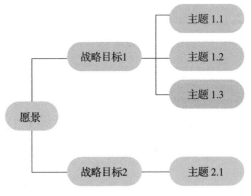

图 5-3　数字化投资组合分解

价值流组织

在一个数字化产品的交付中，传统的瀑布方式把设计、开发、测试和部署分成不同阶段，由不同的职能部门完成。但是随着互联网的兴起，为了加速价值流动，越来越多的企业采取跨功能一体化团队的交付模式。把视角上升到产业层面，情况也是类似。涉及不同类型服务的一个价值流一般由几个组织分段完成，但如果希望加速价值的流动，整合策略就变得重要了。

从战略目标分拆出来的每个业务主题都是一个端到端的价值流，每个主题应该有成功的标准——MoS（Measure of Success），MoS 的定义取决于主题对战略目标可验证的价值贡献。如果一家银行的一个战略目标是增加线上业务的每月活跃用户数——MAU（Monthly Active Users），战略目标下有一个主题是在移动应用中建设和运营一个活跃的用户社区。如图 5-4 所示，这个主题的价值流中通常包括业务规划、方案架构、产品开发和部署、业务运营这几个环节。

图 5-4　数字产品价值流

对于一个主题，最好由一个服务商负责贯穿一个价值流，如果不行也尽可能打通更多的环节，从而降低环节之间交接的复杂度。组织边界上的交接不仅会破坏业务原本的情况，提高返工的概率，而且由于组织各有其优先级，每个环节都存在着各自的工作队列，极易引发停滞。企业之间的利益纠葛和自我保护的倾向，更是会让摩擦加剧。只是由于每家企业历史传承的禀赋不同，加工创新者的窘境，这种垂直整合非常困难。很多企业都做过尝试，但大多并不怎么成功。

既然分工协作不可避免，我们深入各组织之间的边界，看看价值流中协作共创的交互模式。《高效能团队模式》描述了三种交互模式：

- 协作：协作有两种类型，一种是各自具备独特技能和职责的团队分工一起完成工作；另一种是各团队几乎融为一体，成为一个共同的资源池。高强度的沟通需求，让协作给团队带来比独立工作时更高的认知负载。
- 一切皆服务：一个团队直接使用其他团队的服务作为自己产出的一部分。合作双方不需要太多背景信息，合作的成本较低。
- 促进：一个团队帮助其他团队指明方向，识别问题，提高能力，改善工作成效。目的是减少价值流中的阻碍，提升流动速度。

一个业务主题的推进经常是多方参与的过程。甲方企业要么选择自建团队为主体，集成其他组织为辅助的方式；要么选择一家总包商，集成其他企业的产品服务，总控端到端的交付，并为合作各方的问题兜底。总包商就像一个乐队指挥，协调所有生态参与者在价值流各项活动中的协作共创。

对于上述价值流的四个环节，规划和方案一般是由甲方业务和咨询公司共同完成，有时候会引入各有专长的咨询公司分别负责其中一块。产品的设计和实现有的时候是由甲方科技团队完成，有的时候会引入设计公司、软件服务公司的团队。最后运营的规划、设计和执行也可能由咨询公司、数字化营销团队和运营团队等几个不同的组织分阶段配合完成。业务方、集成商、甲方项目团队、甲方科技团队、定制软件开发商等，这个价值流中的各方以近乎串行的方式协作，经过多次交接才能完成一次价值可验证的服务，如图 5-5 所示。

这种分工方式基于一个串行假设，就是把一个主题中的各项增值活动看作一个单向流动的过程。跨组织边界的反馈环即使存在，往往也是迟钝且脆弱的。线性、分步骤、跨组织边界的做法，与业务环境的复杂度和变化速度格格不入。这个做法源于一种传统的心智模型，即把价值创造的过程看作一个链条。从原材料的开采，到按照严格的规格定义，加工成完备程度各异的在制品，经过一系列跨越组织边界的转移活动，最后将成品交到客户手中并发挥其使用价值。这种单向、线性的心智模型曾有效地帮助人们理解供应链这样的组织模式。但是，一旦我们深入科技服务的价值创造过程，就会发现价值在流向客户的时候，节点之间是多对多的关系，错综复杂的回路上活跃着各种反馈活动。大量反馈环构成的网络是一个更适合科技服务的心智模型。

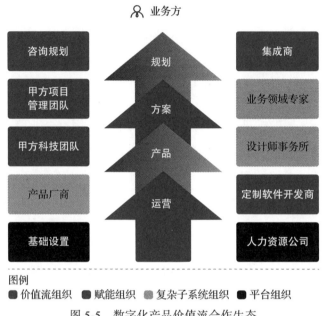

图 5-5 数字化产品价值流合作生态

价值流的设计具备几个特征：

- 源源不断地围绕主题创造可验证的价值；
- 随时识别业务和环境的变化，调整价值创造的方向；
- 不断学习，推动价值流组织模式的改进和变革；
- 充分利用支撑性组织（复杂子系统、赋能和平台组织）的力量，加快价值流动的速度。

以图 5-6 中腾讯和贝恩的 360° 智慧客户运营解决方案[⊖]为例。在互联网流量见顶，消费端需求增速放缓，线上获客成本持续上升的大背景下，贝

⊖ 腾讯企点君. 腾讯企点联合贝恩公司共同发布《360° 智慧客户运营白皮书》［EB/OL］.（2020-09-15）［2021-12-31］. https://qidian.qq.com/news/news-cpsy-content-0927-005.html.

恩识别出了不同行业精细化运营客户触点、客户旅程的市场需求。作为咨询公司，贝恩的看家本领在于影响客户变革决策和定制化业务方案。但是就像市场对咨询公司的抱怨，贝恩欠缺的是运用科技手段快速落地方案，以兑现其战略思想的能力。腾讯则依托自身社交、营销平台延伸出的消费者洞见、工具集和平台，为企业提供了解决方案。技术是腾讯的优势，平台公司基因注定腾讯铺的是面，而企业服务领域强调的点对点策略定义、方案定制，则是腾讯难以深入触达的领域。于是，双方一拍即合。

	业务方案设计 （贝恩主导）	数据、系统及智能化工具支持 （腾讯主导）	
售前	企业与营销战略	企点营销「一体化精准营销管理工具」	
	产品组合优化	企业与营销战略	
售中	渠道优化	企点电话 「云呼叫中心」	企点合同 「购买交易工具」
	销售有效性提升		
售后	客户全生命周期 满意度 NPS 体系设计	企点 CRM / 企点客服 「全生命周期智能客户关怀及 满意度解决方案」	
跨环节及基础能力方案	私域流量运营体系设计	客户数据洞察分析系统	
	360° 数字化战略	私域流量运营平台和管理工具	
	风险管理战略	金融风险管理和流程管理平台	
	流程网点优化战略	平台解决方案（PaaS）	
	组织/人才/绩效方案	基础设置解决方案（IaaS）	
	腾讯＋贝恩联合团队通过"微型战"模式提供敏捷落地支持		

图 5-6　腾讯和贝恩的 360° 智慧客户运营解决方案[一]

〇　图片来源：《360° 智慧客户运营白皮书》。

贝恩的体系——数字雷达 360°，覆盖业务模式赋能、技术赋能和组织赋能三个维度。贝恩基于这套体系，通过对数字化进程中三个阶段、八条路径的诊断和规划，推动转型进程。而腾讯是数据、系统、智能化工具的供应商，覆盖全场景、全链路的 SaaS 解决方案。双方通过"微型战"的敏捷工作模式，与企业客户紧密配合，确保方案的落地和商业目标的达成。

在团队拓扑里，团队的大小取决于能够形成足够信任的社交范围。信任的衡量在于能否设置最少的规定就让团队朝着共同目标努力。此外，职责边界应该与团队所能处理的认知负荷相吻合。而认知负荷取决于工作领域的复杂度和范围大小，以及"邓巴数字"，又称"150 定律"。英国牛津大学的人类学家罗宾·邓巴（Robin Dunbar）在 20 世纪 90 年代提出，人的大脑新皮层大小有限，承载的认知能力只能使一个人稳定维持与大约 150 人的人际关系。

相较而言，生态中的组织以公司为单位，规模远超一个团队，因此责任边界的设计有所不同。用经济性、知识管理有效性、反馈有效性几个维度来界定是更合适的选择。如果把一个价值流相关的所有活动包括在一个组织边界内，有可能在这几个维度上顾此失彼，阻碍价值流的高效运作。在这种情况下，把活动分配给几种不同特长的组织会是更优的选择。

赋能组织

在一个主题的价值流运作中，总有一些阶段性提供支持的赋能组织。这些赋能组织往往是以咨询公司的身份出现。有的擅长产品设计和管理的赋能，有的在平台和架构上更具口碑，还有的对基础设施的搭建和自动化有着丰富的经验。这些工作虽然与某个业务主题并不直接相关，但能够让价值流中的产品管理人员更具成效，让软件交付人员在更灵活、更具应变能力的架构上工作，降低产品演进的成本和风险，让运维人员提升产品的部署、升级和运营的顺畅程度，降低事故发生的概率。与长期存续的价值流团队不同，这些赋能型的工作都是阶段性的，所以，什么时候介入，什么时候退出，成功退出的条件应该如何设计和验证，这些是用好赋能组织所必须回答的问题。

复杂子系统组织

除了赋能组织，价值流中还有一些活跃在特定领域的组织。这些领域涉及的能力可能不是价值流组织所擅长的，而是需要投资专门的团队，长期的研究或实践才能积累经验，有所成就。有的能力独立于主题，有一定通用性。这是复杂子系统组织发挥作用的地方。在打造数字产品的价值流中，产品设计能力有时候不是内建在价值流组织中，而是由设计师事务所或一个专业服务商的设计团队承担。在这种情况下，把外部设计能力嵌入产品价值流的组织模式就是一个复杂子系统的例子。设计组织和价值流组织需要了解对方产出的内容，两个团队之间是协作关系。要减少误解和错误，就必须确保高频沟通和相互尊重。

复杂子系统组织有时候是产品厂商，以产品工具的形态封装复杂的通用能力，包括跨客户、跨行业的领域知识积累，再将其集成为价值流产出的一部分。产品可能是一个前端的低代码平台，也可能是一个推荐引擎模块或是一个会员模块。这种情况下，价值流组织和复杂子系统组织之间是**服务关系**。协作的关键是复杂子系统能否为价值流组织提供优良的服务体验。类比软件模块的服务调用，就是要有简单明确的接口、健康稳定的服务水平、可预测的演进升级。

平台组织

数字化业务涉及的还有平台组织。最显而易见的平台组织可能是搭建基础设施的云厂商。这些云厂商供应基础性的存储和计算服务，还有产品交付过程中所需的工具链 PaaS。除了技术平台还有人力平台，不管是规模化供应人力的外包公司，还是协助人才寻访、灵活用工的人力资源公司，都可以作为组织人才池的延伸，为价值流的不同环节提供助力。

价值流组织从平台组织获取支持的一个案例是 Thoughtworks 和亚马逊 AWS 合作打造的企业现代化（Enterprise Modernization）业务。这项业务源于 Thoughtworks 在服务客户时所发现的一个趋势。过去当人们谈论数字化转型的时候，多是关于新业务、新触点、新体验。然而，越来越多的企业发现这些打着"新"标签的业务并没有取得预期的效果，原因是承载的关键业务的遗留核心系统拖了后腿。一家领先的支付科技公司在收购了另一家公司之后得到了随之而来的陈旧主机业务系统。为了将其与自家先进的技术架构融合，加速业务创新，这家支付科技公司找到 Thoughtworks 来协助完成这套主机系统的现代化工作。类似的需求也发生在一家全球性的服饰零售企业。当这家企业在数字化的旅程上高歌猛进的时候，发现新兴的数字化业务对其后台主机的依赖已经越来越让人难以容忍，于是启动了该系列主机系统的退休计划。为关键业务系统构建更易于演进的架构，并把应用移植到更具弹性的基础设施上，成为进一步松绑业务、实现创新和差异化所必须攻克的关卡。而 2019 年年底开始的新冠疫情，更是增强了企业加速提升业务敏捷度的决心，转型为"无处不在企业"（Everywhere Enterprise，EE）成为很多组织的战略目标。

这个转型目标催生了 Thoughtworks 和亚马逊 AWS 合作的这个企业现代化的方案。如图 5-7 所示，方案围绕 5 个增加价值的原则：面对成效的组织、架构演进、工程跳板（Springboards）、无所不在的数据访问、基础设施自动化。

- 方案要求打破人、流程和文化的壁垒，从业务目标的定义，倒推出资源分配和业务组织的形式；

- 使用云原生的 AWS 服务改造遗留架构，解耦产品服务，支持快速组合和创新；
- 把工程师从重复性任务中解放出来，快速从客户获得反馈，迭代发布新版本的数字产品；加速从想法到产品代码的周期，并减少人工参与，避免人为失误的风险；
- 运用产品和平台思维，以自助式的数据服务策略，让智能资产易于消费；
- 利用亚马逊 EC2 这样的弹性计算设施全面托管那些对业务差异化没有帮助的繁重工作。

增加价值的原则

面对成效的组织
人、流程和文化
与离散的业务成效和价值保持一致

架构演进
解耦产品服务
支持快速组合和创新

工程跳板
建造对工程师友好的平台
加速从想法到产品代码的周期

无所不在的数据访问
自助式的数据服务策略
让智能资产易于消费

基础设施自动化
云平台与服务
解放开发人员，让他们专注于业务价值

图 5-7 Thoughtworks 和亚马逊 AWS 的企业现代化业务

知识流转和创新

在加利福尼亚大学（简称"加州大学"）伯克利分校教授亨利·切萨布

鲁夫（Henry W.Chesbrough）提出开放式创新（Open Innovation）之后，越来越多的企业强调"有目的地让知识流入和流出以加快企业内部创新"。生态策略的执行，自然而然地在企业边界上推动了信息和知识的流动，创新的机会随之而生。身处其中的企业要意识到，组织之间关系的建立，不仅可以用于扩展业务，还可以拓展创新的机会点。

当需要推动重大创新的时候，大多数公司倾向于找到与自己有着密切关系的组织进行合作。荷兰特温特大学（University of Twente）的研究者调研了来自计算机、软件、机器和设备、家电和建筑行业的 664 家企业，取得了关于 394 个局部创新项目和 270 个全局创新的数据。⊖如图 5-8 所示，他们发现，对于局部创新的活动，强耦合的组织间合作取得的商业绩效更好一些，而对于全局创新活动，弱耦合组织之间合作产生的绩效会更好一些。这里耦合关系的强弱可以用组织之间交互的频率、关系的嵌入性和多重性来衡量。

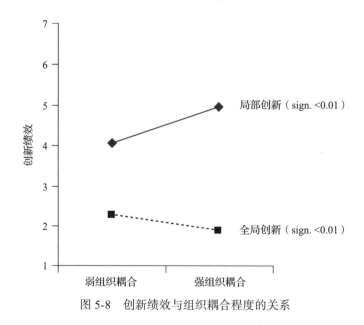

图 5-8　创新绩效与组织耦合程度的关系

⊖ HOFMAN E, HALMAN J, SONG M. When to use loose or tight alliance networks for innovation? Empirical evidence［J］. Journal of Product Innovation Management, 2016.

研究者分析得出，组织间耦合通常意味着建立了流程和结构的正式关系。正式关系的存在有助于顺利推动跨边界的动作，而有力的执行能显著改善局部增量创新的成效。另外，这种连接和依赖可以促进子系统级别的技术和业务知识的交换，让组织快速理解双方子系统内部的变化，更好地协调相互间的依赖，进而更好地适应技术、业务环境的变化，激发子系统级别的创新。

对于全局创新，研究者解释说，紧密协作所依赖的沟通渠道和信息过滤机制都建立在已有认知的惯例之上。内在机制的设计目的就是防止忘却已有认知，而组织级的"认知锁定"让拥抱突破性的想法变得异常困难，因而阻碍了可能会对系统全局带来影响的创新。研究者举了一个例子，当喷气式飞机引擎出现的时候，功率强大的新引擎本身的重要性不言而喻。但是，当时大多数的飞机制造企业难以理解新引擎与飞机其他部分之间的交互出现了微妙变化，并不认为新引擎触及了飞机设计的核心概念，它们自以为已经掌握了新的技术。波音公司的工程师们抓住了这个关键问题，而更强大的麦克唐纳－道格拉斯（McDonnell Douglas）等其他飞机制造商则忽略了这点，结果是波音公司崛起并将它们取而代之。类似地，密切协作中形成的互惠关系，以及彼此的相互承诺，都可能会对引入任何重大变革（比如从现有生态边界之外寻求新的合作关系），产生抗力。

总体上讲，通过组织间联盟发起的创新活动，局部创新的商业效果好于全局创新。前面提到的贝恩与腾讯的合作，Thoughtworks 与亚马逊的合作，都是各方运用现有战略资源，衍生整合出新的解决方案，是一种局部创新。或许各方对成果的确定性有较高期望，因此我们不太容易在服务生态中看到全局创新，而倾向于用正式的商务承诺来推进合作，从而错过了全局创新的机会。

全局创新更多是出现在社区这样的弱耦合生态。2001 年，17 位不同流派的轻量级软件开发方法实践者聚集在了美国犹他州瓦萨奇山雪鸟滑雪胜地。这群可以说是处于某种竞争关系的独立思考者讨论碰撞出了《敏捷软件开发宣言》，吹响了全面冲击当时主流软件开发方法的号角。之后，开发社区又衍生出了 DevOps，进一步解决软件开发团队与运维团队之间存在已久的隔阂，拉通了整个产品周期。虽然敏捷方法中涉及的各项具体实践都并非全新的发明，但这个变革过程打破了一个领域的既有范式，是一次全局创新。

局部创新和全局创新都是组织力的重要组成部分。深入理解组织间不同协作类型对创新的影响，让我们在思考生态策略时，能够针对预期的结果做出更好的设计。

生态成熟度模型

企业有不断提升服务能力和扩大业务范围的内在动力，因而会根据自身的禀赋，在加深现有业务护城河的同时，判断、调整、延伸服务组合的投资重点，以求打开新的增长空间。但是，随着产业成熟度提高，业务复杂度增加，保持领先地位对能力广度和深度的要求越来越高。此外，资本市场对于平台公司、科技产品企业、科技服务企业的增长、利润、业绩波动等指标的期望各有不同，混淆的定位会困扰投资者，给企业估值带来负面影响。因此，一家企业不应覆盖产业中的所有业务，而是要在生态中占据合适位置，充分利用合作关系，最大化自身可持续发展的空间。生态策略的演进会经历如图 5-9 所示的几个阶段。

被动

组织在自己擅长的领域独立服务客户，几乎没有生态合作。偶尔因为客户的要求或是遇到了其他企业的邀请，被动响应合作机会，但都是按照个案处理。

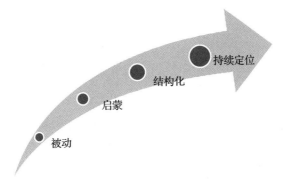

图 5-9　生态策略的演进

比如有一家咨询公司，过去很少跟第三方公司合作项目，偶然遇到了一个大型的数字化项目，刚好总包方是这家咨询公司的客户，双方知根知底。于是这家咨询公司应总包方的邀请加入项目，担任演进式企业架构方案的设计工作，并完成核心架构代码，还应邀发挥咨询公司的赋能优势，指导参与项目的其他软件开发和产品分包团队遵循统一的架构原则，完成这一众多供应商参与的大型项目。由于涉及联合多家供应商撰写售前方案，交付时也要多方配合，这些活动合在一起形成的复杂度是这家咨询公司比较陌生的，以至于这家咨询公司在前期的投入远超预期，对执行过程中的额外成本的估计也远远不到位。虽然价格看上去不错，但最后算下来，其实还亏了钱。

▌启蒙

组织认识到生态合作在长期业务发展战略中的意义，开始描绘出典型合作伙伴的画像，初步制定策略性商业目标，并与一些组织非正式地设计合作场景以及可供投入的资源，开启了探索性的试点项目。

在合作早期，人员、能力和流程的磨合容易出现误解和摩擦。各方既要特别小心，又要有开放的心态。把每个项目都当作一个探索的机会，共同发现客户需求，用各自优势领域进行互补，打磨联合服务产品，校准组织间的治理机制。

前面这家咨询公司在那个不算太成功的项目中意识到，这种合作模式能够打开过去难以触达的市场。而且由于合作伙伴的客户数量众多，更多案例积累可以促进解决方案的成熟和算法化，进而加速复用和规模化，于是该咨询公司仔细分析了那个项目上的各项投入，判断经过磨合后，大概率能在后续的项目上把成本逐步降低到一个可以接受的水平。根据评估，这家咨询公司得出结论，那些拥有广泛客户群的基础设施平台厂商，以及拥有与公司业务主航道匹配的复杂子系统产品厂商，最有可能成为长期合作的对象。于是决定先从平台厂商开始，从自身服务组合中选择了两个对这类潜在合作伙伴有吸引力的方案，启动了生态合作的策略性探索。之后，当然是找到既是老客户，又刚刚有了大型数字化项目合作经验的那个总包方，寻求新客户的合作机会。

▎结构化

各方在生态中已经明确了各自的定位，定义了正式的合作场景、边界和投入资源，开始有规律地取得多点、多维的合作机会。同时，建立规范的治理机制，以便及时发现和解决合作中出现的问题，并防止潜在的欺诈和腐败的风险。持续改善的正向反馈机制开始顺畅地运转。此时，生态系统已经开始持续性创造财务回报。

前文提到的咨询公司和一家云厂商在合作两个项目之后，共创了发挥双方优势能力的联合解决方案，并在各自组织中充分推广了这一联合方案。这家咨询公司里一定数量的技术专家得到了云平台厂商的技术认证，也有了专门的团队负责合作相关的商务、售前和实施。在云平台厂商以分享会和工作坊的方式，经过数轮路演和交流后，联合方案在市场、销售和解决方案团队，得到了广泛的认可。机会逐渐从不同行业和地区的市场板块涌现。一段时间的优化之后，项目生命周期中各项投入也慢慢进入可预测和可控的水平，商业模式展现出明确的盈利空间。

▌持续定位

生态与生态之间的边界变得模糊，组织边界上的竞争与合作活动此起彼伏，呈现出活跃的竞合关系。各方不断迭代优化合作路线图，生态体系成为各参与方竞争优势的重要来源。擅长生态战略的组织能够积极主动地捕捉有价值的合作机会，熟练应对由业务竞争、组织间的摩擦，以及其他利益冲突招致的种种内外部挑战。

上文这家咨询公司除了架构规划业务，其数字化产品设计和交付、平台实施部署、智能和物联网等业务其实占了更大的比重。随着生态业务的升级，合作的平台厂商从一家拓展到了多家。在一个汽车主机厂的数字化全渠道项目上，这家咨询公司扮演着价值流整合、定制软件开发等多重角色。不仅把自身的设计能力融入了价值流，把另外几个厂商的成熟产品作为复杂子系统集成封装进了解决方案，还戴着赋能组织的帽子做咨询规划。在这个项目上，这家咨询公司的合作伙伴是云厂商 H。这组合作伙伴面对的竞争对手是另一家云厂商 A，而 A 与这家咨询公司此刻在其他项目中有着密切合作关系。但是在那里，竞争对手 A 扮演着总集成商的角色，集成了自家的客户数据平台（Customer Data Platform，CDP）和其他定制软件服务，实现对价值流组织到平台组织的总体把控。

数字化协同科技让更加灵活、敏捷、临时的合作关系成为可能，并且以自有产品为中心的商业思维不再适应价值创造旅程化、场景化的趋势，于是产业中不断涌现出结合多家产品和服务，跨行业跨组织边界的合作机会。想要在这样的动态环境里打造高适应力的生态策略，企业要能够转换多种角度来思考价值成效、客户体验、行业边界等问题。

当我们以生态拓扑的框架来审视生态策略，一家企业在不同生态，或是在同一生态的不同场合，可能扮演着生态拓扑中不同的角色。开放式创新要求组织以协同演进的态度来看待生态合作。企业不能急功近利，而是要快速适应而又着眼长期发展，以对生态的贡献换取影响力的优势，逐步推进创新，把优势转为胜势。

是时候 RE-ORG 了

用结构解决问题

科技服务企业 T 的 CEO 最近有点烦，更准确点说，是很烦。这家企业经过十多年的快速发展，有了三条成熟的业务线和几个正在孵化的小业务。人员主要分布在全国七个城市，海外业务线在几个主要的西方市场也派驻了团队。业务增长不错，内部运转却越发不畅。冲突频发，内耗让各级团队心力交瘁。终于，在一次调停冲突的救火间隙，他找到首席运营官（COO）和销售总监，聊聊这些烦心事。

CEO 先从最近一次丢单开始"吐槽"："那个股份制银行的规划机会实在可惜。虽然对手实力强劲，是业界头部咨询公司，但这次是数字化领域的规划，我们是有优势的，落地能力比对手强不少，怎么就丢了呢？"

销售总监回应道："你看人家竞标的时候上的什么人？合伙人带着各路专家，表现出来的规划能力就是强啊。后来打听到，对方的售前方案已经有了一些业务细节的建议，都细化到新角色的头衔和绩效标准了。而我们上的是一队产品经理和设计师，跟我们对接业务的客户虽然很喜欢我们的业务和产品方案，但架不住客户领导认为对手的方案更全面，显得经验更丰富。"

COO 先无力地嘟囔了一句："做的是全新业务，那些老经验能有多大作用，都是用了多少年的方案模板。"然后问道："其实我们也有组织转型和金融方面的专家，怎么没在售前团队里？"

销售总监似乎已见得多了，淡淡地说："我们开始接触这个商机的业务线擅长产品规划和设计，没觉得方案里一定要用到那些组织相关的内容。一般大家总是会先尝试朝着自己擅长的领域牵引解决方案。"

CEO 感慨："确实，大家都尽量避免跨团队协作。不少团队都在重复建设一些能力，即使能力跟专业的业务线有差距，也要在项目上尽量用自己的人。"

COO 说："跨团队调人太难了。自己牵头的项目，在别的团队那里肯定排不上优先级。负责协调资源的团队都苦死了，到处求爷爷告奶奶。大家只有自己团队的优先级，没有公司的优先级。"

销售总监好像又想起了什么，接着"吐槽"道："说到优先级，你们看，各条业务线都扎堆在那几个大客户上。大客户确实是公司的优先级，但我们还有一群有潜力的客户，只是现在合作的规模还比较小。这些客户项目上的关键人员走马灯似的换，根本无法形成持续关注。没有长期策略的有效执行怎么能把这些客户做好，做不好的话，新的大客户又从哪里来？"

■定位问题和驱动力

专业服务公司最早多是从单一办公室、单一业务开始的。随后，沿着区域和业务领域两个维度蔓延扩张，从一间办公室开拓到多间，从一个核心业务开辟出多个新的能力和业务线。漫漫征途中，从小型组织延伸出来的结构会遇到一系列问题。直到有一天，问题严重到迫使决策者不得不开始认真思考，一个什么样的组织结构更适合当下及未来企业发展。

这些浮现出来的问题，大多表现为现实与理想状态的巨大差距：

- 管理复杂度增加，决策缓慢，响应迟钝；
- 资源配置不合适、不及时；
- 团队定位模糊，责任和权利的边界让人困扰；
- 日常决策的理由和过程让人费解，组织内部信任度下降；
- 业务创新困难。

也可能是新的战略机会或是响应外部环境变化导致的问题：

- 旧的组织模式不适应新的业务类型；
- 竞争对手的行动破坏了原有的市场格局；
- 法律、法规的变化；
- 领导层发生了重大变更，自上而下触发了级联效应。

新的战略规划可能引起组织内部的结构调整，不过就像前面提到的例子，调整也可能是被各种各样的抱怨所触发的。其中有些抱怨是由于组织设计约束了发展进程，另外一些则是企业规模扩大后必然会出现的摩擦。如果是后者，调整结构不一定是好的解决办法，反而可能带来新的问题。

罗纳德·科斯在1937年发表的《企业的性质》一文中提出，企业是对市场的替代，是用看得见的管理手段来替代价格机制。只要企业内部组织成本低于市场上的组织成本时，企业这种比市场有效的组织形式就出现了。企业内部团队之间必然存在着包括沟通在内的各种组织成本。这些成本既可以通过优化结构和流程来降低，也可以通过提升人员的沟通能力和意愿，增进协作型的文化氛围来降低，但无法彻底消除。我们所要确保的是，内部的组织成本要低于外部市场企业之间合作的交易成本。

当我们定义问题的时候，光是列出抱怨的话还远远不够。提出抱怨的人所处位置不同，所谓屁股决定脑袋，立场的偏差会引起认知的偏差。组织问题一定涉及多方干系人，需要从不同干系人视角，还原对问题及其影响的真实描述。下面是一组企业中常见问题的案例。

案例问题：

（1）客户关注。销售团队观察到业务线只关心几个现有大客户和自己主导的新客户，对其他客户缺乏关注和持续的支持。具体现象：客户A、B、C的服务团队人员更换频繁，学习成本高昂，策略缺乏连续性。

（2）能力整合。跨业务跨市场能力整合困难，无法形成综合解决方案。具体现象：D商机的方案建议书缺少相应业务线的输入，导致没有发挥企业的完整能力而丢单。

（3）服务线之间能力建设低水平重复。浪费资源，不但没有形成强强联合，反而变成木桶的短板。具体现象：E、F团队自建设计能力，交付物被客户投诉。

（4）缺乏公司层面的优先级。资源分配和优化决策不透明，所有人都觉得自己吃亏，导致各种博弈行为盛行。具体现象：关键人员的安排常是依赖个人关系去游说。招聘和市场营销资源的分配被多个团队投诉。

（5）员工成长受限。团队的业务覆盖范围有限，过细的团队划分限制了个人的职业机会选择。具体现象：资深员工以职业发展为由的离职数量增多。

为了统一理解，我们先定义本书中的几个术语，如图6-1所示。这些术语在不同公司里会有些差异。

图 6-1　业务单元分类 1

- 市场单元：围绕客户群成立的经营单位。
- 服务线：围绕产品或服务组合建立的经营单位。
- 业务单元：市场单元和服务线为其各自独立的经营目标负责，都是利润中心，我们统称为业务单元。

一家企业有时候要做出影响深远且难以逆转的选择，这就是战略。所以战略不是规划出来的，而是选择出来的。组织结构的设计也是选择的结果。我们首先列出企业的战略诉求及其优先级，识别多个可能的选项。然后对照这些诉求，分析当前结构和其他可选结构的优势和劣势，权衡后做出取舍。下面是科技服务组织规模化进程中出现的几种常见的战略诉求，我们以此为例，讨论结构调整的策略。

- 客户响应力。
- 服务组合的创新和拓展。

- 可扩展的运营平台。

客户响应力

科技服务组织都希望能与客户保持长期而广泛的合作，不断增强现有业务关系的同时，渗透客户组织，建立新的业务关系。这要求科技服务组织对客户需求高度敏感且快速响应。

对于提供多种服务的组织，当服务线各自拓展客户关系的时候，会分别跟客户组织中不同的干系人或部门打交道，从不同角度丰富两个组织之间的触点。一家企业对某类服务的需求总是有起伏的。如果两家企业单凭一条服务线连接，当合作低迷的时候，不仅难以通过更多触点发掘新的机会，反而会由于现有服务线的注意力已经转向其他客户，对处于危机中的客户关系仅做出碎片化的响应，进一步削弱合作的基础。

响应力在某种程度上等于关注度，以及由关注度带来的资源动员能力。提高响应力的第一件事就是提高关注度。多业务的科技服务企业大都倾向为大客户设置专门的客户服务团队，把资源和注意力灌注到有战略潜力的客户上。以广告传播集团WPP为例，它旗下有智威汤逊、奥美和扬·罗必凯（Y&R）等顶尖的广告代理机构，还有博雅（Burson-Marsteller）、伟达（Hill+Knowlton）这些声誉卓著的公关公司。但WPP意识到，客户希望接触到整个集团最优秀的人才和最佳创意，而并非总是为一个特定的需求去选择某家公司。于是，WPP为集团近50家全球大客户各配备了一位管理人员，协调不同子公司间的关系与资源，组建全球客户团队。参与这些团队并服务这几十家客户的专业人员多达4万人，贡献了整个集团三分之一的营收。这个结构使得WPP建立起针对这些客户的战略性高响应力机制。

任何策略都有两面性。设立大客户服务团队的措施，可能会减少其他中小客户得到的关注。前面案例问题 1（客户关注）就有体现。服务人员频繁流动，这些客户就好似得不到人工灌溉的田地，地里的庄稼只能靠天吃饭。策略缺乏持续性，频频出现业务情境和知识的断层，以至于拓展乏力，甚至服务质量也难以得到保障。于是，便错失了获得新的战略客户的机会。

一个服务团队的投入和产出要与一定体量的客户和业务相平衡。我们知道设立服务团队的意义主要在于持续聚焦的注意力，所以可以根据注意力的边界为客户分组，为一定规模的客户群配备客户服务团队。当然，那些需要特别关注的大客户，本身业务就可能分布于广泛的地域，拥有众多的业务单元。每个业务单元都可以当作一个客户，一家企业就可以当作一个客户群。客户群的划分可以根据行业、地域，也可以根据客户规模大小或是客户关系的发展阶段。

客户群的划分原则是一个明确的信号，表达了公司在客户服务上的关注点。

- 行业分组是为了行业知识和经验的积累；
- 地域分组是为了缩短空间距离，提升响应速度，增强客户黏性，降低管理成本和差旅成本，同时适配区域市场特质、文化、合规要求的差异；
- 而根据体量和客户关系发展阶段的不同而做出的客户分组，则可能是因为要区分不同的服务模式和内容。

每个客户群都应该有为其负责的核心服务团队，每个核心服务团队都应针对客户群的特点制定服务策略，从而保障服务质量，推动合作水平迈上新的台阶，同时为团队创造更好的学习和成长环境。

针对响应力组建的客户群服务团队，不仅要解决前面的**案例问题 1**（客户关注），还要解决**案例问题 2**（能力整合）。一条服务线或许没有义务整合其他服务线的资源和能力，但客户群服务团队必须整合各条服务线的资源和能力，以引导者的身份，促成全面覆盖客户业务挑战的综合解决方案。

如图 6-2 所示，对于体量足够大，独立承担业务目标的客户群的服务团队，我们叫作市场单元。在市场单元之下会设置客户组合（portfolio），作为下一级的客户群管理单位。

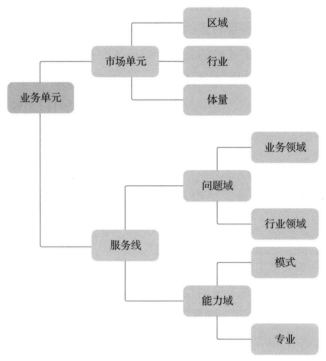

图 6-2　业务单元分类 2

服务组合的创新和拓展

除了对客户的关注和响应，科技服务组织还应在专业领域建设前瞻性的服务能力，拓展服务的深度和广度。在一个团队里同时关注这两个不同维度非常困难，因此要适时建立与客户群交叉的服务线。

从单一服务起家的企业，要么受自身业务增长的需求驱动，要么受市场客户的需求驱动，或是自然生长，或是收购兼并，延伸出新的服务线。服务线的定位通常围绕两个维度考虑，一个是问题域，一个是能力域。我们把处理一个问题域的能力分成三个阶段（见图 6-3）：定义问题、解决方案、实施执行。

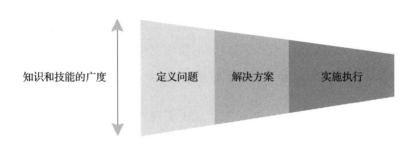

图 6-3　问题域的三个阶段能力

再没有比解决一个错误的问题更糟糕的事情了。如果缺乏定义问题的能力，就无法判断我们是否在做正确的事情，就不能确定是否给客户创造了真正的业务价值。人们往往会混淆问题和解决方案。就像我们在"红皇后假说"一章里提到的那个"交通工具"的例子，人们会用制作更精良的马车，更大、更快的帆船，来替代真正的问题，即如何更高效地把人、货从一个地点送达另一个地点，因而失去了更好的解题机会。

定义问题的活动大多发生在评估规划阶段。对于规划类项目的重要性我们很容易理解，却仍然经常忽略。特别是有着丰富经验和成功纪录的专业人员，往往会先入为主地相信自己的直观判断。还有一类咨询公司服务的目标是赋能客户，即帮助客户采纳、学习和应用一组方法和实践，比如设计思维这样的问题解决方法，或是产品研发中的敏捷方法。在这类赋能项目上，如果只是照本宣科，必然带来灾难性的后果。科技服务组织必须先跟客户一起判断赋能的目的，要解决的到底是创新、效率、质量、能力问题，还是其他问题。准确定义问题需要专业人员具备远超问题本身的视野和分析能力。拿着锤子把什么都看成钉子的专业人员，在这个阶段危害极大，知识和技能的广度是定义问题的成功关键。

解决方案是在问题定义清楚之后，根据期望达成的目标制定出实现的路径。不管是帮助客户规划一个符合其战略的技术架构，还是运用人工智能提升营销或反欺诈的效果，或者打造一个创新的数字化体验，科技服务组织都应具备领域专长和经验积累，以及强大的概念性思维能力。只有具备这些条件，科技服务组织才能真正关注问题的本质和主要矛盾，避免舍本逐末，在合适的抽象层面构建解决方案的合理框架。

到了实施执行阶段，专精的技能就成了实现效果的关键。所有的科技服务组织无不号称具备实施执行的能力，但是，对工匠精神和工程师文化的呼声似乎在说，能把事情做完的多，做好的少。

服务线一般有两种组队方式。一类围绕问题域，端到端跨越上述三个阶段。问题域可以是横向跨行业的功能领域，比如数字营销或是供应链，或是像 ADL 专长的人事薪酬领域；也可以是垂直行业，比如金融、零售或汽车。围绕问题域的服务线适用于领域本身复杂度高的场景，需要有专门的服务团队积累相应的知识和经验，发掘相关的洞见。不过，这种做法有一个潜在的问题，就是对那些跨问题域的通用能力重视不足。我们看到很多精通领域知识的数字化团队却在工程方面显得能力薄弱，因而严重制约了后续方案的落地效果。

另一类服务线是围绕能力域来搭建。能力域有两种划分方式，一种是根据业务模式的不同，比如咨询、交付和运营，另一种是根据专业能力的不同，比如数据人工智能、产品和体验设计。这类服务线的出现是因为业务竞争力来源于高壁垒的专业能力。然而这种组队方式也有一个问题，就是总要集合几个服务线才能端到端解决客户的复杂问题，对科技服务组织而言，跨团队整合会是个挑战。

规模化的科技服务组织有时候会存在不止一级的服务线分组。如图 6-4 所示，业务模式可以作为服务线的一级分组。在二级分组里，咨询业务下面是基于问题域的行业划分，实施业务则基于专业能力划分。

图 6-4　服务线结构示意

服务线的设计应该尽量避免案例问题 3（服务线之间能力建设低水平重复）的情况。虽然团队之间难免会有能力的重叠，但要设计机制来减少互相"踩脚"、争夺商机的局面，更要避免因为逃避跨团队协作的麻烦而孤军奋战，以至于只能为客户提供次优方案的情况出现。

可扩展的运营平台

业务单元的发展需要高效的运营支持，但是如前所述，这些单元都有各自的关注点，因此对运营服务的需求有所差异，并且需求的内容和数量随着市场的快速变化而波动。这要求运营部门既能够贴近业务情境，对各单元的目标有高度的责任感和投入度，又要能灵活快速地调配以应对波峰波谷。

为了应对需求的差异和波动，运营团队要保留一定的服务产能。但如果业务单元都各自建设完整的运营体系，虽然顾全了响应力的诉求，却会造成资源浪费。而且分散投入会让构建高水平的专家型运营能力变得困难。因此，规模化科技服务组织的运营支撑功能都会有一个向集约化、平台化方向运作的发展阶段。

运营平台通过集中相似的能力和活动，从规模效应中受益。既能降低成本，也可以共享稀缺资源和能力，避免低水平重复建设，实现效率最大化。共享的资源可以是团队、流程、系统等。业界常见的平台有共享财务中心、人力资源中心、研发中心等，设置这些平台都是出于这样的动机。

运营平台还是信息流动的渠道和学习的引擎。自业务单元涌现出的需求、实践、经验在这里汇聚、沉淀，转化为知识资产，传播到其他单元。在一定领域，组织级人力资源专业知识中心（Center of Excellence，COE）提供专家级别的支持。科技服务组织的核心资产是人，COE常会在招聘、选拔、能力培养、领导力发展这样的领域提供指导，以帮助组织达到卓越的水平，打造超出同行的独特优势，甚至对外输出思想领导力。

运营平台的运作模式就好似一家企业，作为服务对象的业务单元成为客户群。对接业务的平台前端接口要拉动、协调平台的资源和能力，还要撮合、引导各单元之间的协同，就优先级达成共识，据此提供相应的服务内容。运营平台会遇到业务团队服务客户时面临的类似问题：如何兼顾对业务单元的响应和平台本身的效率？如何根据业务特点有选择地发展纵深能力形成独特优势？这些持续存在的挑战，解释了为什么运营平台要有一套自己的业务和发展策略。

除了作为服务部门，运营平台还是职能制度的制定者，也是企业合规和治理的驱动者。以人力资源管理为例，平台一般承担着薪酬、文化建设、领导力发展等组织级方案的设计和执行。

运营平台除了关注自身的效率和专业性，还要解决案例问题4（缺乏企业层面的优先级安排）。定期的资源和优先级治理会议，打通各业务单元的交流论坛，及时更新变化的对话，这些必要的活动提高了运营决策的透明度，为持有不同意见的干系人搭建协同的平台，以及进行基于事实和专业的信息输入。

分组和分层

规模化组织一般会从地理区域、行业、业务问题、业务模式、专业能力、运营功能这六个维度中选取设计主线。很少有企业只采用单一维度，这是战略关注点的多元化所决定的。大型企业多采用多维混合结构，根据当前阶段的战略意图，在不同层级选择合适的主次控制维度。随着战略优先级的演变，选择的维度及其主次顺序也会随之改变。

如图 6-5 所示，在多维业务组织的矩阵中，一级战略分组通常是业务单元和运营部门。业务单元要么基于客户群划分的市场板块，要么基于服务组合设立的服务线，目的是在一个合适的组织边界内，统一盈利、增长和业务策略相关的责任和控制权。财务、人事、IT 和法务等职能部门的人员，一部分以平台的形式支持多个业务单元，一部分作为接口分布在业务单元内部。总部则有相应的部门，指导和监督着运营平台和那些嵌入业务单元的职能团队，一定程度上确保跨单元的工作目标、原则和实践的一致性。

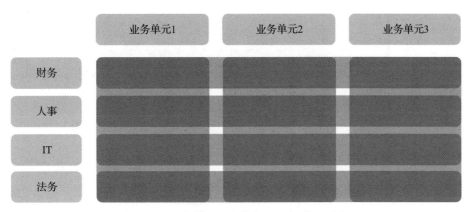

图 6-5　业务单元、职能部门一级分组示意

根据业务模式的特点，如图 6-6 所示，有些组织会在业务单元这个维度上设有交叉的两类一级分组，一类是划分市场单元的客户群，一类是以专业能力或业务模式区分的服务线。正如前面提到的，对于体量大、业务多元的

组织，不管是客户群维度还是服务线维度，都可能需要有多级分组，确保责任和专注度的合理分解。

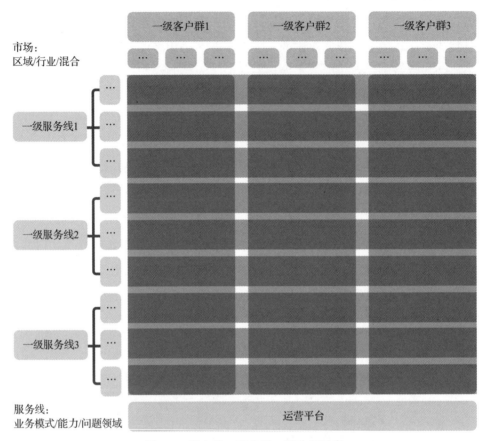

图 6-6　客户群、服务线一级分组示意

1967年法国东部阿尔卑斯山地区的滑雪胜地，小城格勒诺布尔（Grenoble）正热闹地准备着次年冬奥会。就在这里，彩色电视节目的首次播放深深触动了塞日坎夫（Serge-Kampf）。有着法律和经济学双学位的塞日坎夫观察到科技和文化的变迁，于是和三位前同事决定投身科技产业。他们都曾供职于一家法国计算机公司——Compagnie des Machines Bull。这家当时处于欧洲领先地位的计算机制造商有着与IBM相似的起源，创立时的主业是生产打孔卡制表机。他们的技术来自挪威工程师 Fredrik Rosing Bull 的专利，这也是公司名字的由来。这几名年轻人在那里领会到电子计算机这门新技术的潜在威力。他们把一个两居室公寓改成了办公室，在这一年的 10 月 1 日开启了凯捷（Capgemini）的发展旅程。到了 2017 年，凯捷成为一个在 40 个国家拥有超过 20 万员工的全球性科技服务组织。就在这 50 周年庆的时候，凯捷发生了一次影响深远的组织结构调整。[⊖]

历史上凯捷一直以一种去中心化的方式运营。除了少数几个超级客户配备有专门的管理团队，对大多数客户的服务都难免欠缺跨部门的协调。这次调整的首要目的是让凯捷成为一个更加面向市场的组织。调整方案并不是未经验证的突发奇想，而是依托金融服务战略业务单元（Strategic Business Unit，SBU）在过去几年的成功经验。这个行业 SBU 是新兴的，一开始只是局限在应用软件服务领域，不过很快就把业务扩展到了整个服务组合，让凯捷内部的多种专业能力转化为客户的综合业务价值。在新的结构中，客户群维度有三个级别的战略分组（见图 6-7）：

- 一级战略业务单元（SBU）有欧洲 SBU，美洲和亚太地区 SBU，全球金融服务 SBU。
- 二级业务单元（Business Units）是 11 个国家和地区，其中 8 个在欧洲，3 个在美洲和亚太地区，以及金融服务 SBU 下面的 4 个业务分组。业务单元与全球业务线密切合作，全面发挥各项服务的能力优势，负责客户服务的交付和增长。
- 三级市场单元（Market Units）主要以行业为主，常见的有消费零售、能源公共事业、金融、制造、电信、媒体、科技等。有时候在国家和地区层面会按照云计算、网络安全等能力域重新组合。市场单元负责行业策略，发起国家间的协调合作。

⊖ Capgemini. 2019 Universal registration document［R/OL］.（2020-03-25）［2021-12-31］. https://investors.capgemini.com/en/publication/2019-universal-registration-document/.

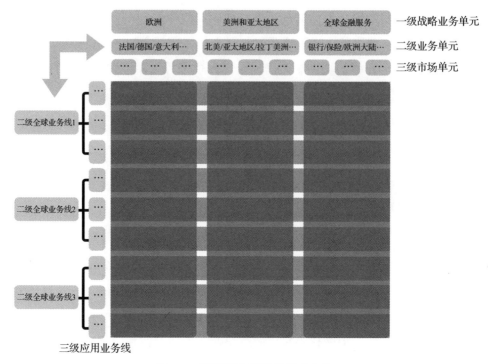

图 6-7　凯捷客户群维度战略分组

凯捷服务线维度的责任是管理服务组合、售前和交付质量，还有相关专业人才和能力的发展。服务线包括有两个级别的战略分组。

- 二级全球业务线（Global Business Lines）：全球业务线与业务单元在同层级上合作，开发和增强对业务增长至关重要的专业和技能。业务线包括 Capgemini Invent——由原来的凯捷咨询和新收购的 LiquidHub，Fahrenheit 212 等一系列数字化转型策略相关的企业合并而成，负责制造数字化的数字工程和产品制造服务（Digital Engineering and Manufacturing Services，DEMS），还有数据、云基础设施和业务外包三条业务线。

- 三级应用业务线（Application Business Lines）：应用业务线支持市场单元，确保服务的竞争力、市场领先地位，以及客户的满意度。典型的团队有应用管理服务、套装软件服务、定制软件开发、数字化体验、业务和技术解决方案等。

凯捷通过这次组织结构调整，加强了业务线和市场单元之间的协同效应。统一的协同方式让客户能够接触到凯捷拥有的多种能力，并从中受益。特别是横空而出的 Capgemini Invent，将推动凯捷在业务创新市场上的重新定位，凯捷将从规模化合作伙伴转向成为面向价值的合作伙伴。我们同时看到，凯捷试图把金融服务行业的成功经验复制到其他行业，打造各行业纵深解决方案仍在验证推进之中。不过，凯捷并没有因此就一股脑把各主要行业拉升到一级分组。除了金融服务之外的其他行业都放在了三级分组的市场单元，在各主要国家和地区业务单元之下。

当我们遇到组织结构调整的需求时，首先要分析不同类型团队目标和责任背后的驱动力量，必须站在全局之上来识别面临的主要矛盾和次要矛盾，进而判断当前以及下一阶段的主要设计挑战：到底是对客户群的响应力、专业度的建设、资源和成本的效率、学习和探索的空间、管理层的关注度，还是责任和控制的强化？有了答案后，就可以从多种设计选项中作出相对较优的战略选择。

组织复杂度反映了战略的复杂度。组织变革是个不断质疑"什么才是完成的定义，什么是成功的衡量"的过程。灵活坚韧的组织生机勃勃，是一个覆盖众多价值创造能力的网络联合体，有着持续演进的策略和结构。

军队和雨林

网络层级组织与演进

"让听得见炮声的人来呼唤炮火。"华为的任正非喜欢用军事术语阐述其策略和管理理念。广泛流传的一个片段里写道："现代战争，远程火力配置强大，是通过卫星、宽带、大数据，与导弹群组、飞机群、航母集群来实现……战争是发生在电磁波中，呼唤这些炮火的不一定再是塔顶的将军，而是贴近前线的铁三角。我们公司现在的铁三角，就是通过公司的平台，及时准确、有效地完成了一系列调节，调动了力量。"[一]

海尔集团前负责人张瑞敏则喜欢用热带雨林的隐喻。他在福布斯中国领导力论坛的访谈上提到，"亚马逊雨林符合物联网的要求，它可以自净化，产生新物质"，[二]因此他认为好的企业是可以自成长、自净化的，他在2018年12月10日的央视财经的《对话》节目中这样评论，企业"可以像一个热带雨林一样，可能会每天都有生死，但是一定会生生不息"。

以制造拉链闻名的日本企业YKK集团，其创始人吉田忠雄（Tadao Yoshida）也推崇"森林式"组织："我们每个人——包括刚进入公司的员工，也包括像我这样的老兵——共同创造了YKK这片大森林。每个人都是公司的管理者；每个人也都是劳动者；人人平起平坐，大家都是同事。"[三]

这几家企业的共同之处是把一线员工的积极性、主动性看作企业活力的来源，都采取了员工持股的机制，以共享成果、共担风险。那么从组织设计来讲，如何能够兼具自上而下的战略执行和自下而上的主观能动性？

大型组织中分布着数量众多的市场单元和服务线团队，更大规模的组织会按照不同的划分粒度和切分维度，部署多级分组的结构。同时，当帮助客

[一] 任正非. 任正非在华为2013年度干部工作会议的讲话［EB/OL］.（2013-12-30）［2021-12-31］. https://www.docin.com/p-808110766.html.
[二] 红星深度. 张瑞敏获国内首个福布斯终身成就奖：我希望离开企业时它能自净化［EB/OL］.（2019-10-19）［2021-12-31］. https://new.qq.com/omn/20191019/20191019A0M75100.html.
[三] 野中郁次郎，竹内弘高. 拥有智慧的企业：企业持续创新之道［M］. 陈劲，姜智勇，译. 北京：人民邮电出版社，2021.

户实现一个复杂度高、体量大的目标时，组织要协调并整合跨部门的能力，于是团队之间存在各种交叉协作的机会。这些机会也伴随着各种摩擦、阻塞和沮丧的心情。

科层组织经过一个世纪的发展，曾在相对稳定的商业环境中经历了黄金年代，成为大型组织管理复杂度的理所当然的选择。明确的结构和流程，使得信息高效传递到事先设计好的决策点和行动点，加上内建于层级的控制和责任，保障着设定目标、解决分歧、执行计划的可预测性。但是，科层组织天生抗拒变化，变化过程中的效率低谷和变化结果的不确定性，正是科层结构试图消除的。所以一旦环境变化加速，不可预测的变量频频出现时，科层组织的局限性就暴露出来。在过去的成功之上建立的组织形式，会有意无意地回避需要新的组织形式才能捕捉的机会。这也是为什么1955年的《财富》世界500强公司里只有不到12%的公司还在2017年的名单上。[一]这些曾经的优胜者绝大多数没能跨越市场、行业和经济的变迁。

早在1967年，彼得·德鲁克谈论计算机对管理实践的影响时，就提醒了我们，他认为，我们组织工作的方式往往并非基于工作内在的逻辑，而是出于信息的匮乏。组织层级的存在是作为信息传输的备份机制，是为了避免正常信息流的中断而设计。如今，这种对组织冗余的需求已经不复存在。[二]德鲁克认为计算机技术作为简化组织的手段，能够减少管理者处理信息的绝对数量。德鲁克当时可能过于乐观，不过到了今天，无所不在的终端、无时无刻联通的网络、近乎无限的分析处理能力，确实减少了信息收集、传输、汇总、判断所需的中间协调辅助人员，为大大降低组织结构的复杂度，大大提升组织结构的灵活性，创造了可能的空间。

〇 PERRY J M. Fortune 500 firms 1955 v. 2017: Only 60 remain, thanks to the creative destruction that fuels economic prosperity［EB/OL］.（2017-10-27）［2021-12-31］. https://www.aei.org/carpe-diem/fortune-500-firms-1955-v-2017-only-12-remain-thanks-to-the-creative-destruction-that-fuels-economic-prosperity/.

〇 DRUCKER P. The manager and the moron［J］. McKinsey Quarterly, 1967（12）.

▋自组织网络模式

近些年有三个趋势日益明确，让弱化层级的呼声日益上涨。一是信息流动和科技发展的加速，让僵硬的层级式管理引起的问题层出不穷，劣势凸显。二是知识密集型工作在经济中的比重升高，管理者不再掌握解决问题所需的全部知识和能力，而要仰仗所有的工作参与者积极贡献其专业知识和创意想法。三是工作对于个人来讲越来越成为价值实现的场所，而非仅仅获得温饱的工具，员工对自主性的期望大幅提升。

趋势大潮之中，一系列企业传奇发挥了助推作用。稻盛和夫在京瓷公司、第二电信公司 KDDI，特别是挽救日本航空的惊人战绩，让阿米巴管理成为时髦。一体化产品小团队模式在互联网公司的成功，更是让很多公司放弃纯粹为效率而设计的结构。组织设计的优化方向逐渐向敏捷、适应性的方向倾斜。由谢家华创建的 Zappos（美捷步）是一家专注于鞋类的电子商务公司。以极致服务和口碑营销著称的 Zappos 在 2013 年借合弄制（Holacracy）去除了公司里的头衔和经理角色，开启了团队"自我治理"的新范式。随着《重新定义管理：合弄制改变世界》一书的火爆，合弄制进一步惊动了管理界，让企业领导者、咨询顾问热血沸腾，急不可待地操起新武器，讨伐散发着"腐朽"味道的科层制组织。越来越多的组织融合了去中心化的特征，具体表现为部署贴近市场的自组织小型团队，常常还武装着独立核算的绩效利器。

这些思路和方法其实都不算什么新鲜事。早在 1981 年，当乔·菲尔普斯（Joe Phelps）创立他的创意和广告营销公司时，就使用了以客户为中心的跨职能自主团队模式（见图 7-1）。[○] 按菲尔普斯的说法，这些团队是汇报给客户的。只是在这个基础上，团队还要考虑为公司的收益做出决策。虽然后

○ OETTINGJ. 30 年没有管理：一个机构成功的 Holacracy 实验［EB/OL］.（2015-09-14）［2021-12-31］. https://www.petminderpro.com/blog/agency/management-holacracy.

面有教练和行政人员的支持，但这些人并不做自上而下的决策。他们的责任是培养团队，教会团队成员正确的做事原则和理解角色期望。当然，这些行政人员还需要为客户的问题兜底，虽然实际要兜底的状况发生概率很低。

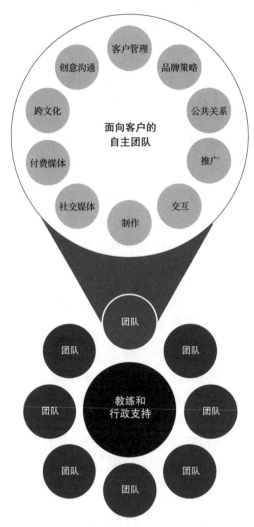

图 7-1　乔·菲尔普斯的自主团队

企业叛逆者（Corporate Rebels）的联合创始人约斯特·米纳（Joost Minnaar）用了一个直角坐标系来划分市面上一些类网络形态的组织。如图 7-2 所示，纵坐标两端分别代表的网络连接的节点是有着稳定成员的团队，还是一群不同角色的个人。虽然大多数网络组织都存在着个人和团队不同级别的多重连接，但仍可以从风格上分辨出，工作分配更多以团队为单元还是以个体为单元。横坐标两端代表的是节点之间更多基于协作达成共同目标的关系，还是内部市场竞争的关系。这一般取决于是否有多个团队服务于价值链的相同环节，是否在争夺共同的稀缺资源；团队之间的关系是协作完成一个宏大目标，还是胜者生存。下面是一些案例企业在矩阵上的分布情况。

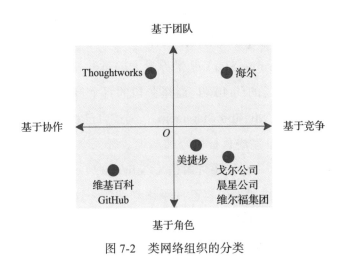

图 7-2　类网络组织的分类

- Thoughtworks 是一家全球性的科技咨询和软件公司，以市场单元和服务线单元之间的协作为组织基调。
- 海尔是国际知名的家电企业。大量"人单合一"、自负盈亏的小微公司构成了自主经营网络。
- 戈尔公司（W.L. Gore & Associates）以聚合材料研究为基础，业务覆盖电子产品、纺织品、工业产品以及医疗产品。著名的产品有广泛用于户外产品的 GORE-TEX® 多功能面料。戈尔公司的员工根据产品、服务和项目的需要，自主地随时组成 8 ～ 10 人的临时团队。

- 维尔福集团（Valve）是一家电子游戏开发公司，代表作品有《半条命》《反恐精英》《求生之路》《DOTA2》等。维尔福集团遵循"自发秩序"。团队只会在自愿的基础上选择要参与的游戏和产品团队。他们在团队内部设立临时架构，自己制定工作职责，参与团队事务并管理好自己。

- 美捷步取消层级制度，鼓励员工组成"圈子"，每个"圈子"各自为政，也有相互重合的部分。通过定期的治理会议，明确不同角色的职责范围，确定方向和目标。工作职能被分解为一个个"角色"，每个角色都有约定好的职责范围。员工可以自行选择自己的角色（可以多选），并根据角色要求决定工作内容。

- 晨星公司（Morning Star）是世界最大的番茄加工企业，每年加工的番茄占全美市场的约40%。晨星公司的每个员工都有自己的个人任务书（Personal Mission Statement），描述自己将如何为公司目标做出贡献，并为自己完成目标所需的培训、资源、协作负责。一年一度，每个员工还要写一封同事理解信（Colleague Letter of Understanding，缩写CLOU），描述来年自己的承诺和期望。这封信的内容需要经过与同事面对面地协商，以达成一致。业务单元之间就像个人之间一样，以协商的方式就一个类似于CLOU的协议达成共识。

- 维基百科（Wikipedia）是世界最大的百科类网站，由非营利组织维基媒体基金会负责营运，以人人参与、社区众筹的方式编撰内容。

- GitHub是世界最大的面向开源及私有软件项目的托管平台。根据2021年维基百科的数据，GitHub拥有7300万开发者用户，托管了两亿多个软件库，其中超过2800万是开放给所有人的公共库。

事实上，上述企业在矩阵上所处的位置并不绝对。团队与个体共存，协作与竞争并立，每个组织多多少少处于一种混合形态，并且在不断演变。

▊网络化层级组织

网络组织似乎如流水般无形而高深莫测，不少管理者将其当作解决部门壁垒的灵丹妙药。但事实上，设计不良的网络让企业内部的组织成本接近甚至高于市场的组织成本，低劣的效能让企业失去存在的意义。网络连接着大量节点，而每个节点都是有边界的，都是一个个小筒仓。网络设计的核心在于每个节点和节点群的内聚性要高，节点和节点群之间的连接性要强。但这两个目标很难做到完美，于是可能出现下面的副作用。

一定体量的团队，所能承担的认知负载必然有其上限。在达成领域跨度大、知识复杂度高、涉及工艺繁杂的业务目标时，必然涉及团队间的分工。如果团队能力内聚不足，不能独立完成一个场景目标，需要多个团队频繁协作才能端到端完成一个价值流。双向信息流通不畅，团队之间信任默契不够，因而导致各个团队重复建设、各自为政。

四通八达的网络节点，虽然有其灵活应变、敏捷响应的好处，但是人们淹没于无数邮件组、微信群和背靠背的电话会议中，信息泛滥成灾，引发认知过载，大幅降低个人、团队的效能。团队需要花费大量时间和精力去处理内部协调和冲突谈判。人们觉得这些活动是内耗，是对时间和体能的挑战，并感到心力交瘁。

过度设计的网络会催生新的官僚行为。大规模网络中，处于节点上的团队和个人不太可能掌握整个网络的全局信息。为了避免混乱的局面，网络组织会确定一系列明确的协议，理顺网络节点之间的责任分工、利益分配，保障协作和决策活动的顺畅进行。这些协议在某种程度上标志着新官僚制度的诞生。

以高端户外机能面料闻名的戈尔公司创立于 1958 年，今天已经成长为拥有一万多名员工，销售网点遍布全球的企业，研发和生产数以百计的产品类型。戈尔公司有三个业务单元：医疗设备、纤维面料、性能方案。创始人比尔·戈尔（Bill Gore）一直相信高度自主小团队的力量，甚至连戈尔公司的工厂都根据邓巴数字把人数限制在 150 人，以确保团队大小不超出能够维持稳定社交关系的规模。在戈尔公司，员工没有头衔，没有职位描述，自己只需在感兴趣的领域找到要做的项目。员工之间通过一个点阵式（Lattice）组织连接，处于一个多维的沟通网络之中。如果一位员工有了一个好主意，就可能吸引其他人一起组建团队，这个跨功能的团队直接创造新的产品并将其推向市场。这一切的发生都远在互联网公司兴起、"敏捷"变为热门词汇之前。

到了 2015 年，戈尔公司越来越多地注意到这种极致的运作模式所引发的问题。收入的增长并没有伴随着生产力的提升而来，资产没有得到充分利用，所有改进活动都是一次性的短期方案，小团队内部的身份认同招致大量不同的工作方式和业务流程共存，这一切都带来巨大成本。自下而上的战略让企业赢得了大量小的成功，但市场更需要大的投注和清晰的战略。三个业务单元中，医疗设备单元在一个高度监管的环境里，与美敦力公司（Medtronic，Inc）这样拥有巨额预算的对手竞争。纤维面料单元面临的是一个高度竞争的低利润行业，随着"性能"材料范围的日益拓宽，Gore-Tex 的吸引力正在下滑，并且局限在最高端的细分市场让增长受限。性能方案业务单元则是大杂烩，它有一些成功的产品，但更多的是一开始想法很好，却未能取得商业成功，一直半死不活的遗留项目。离开了创始人自上而下的强势指挥，自主独立的小团队文化开始让人们沮丧，新领导没有能够建立共同的方向和协同机制。

于是，戈尔公司的领导团队决定，在保持三个业务单元独立运转的基础上，第一次在基础研发、制造、销售和营销领域建立起公司级的管理团队，负责建设跨业务单元的人才网络，共享关键资产，打造企业级的卓越能力。面向市场的活动仍然保留在业务单元，只是根据业务特点把部分投资和决策转移集中到企业的职能部门，以取得规模化的优势。HR、IT、法务和安全等运营支持部门则基本上都转移到了企业层面来管理，大大减少了由于重复建设、方式和流程不一致而增加的成本。部署工作开始按照一定的职能分类进行，虽然员工个人对工作内容仍有很大的选择空间，但相比过去有了更多来自领导者的引导和安排。[⊖]

戈尔公司从一个网络状的扁平组织向着资源整合、战略清晰的方向调整。过程中经历了文化上的冲突，人们会感慨旧日好时光不再。如果一个组织推进相反方向的调整，从科层制转向去中心化模式（见图 7-3），会面临另一种两难处境。转变会触动各种利益改变做事习惯，加上人们会自然抗拒不确定的变革结果，巨大的阻力要求强有力的权威来推动变化。由于转型过程往往比发起者预期的长，经历的波折比预期的多，许诺的自主运转与感受到的权威推动长期并存。这在一线受到波及的员工看来，发起者的动机和行为蒙上了一层虚伪的面纱。

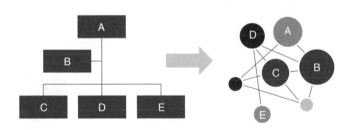

图 7-3　科层制转向去中心化模式

2015 年，美捷步流失了近 30% 的人，同年，美捷步在 8 年里第一次从财富杂志 100 最佳雇主的席位跌落。然而，即使经历了震荡和混沌，美捷步

⊖　KATES A., KESLER G, DIMARTINO M. Networked, scaled, and agile: A design strategy for complex organizations［M］. London:Kogan Page, 2021.

没有放弃对自组织团队模式的探索，仍在持续迭代。现在重新引入了一些管理角色，采取了类似内部市场的机制来调节团队的运作。[⊖]

约翰·科特（John P. Kotter）在他的文章《层级和网络：两个结构，一个组织》（*Hierarchy and Network: Two Structures, One Organization*）里声明，他相信成功的组织都同时具有两个结构，一个是层级式的，一个是网络式的。层级对于优化效率和责任很重要，网络对于适应变化很重要。

部署了设计良好的层级和流程，组织就好似安装了自动驾驶仪，稳定、可预测地按规则前进，但是（在自动驾驶完善之前）所有自动驾驶仪的适用场景都是有限的，遇到规则未能预测到的场景时，要么失灵犯错，要么触发排斥行为，视而不见。创新者的窘境其实是这种排斥作用的症状之一。因此，组织需要一个与层级结构并行的，连接不同层级、不同业务部门的网络，我们可以称其为团队系统（System of Teams）。在这个网络里，我们产生跨边界的对话，采取跨边界的行动，应对变化和推动变化。

这种组织的结构不是静态不变的，也没有所谓"一步到位"的设计。组织结构的战略分组随着环境和自身策略的发展而演进。以 Thoughtworks 为例，经历了三个不同的阶段。

第一阶段：按项目需求组队的统一资源池。

早期规模小，业务单一，所有人在一个大资源池里，如图 7-4 所示。组织扁平，虽然有着以办公室为中心的行政单元，但人员安排是以个人和角色为单位。办公室负责人

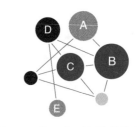

图 7-4　基于扁平网络的资源池

⊖　GROTH A. Zappos has quietly backed away from holacracy ［EB/OL］.（2020-01-29）［2021-12-31］. https://qz.com/work/1776841/zappos-has-quietly-backed-away-from-holacracy/.

对人员供应、人才培养负责。交付负责人对接业务，协助编排需求和人员并组建团队，对项目治理负责。此外还有各种自然生长出来的专业能力组织，以 CoP 社区（Community of Practice）的形式分散在各个办公室，形成知识分享和创新的网络。

第二阶段：区分业务模式和能力的业务单元。

随着业务增长，项目类型展现多样化的趋势。首先是发现咨询和交付不仅需要的技能不同，工作方式甚至生活方式（咨询业务有高强度的差旅要求）也有差异，于是设立了咨询和交付两大类基于不同业务模式的业务单元，如图 7-5 所示。再后来，出于对前瞻性业务能力的发展需要，孵化出了数据 AI、IoT、云基础设施、体验和产品设计等不同能力专长的业务单元。到了这个阶段，一个团队系统开始浮现。销售团队根据客户需求，引入相应的业务单元，完成从售前到服务交付的业务活动。这些业务单元各自都具备端到端解决业务问题、创造客户价值的能力。

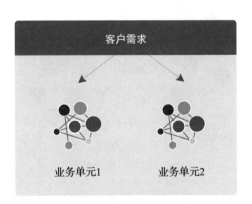

图 7-5　基于能力域的业务单元

第三阶段：市场、服务线网络。

随着客户数量和种类的增多，企业意识到对客户分群的需求。企业未能关注到不同客户群之间的差异，未能在客户增长策略、服务模式、能力规划和供应等方面落实适应性的配置，远远没有发挥出客户增长的潜力。经常听到客户抱怨："找你们是为了一起解决我们没注意到的问题，做我们还没想到的事情，结果你们把安排的活儿干完就拍拍屁股走了，中间还走马灯式地换人。你们到底打不打算跟我们做长期生意？"这些反馈推动了新的结构调整，形成了如图7-6所示的市场和服务线两大类业务单元。市场单元以客户群为中心，整合各种资源，注重拓展能力的广度，推动客户群的业务增长。服务线单元注重挖掘能力的深度，开发专业的服务方案，通过增强差异化水平和输出思想领导力，构建竞争力。经过磨合之后，这些业务单元之间形成出于不同诉求的合作关系网络，有的是为了平衡需求和供给，有的是为了技能互补而联合组队接项目，有的是为了制定和执行大客户策略，还有的是为了合作投资新服务。

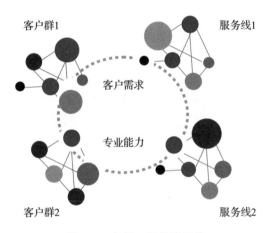

图 7-6　市场、服务线网络

层级还是网络，这让我想起中国历史上的儒道之争。儒家认定一个基本的道德观，这个道德观对应着一组礼仪规范，这组规范是社会组织从宏观到微观的构造基础。道家则否定任何确定的规范，认为一切都在不断转化流变。《道德经》里"道"字的本义是通往某一目的地的道路；"德"字由心、行、直三字构成，意思是"心、行之所陟"。道家思想听上去似乎更适合当前这个多变的世界，不过香港中文大学学者金观涛和刘青峰在他们的《中国思想史十讲》里阐述，道家的主张"除了有可能适应于鸡犬相闻、老死不相往来的群居小社会外，显然不能作为建立大而复杂的整全社会的理论基础"。但是，正是道家对儒家的反思批判，让儒家思想在千年的历史进程中保持着勃勃生机。"这种共生现象贯穿在整个中国文化的传统中"，"也是中国人博大精深的思想和智慧之源"。层级和网络，不管哪个占据了组织设计的主导方向，都需要另外一个作为一面镜子，两者交融碰撞，共生共演。

■复杂演化系统

Thoughtworks 还只是刚刚进入规模化的阶段，而体量庞大的埃森哲则早就有了多维的组织结构。如图 7-7 所示，2001 年上市的时候，埃森哲有五大全球市场单元（Global Market Units），后来又称为行业运营集团（Global Operating Groups,），覆盖了 18 个子行业集团。另外还有 8 条跨行业的服务线，各自专注于一个特定的专业领域，比如财务和绩效管理咨询、创新和科技业务解决方案、供应链管理等。整个集团形成了以垂直行业分组的市场线和以水平业务模式分组的能力线，还有全球交付和生态合作平台，用于服务市场线和能力线的规模化扩展。

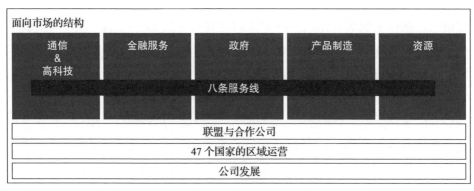

图 7-7 埃森哲的组织结构（2001 年年报）

到了 2002 年，似乎跟前面 Thoughtworks 的演进有点像，埃森哲发现区分业务模式和运营模式的差异更有意义。于是把 8 条专业能力相关的服务线聚集到 2 条大的能力线之下，一个是业务咨询相关，一个是科技和外包相关。2 条能力线之下又有相应的子服务线和解决方案单元。于服务线负责发展埃森哲的知识资本、专业技能和创新能力，而解决方案单元则是创建、获取和管理在不同客户之间可复用、可规模化的资产。其所需的能力来自服务线、联盟公司和其他的合作伙伴。紧接着，埃森哲又意识到科技和业务外包在模式上的区别。2003 年把科技和外包服务这条能力线拆分为技术和业务流程两个大能力线，至此，埃森哲建立了图 7-8 所示的三个增长平台（Growth Platform），即业务咨询、系统集成和技术服务、业务流程外包。这个一级分组结构稳定了相当长一段时间。

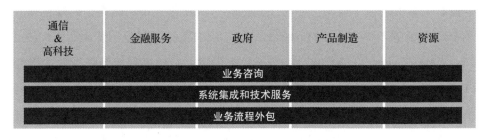

图 7-8　埃森哲的组织结构（2003 年年报）

我们看到，对于像埃森哲这样在地理区域、行业、业务领域都跨度巨大的组织，在每个层级上作出业务分组的选择时，要上下贯穿，多看两个层级来比较各种选项之间的优劣之处。另外，分组的选择不是一成不变的，而是一个迭代发展的过程。

对于业务复杂度高的组织，各层级都可能会出现混合选项。服务线可以有业务模式和专业能力的混合。而客户群的分组可能有区域和行业的混合，一种常见的方式是大型客户以行业为主，中小型客户以区域为主的划分。设计中一定会有妥协，过度追求干净简单或许是奢望。

2007 年，科技创新和数字化业务的进程开始冲击已有的业务和组织设计。埃森哲注意到战略规划和支撑战略落地的 IT 实施之间存在着业务和能力的真空，于是试图填补空白，建立一个从业务战略到技术解决方案的一体化组织。5 月，埃森哲在系统集成和技术服务线（Systems Integration & Technology）里增加了科技咨询业务（Technology Consulting），并计划后续的几年里在这项业务上投资 2.5 亿美金。此外，埃森哲还希望这个组织能够在一些前瞻性的领域取得优势，比如下一代的绿色数据中心、专业级别的 IT 基础设施和应用安全，帮助员工在任意地点办公的下一代工作场所等。

为进一步完善端到端的解决方案，2009 年 9 月 1 日，埃森哲从三大增长平台中的业务流程外包平台里，把应用软件外包和应用基础设施管理业务剥离出来，并入了系统集成和技术服务平台。业务流程外包平台则保留了财务、人力资源和采购等跨行业的职能和流程外包业务，还有一些为客户量身定制、有行业属性的业务外包，比如人寿保险的保单管理流程。

这个阶段，新技术渗透到了不同行业的方方面面，为业务创新打开了空间。埃森哲在 2009 年成立了埃森哲移动服务（Accenture Mobility Services）和埃森哲互动（Accenture Interactive），前者是针对数字化企业在客户触点上，特别是移动端的创新，而后者则期望以数字营销颠覆营销行业。截至 2021 年，埃森哲互动已经连续六年被《广告时代》（Advertising Age）评为全球最大的数字营销服务商。埃森哲数据分析服务和解决方案（Data Analytics Services & Solutions）在 2010 年正式纳入了策略组合。数据方向上，埃森哲的套路是跟随其擅长的 ERP 咨询，走的是跟专业软件产品平台合作的路线，设立了 Accenture SAS Analytics Group。其目标非常明确，就是通过预测性分析建立起从数据中产生洞见的能力。

到了 2011 年，埃森哲已经能够在欧洲和北美的创新中心展示他们的分析能力和方案。同时，在数字领域的全面布局已经初现端倪，有了分析、移动、数字营销、智能电网和云计算等全光谱能力。2012 年，埃森哲继续推进和投资这几个领域，为 1000 个客户做了移动相关的项目，并且为全球排名前 100 位中一半的公司提供了云计算相关的服务。这几年伴随着新技术和数字化业务领域的探索，新的团队纷纷成立。这些团队跟现有的组织结构形成了纷繁交织的网络关系，埃森哲意识到了当前组织架构的局限。

在 2015 年，如前面"万物生长"一章所述，埃森哲的价值主张从"绩效"转向了"革新"。为了助力客户掌握创新的技术，转型进入数字化时代，埃森哲大幅调整了组织架构，正式放弃"增长平台"这个沿用十几年的概念，建立了五条能力线（Accenture Strategy，Accenture Consulting，Accenture Digital，Accenture Technology，Accenture Operations）。五横（业务能力线）五纵（行业线）的新结构成形。

跨越五横五纵的是埃森哲的全球交付中心。到 2016 年 8 月 31 日，埃森哲有 28.5 万人分布在全球超过 50 个交付中心。这个交付网络虽然很少出现在对外的宣传当中，却以标准的流程、方法和工具，专业的能力，加上多种语言和时区的便利，以高性价比的规模化业务，全方位覆盖客户交付和实施的业务诉求，成了一个强大的平台型组织。

到了 2020 年 10 月，随着埃森哲发布了新的使命："科技融灵智，匠心承未来（To deliver on the promise of technology and human ingenuity）。"同时，埃森哲启动了新的组织结构调整。由原来的五个行业板块，改为三个大的区域板块：北美、欧洲和增长市场（包括亚太、拉美、非洲和中东）。能力线则简化为四个：战略和咨询（Strategy & Consulting）、交互（Interactive）、技术（Technology）与运营（Operations）。过去都是跟客户高层合作的战略和咨询业务合并在了一起，而交互（Interactive）被明确

提到第一梯队。[⊖]

通过对案例公司的观察，我们发现这些复杂组织系统的发展大致遵循一个螺旋演进的轨迹。如图 7-9 所示，在大多数时间阶段里，组织存在着两条并行的演进路线，一条是现有业务的改善，一条是新业务、新结构的涌现。当张力积累到一定程度，就会触发创造性变革。

图 7-9　组织结构演进环

业务改善的目标是适应当前一个相对稳定的宏观环境，优化主要针对现有业务单元的效率提升、能力升级，并根据市场定位的不断迭代进行调整。在 2001 年和 2003 年的组织结构图上，埃森哲的一级组织相当规整。这或许是因为，在 2001 年之前，IT 服务的价值是支撑物理世界中业务的自动化，以 ERP 等为代表的中后台运营系统的规划和实施为主，涉及的服务种类相对较少，变化相对较慢。这部分服务在后续的近 20 年里一直处在不断改善的状态，直到云基础设施、云原生架构和智能驱动的业务开始大行其道。

同时，社会、经济和科技的变化会激发一个有活力的组织涌现出各种新业务、新结构的雏形。在相当长的一段时间里，这些新兴事物自身的具体形态，以及与组织其他部分之间的关系都不清晰。这个时候如果"英明神武"的领导贸然设计全面变革以期引领潮流，大概率会失败。预言家不好当，一是准确判断未来的格局很困难，二是把握时机更加困难，前浪很可能被后浪拍倒在沙滩上。

⊖　Accenture. Accenture announces changes to its growth model and global management committee［EB/OL］.（2020-01-13）［2021-12-31］. https://newsroom.accenture.com/news/accenture-announces-changes-to-its-growth-model-and-global-management-committee.htm.

2007 年之后，新科技和新业务层出不穷，在埃森哲整体战略中占据越来越重要的位置。为了抓住机会，组织内部涌现出一系列新的能力线。这些新团队就像生态种群一样不断地演进，与原有的业务既交叉又独立，与整体的组织框架似乎格格不入。演进的过程中，或局部，或整体，不断冲击着现有的构造。不过，埃森哲没有马上就做出大的调整来强行适配这些业务，而是让子弹多飞了几年。

直到 2015 年，这些新技术、新业务对宏观机制的影响更加显著，实现了从量变到质变的转化。于是，由"绩效"到"革新"，埃森哲提出崭新的价值主张，并为此调整了组织结构。创造性变革随之发生。

从埃森哲这 20 年的演进中可以看出，即使有着充沛经验的组织，在这个急速变化的外部经济和社会环境里，也要持续不断地调整策略和相关的结构。通过预测未来世界来设计一个适合自身业务长期发展的组织是非常困难的。"放之四海而皆准"的方法并不存在，探索试错、不断演进可能是必经的途径。

▌低摩擦演进

一个组织调整的决定，不仅要明确其解决的主要矛盾，还要明确其所背负的代价。对变革产生的副作用遮遮掩掩，只会让员工困扰，逐渐失去信心。组织的调整，不仅仅是组织架构图上的变化加上几个高管的任命。从团队边界的定义、相关责任的梳理和呈现，到业务流程的重整再造，以至于文化的迭代演进，是一个复杂的变革过程。并且，至少从短期来讲，只要有调整就必然有人受益、有人受伤。很多情况下，谁受益谁受伤不一定与其个人能力或过去的贡献相关，公平会是扰动人心的话题。变革一定会带来阵痛，但是能够把变革变成一种习惯的组织是更具韧性的组织。

德勤的未来组织报告里提到，70% 的组织结构调整效果达不到预期，主要原因是管理团队的"创造性不合作"（Creative Disobedience）。⊖要削弱潜在的"创造性不合作"，那些面对调整更具韧性的组织常有一些共同特征。

- 快速形成团队的能力。首先是快速建立信任。信任源于可预期的行为模式，行为模式的可预期性则源于共同的价值观和文化。对于强文化的组织，员工很容易就从一群人中识别出熟悉的同事。这可能是源于使用的语言、行事的风格，以及对于什么重要，什么正确的看法。形成团队的速度还取决于快速了解新成员的能力，即新团队成员适合干什么，不适合干什么。在一个大型组织里取得这样的效果，靠的是一套共同的语言体系来描述每位员工的胜任力、专业技能，以及过往经验。

- 高度协同的网络组织需要透明的目标和责任。网络形态的组织里，由于业务的多边交互、工作结果的相互依赖、团队的动态组建，导致目标和责任的主体和边界总是不那么清晰。因此，清晰定义决策的方式和过程变得更为重要，并且组织应该尽可能把个人和团队的目标、进展状态可视化，帮助大家构建起直观的全局视角。

- 基于胜任力而非角色头衔的晋升。头衔体系暗含着组织结构，以及相应权力和责任的静态边界。一个动态的组织会尽量弱化这样的边界对组织演进的隐形障碍。其中一种方式是设置明确期望：头衔只是阶段性的目标和任务安排，而非晋升和长期的奖励。

- 让人才流动成为组织的核心价值。从基层到高层，鼓励员工主动经历不同职能、业务单元的历练，获得更广泛的视野和快速融入新环境并建立影响力的能力，并设计弹性的职业发展路径。要做到这点，组织

⊖ RAHNEMA A, DURME V Y. The organization of the future: Arriving now［EB/OL］.（2017-02-28）［2021-12-31］. https://www2.deloitte.com/us/en/insights/focus/human-capital-trends/2017/organization-of-the-future.html.

必须有配套的机制，为转岗发展的人才和因变革受到影响的人员，尽快重新设定工作期望并对其赋能。

与其尝试设计一个完美结构，还不如尝试为组织建设一个机制。在这个机制的牵引下，大量微观事件和个体行为之间发生着复杂的非线性互动，触发着性质和模式各异的行为。新的行为中浮现出新兴的宏观结构，反过来引起个体行为和微观机制的调整。这样微观行为与宏观结构之间的双向反馈，相互影响，持续迭代，推动着组织的协同进化。正如达尔文所说："生存下来的物种，既不是最强壮的，也不是最聪明的，而是那些最适应变化的。"

端水的艺术

平衡多维组织的张力

以矩阵式结构为代表的多维组织，代表了为平衡多重专注度所做的努力。不过，对于身处其中各个节点的人来说，则苦恼于不能独立自主地做出决定。沟通成本消耗着人们的积极性，对其他团队的依赖挫伤了达成目标的冲劲。组织内部的张力无处不在，冲突随时都可能发生。各有不同优先级的团队之间，协商和调停绝对不是一件容易的事情，紧绷的张力让众多管理者只要一想起来，就会觉得头疼、厌烦、无力。

多维组织的张力

对于业务来说，组织内部存在张力并不一定是坏事，处理得好，就能够发挥一个大型组织的优势，享受规模效益的同时，还能高度活跃创新思维，展现组织坚强的韧性。一些领导者的烦恼在于他们极度反感夹在冲突的各方之间。在他们的认知当中，调停冲突不是正常的业务和管理活动，徒然耗费精力，妨碍正常工作，以至于从意识到技巧上都没有准备好。更糟的是，他们内心可能还觉得，处理不好会出现尴尬、伤面子的场面，甚至四面树敌。

张力出现的地方总是在团队和团队之间的边缘地带：

- 总部和地区之间；
- 市场和服务线之间；
- 服务线和服务线之间；
- 前端业务单元和运营职能部门之间。

总部和地区之间

"Global first, local focused."（全局优先，本地关注）这两个目标之间的张力可能永远都得不到根本解决，或许也不应该得到解决。地区是服务发生的地点，是大多数一线服务人员的归属地，是很多服务型组织的首选。地区希望总部能更关注对本地客户的响应速度，制订因地制宜的服务方案，同时会希望得到更多授权，让自己能够根据本地情况采取行动；而总部会有自己的一些期望，可能与地区的这些诉求产生张力，如表8-1所示。这样的张力，在跨国企业里格外突出。

表 8-1　总部和地区的诉求

	总部	地区
品牌	希望确保品牌形象的全面一致	希望创建能与当地市场引起共鸣的品牌故事
服务	对统一服务规格、定价机制有强烈诉求	希望本地特色的多元化内容更多些
创新	集中力量，投入新服务的研发、新能力的构建和全球市场的推广	希望投资决策过程中有足够的本地声音，不遗余力争取对本地创新的投资
运营职能	推动全公司采纳一致的方法、流程和实践	希望总部方案能更接地气，提高适配性
客户服务	为跨地区的大型客户建立直属的客户服务团队	希望统一总部与地区客户服务团队之间的业务目标
IT 建设	积极推广企业级的 IT 平台	试图建立本地适用的系统

举一个总部推广企业级变革或业务策略时常会发生的例子。一家科技服务企业在其快速成长的过程中，发现客户留存率未能达到业界优秀水平。每年较大比例的客户流失造成了两个严重问题：一是新客户比例过高，一般新客户的成单率低于现有客户，销售周期却长于现有客户，造成的结果是业务开发成本高企，销售漏斗里的商机数量波动剧烈，难以预测；二是只有很小比例的客户成功度过初始开拓阶段，成长为合作范围广泛、持续和稳定贡献收入的大型客户。

经过调研，与大多数人的直觉相反，这些客户的流失并不是因为不喜欢该企业的服务。客户对其服务的交付效果评价很高，口碑很好。浮现出来的问题有以下几个：客户端的管理一直是围绕一个个的商机，缺乏针对客户组织层层渗透的策略；过于依仗自身擅长的工程技术能力，很少打造与客户业务及其所属行业相关性高的深度方案；团队总是追逐随机出现的机会，频繁切换服务对象。

作为革新客户战略的一部分措施，总部设计了一套以延续和拓展现有客户合作为目标的实践，并在欧美地区的两个市场做试点。一年后，试点取得了颇为显著的效果，客户稳定性有了改善，几个潜力客户的业务量实现了稳健增长。于是，总部开始在全球推广这套实践方法。

当中国区的负责人拿到那150页的文档的时候，顿时有点头大。一方面觉得中国区确实需要体系化的方法来提升能力；另一方面又感觉，在高度不确定的客户环境里，客户干系人变化频繁，立项和决策碎片化严重，这套方法显得太重，落地困难。尝试的结果也基本印证了这个推断。经过初始的一轮培训和试点，团队的动作就开始流于形式，使用意愿很弱。另外还有几个地区似乎也遇到了类似的挑战，推进受阻。后来，经过这几个地区和总部几轮的沟通、调整和新的尝试，一年之后，新版本具备了更加轻量级和可供灵活裁剪的实践模块，才在中国区得以大规模推广。

▌市场和服务线之间

服务线负责建设公司在专门领域的价值主张，设计并交付差异化的解决方案，因此会聚了具备专项能力的众多专家，并拥有各自的服务组合。

围绕客户群建立的市场团队则汇聚了关于区域、行业和客户组织的信息和领域知识，承担着制定市场策略，探知、汇总和编排商业机会的责任。市场团队与各服务线合作，共同帮助客户实现宏大志向。

这两类团队代表了组织在两个不同维度的诉求。本应形成互补关系，但是目标的不同会引发张力和冲突，有时候反倒形成了相互制约的关系。比如，服务线承担着打磨和完善创新解决方案的责任，因此希望聚焦于自己的主航道，不希望被客户的零星需求分散精力。这样的行为，在客户服务团队看来，会被认为服务线专家不关心客户，只做自己爱做的事情。

当需求旺盛的时候，市场团队并不总能获得最合适的资源去满足客户，因此市场团队认为服务线不给力，关键时刻掉链子，总是怀疑服务线把重心放在其他客户上，对自己负责的客户不重视。

当需求疲软的时候，轮到服务线觉得市场团队发掘商机不主动，力度不足，甚至怀疑对方屏蔽信息，对有些本应属于服务线的机会隐瞒不报，自己默不作声地接了，或是交给不合适的服务线做。

服务线和服务线之间

理论上，一家企业的服务组合是其所有特色服务汇总的一个大菜单。这些服务组合应该像开胃菜、汤、沙拉、海鲜、肉类、甜点一样，清清楚楚地按服务线分门别类，但是，现实中并不总是那么泾渭分明。服务线之间总是存在着能力上的重叠，比如科技服务企业的很多团队都会有数据、产品设计和架构这样的能力，因此，一个商机来了，看上去有几个团队都可以做，实际上归属不一定那么明晰。拿着锤子看什么都像钉子，各条服务线一旦接触到一个商机，就会根据自己的特长，牵引商机贴近自己的服务方案。有的组织可能会鼓励这种内部竞争，不过这种冲突对新兴业务的孵化格外不友好。实力和影响力都处于弱势的新业务，其客户触达能力有限，就可能抓不住机会。

一旦团队多了起来，部门墙就难以避免。市场之间、服务线之间的供求随市场变化而波动，短期的不平衡让团队旱的旱死、涝的涝死。只是每个团队都会担心项目一旦启动员工难以到位的风险，倾向于为未来所有可能的机会准备好合适的员工，并且如非万不得已，尽量避免让自己的员工工作在其他团队的项目上。简仓效应让全局系统里保持着不必要的冗余产能。

前端业务单元和运营职能部门之间

前端业务负责人承担营收和利润的责任，期望树立自主和决策的权威，不希望受到掣肘。运营平台连接、协调并整合所有业务单元的需求，制定和推行公司级的运营策略。颇为流行的是共享服务中心的模式，平台化运作HR、财务等职能。

前端业务负责人对于不需要向自己汇报的运营平台团队，总会担心其投入度、响应度不够，质疑对方的能力，倾向于认为平台的运作方式不匹配本业务的特殊需求，却无力控制和改变，于是总是借助贴近市场的优势，以业务发展为由，试图在协商中占据强势的位置，获取更多运营资源。而处于中立位置的运营部门有自己的关键绩效指标（Key Performance Indicator, KPI），形成了相对独立的执行逻辑，却总是发现业务部门不按规矩办事，影响了整体的效率和效果，于是以流程和制度为名，拒绝业务部门的要求。

双方因各自立场和考虑问题的视角不同，难以基于业务价值的完整视图达成共识。这也是为什么业务端常视运营平台为不接地气的"官僚"机构，而平台则认为业务团队只顾自己不顾大局。

自主驱动和全局优化

丹尼尔·平克（Daniel Pink）提出了驱动力3.0的概念，其三个核心要素是自主（Autonomy）、专精（Mastery）和目的（Purpose）。[一]这三个要素揭示了一个现实：稳定自主的小团队更容易形成清晰的目标，团队目标和每个成员息息相关，凝聚力也由此而生。目标认同感会促进个体的主动性和创造性，维护持续改善的氛围，这也是敏捷方法强调全功能团队的原因之一。高度授权的一线团队充分体会外部环境的复杂度，敏锐探知变化，把握战机，做到在优势领域与时俱进，在没有优势的领域则伺机取得突破。

[一] PINK D H. Drive: the surprising truth about what motivates us ［M］. New York:Riverhead Books, 2011.

但是如果一个大型组织充满着有主见的小团队，又如何高效执行组织级战略呢？一个常见问题是团队之间竞争导致的博弈和局部优化。市场的剧烈动荡要求更高的业务敏捷度。然而，一个团队的响应力不一定能代表业务组合的敏捷度。组织要在不同的业务单元之间，快速转移人员、资源和领导层的注意力，但是团队越自主，越得到更多的授权，组织就越难以跨团队重新配置资源或是对齐优先级。

生机勃勃的内部生态并不意味着丛林法则。有些实施阿米巴经营管理模式或其他类似组织模式的组织就遇到了这样的问题。虽然加快了业务小反馈环的速度，但放权之后，"将在外，君命有所不受"，组织顶层和基层团队之间完全是利益关系。愿景和战略只停留在领导的嘴上和公关的文稿中，组织级动员能力和资源配置能力处于"贫血"状态。基层团队之间谁也不服谁，争地盘，抢资源。部门墙高耸，内部谈判和重复建设无休无止，时间久了，摩擦和内耗严重挫伤组织的凝聚力。绩效数字对个人利益影响如此之大，针对数字的博弈和操纵分散了组织和个人大量的注意力。人们抱怨：高层高高在上看不到真实问题，中层绞尽脑汁弄虚作假，基层员工疲于奔命瞎忙活。

多维组织的结构设计就是希望在自主责任和全局优化之间取得一个平衡。结构设计之外还需要促进全局优化的机制来制衡团队局部优化的倾向。

▌平衡的抓手

不管落在纸面上的结构是什么样子，一个组织大都拥有明暗两套沟通网络。一套是规划设计出来的稳固联结，来确保必要的对话和沟通的及时、顺畅，保障协作按预定方式顺畅进行。除此之外，还有大量联结是员工根据需要主动发起建立的，有随机性和临时性的特点，这是一套隐藏在组织结构图之外的沟通网络。哈佛大学教授罗伯特·西蒙斯（Robert Simons）在其 1995

年出版的《控制》（*Levers of Control*）一书中提出了四个组织杠杆，用于平衡控制与赋能、自律与创新，如图 8-1 所示。当我们观察和干预明暗两套沟通网络中的交互和冲突时，这四个杠杆也是很有意义的抓手。

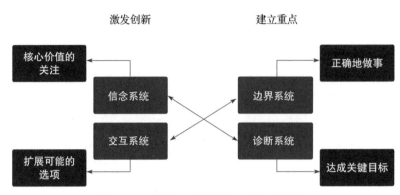

图 8-1　罗伯特·西蒙斯的四个组织杠杆

信念系统：激发员工行动的价值观、使命和文化，把广泛的员工注意力汇聚到关键的原则之上。虽然听上去可能有些空洞，但是我们明确观察到，如果领导团队能够以身作则，如果组织流传着各种与信念系统一致的故事，如果相关的语言融入工作的对话当中，信念系统就会真实地发挥作用。在人们选择做什么、不做什么、怎么做的时候，有效的信念系统能够大大减少沟通的成本和出现冲突的概率，同时还会触发具有组织特色的创新。

交互系统：交互系统的形式可以是人们自发组织的社区、计划和评审委员会、临时工作组这样的跨部门组织，可以是共创工作坊这样的跨部门活动，也可以是为了促进交流学习而进行的工作指派和轮岗。这些正式和非正式的信息流通渠道，催生出各种对话、辩论，帮助人们收集和传播信息，跟踪持续发生的变化，检验策略所基于的假设，浮现计划外的各种创意和行动计划。非正式的交互系统在缓解组织中的张力，润滑团队间的摩擦当中扮演着重要的角色。只是这类做法对于那些有着构建对话习惯的社交型组织来说相对容易，而对于依赖明确权责关系的层级组织来说就很难。

边界系统：边界系统强调规则，约束机会主义行为，告诉人们应该做什么，不应该做什么。边界系统用于设定期望的手段多种多样，可以是定义角色的责任和权力，部署跨团队的工作流程，以及推行公司及部门的制度等。这些手段的运用分寸根据不同组织的情况也各有不同。即使像麦肯锡和BCG这些非常信任员工个人行为的公司，也会在一些特定的方面建立严格的行为边界，比如客户的数据安全。团队之间边界系统的作用是厘清各自的责任，定义协作过程中响应速度和对质量的要求等。西蒙斯教授有一个贴切的比喻：边界系统就像刹车装置，刹车的目的不是让车慢下来，而是让车能安全地开得更快。越快的车，越需要好的刹车装置。

诊断系统：现实中的行为和结果跟期望中的战略和目标之间多多少少会存在差异，诊断系统负责跟踪识别这样的差异，并触发自我修正的行动。诊断的手段体现为量化或非量化的衡量指标，比如 KPI、目标与关键成果法（Objectives and Key Results，OKR），可以是与财务和运营相关的指标，也可以是与流程和客户价值相关的评估。各级负责人据此分析趋势和风险，做出是否干预的决定。由于其"清晰简便"，领导经常会有意无意地过度使用诊断系统。以一家企业分布全球的研发中心网络为例，每个自主的研发中心都有其专长的能力和资源，并且都承担了一部分全球职责。为了连接分布各地的员工，推动知识共享和全球创新项目，全球研发负责人建立了一个虚拟部门，负责收集研发网络中衡量各节点之间协作状态的数据，其中包括知识分享数量和频率、用于协作的时间、团队之间信任水平等。数据被用于评估个人和团队的网络协作绩效。这种做法在有些地方颇为有效，但在其他地方则会遇到障碍。有的人会认为这种协作活动浪费时间，妨碍正常工作。激励措施让人觉得这些协作互动是高层领导的"自娱自乐"，基层员工迫于无奈，只是为了取悦领导或满足组织的奇怪癖好而已。

信念系统和交互系统的作用是激发思想和行动，引导贡献和创造行为，促进创新和成就。边界系统和诊断系统的作用是约束和聚焦，确保用正确的方法达成确定的目标，减少风险。两股力量相互制衡，在不同的协作场景中发挥着各自的作用。协作有成本，协作的目的不是协作本身，而是创造一加一大于二的价值。在下面三个需要全局优化的场景里，如果我们能合理运用四种组织杠杆，就能从大幅增进组织效能获取高价值红利。

▌ 整合客户价值

全局优化首先是从客户视角来看。要想为客户创造最大的价值，组织需要跨边界，充分协调整合市场单元、服务线的能力，从而综合解决客户问题。整合的形式可以是一个为端到端价值负责的团队，团队站在全局的位置上促成共识，做出全局优化决策，形成统一行动。前文提到的 WPP 集团，其设置的全球跨功能一体化的客户服务团队就是这种设置的一个例子。

华为有一句名言："让听得见炮声的人呼唤炮火。"不过，由于各种立场和优先级的冲突，呼唤炮火的人轻易就成了炮灰。要让客户服务团队真正具备呼唤到炮火的能力，需要特别的设计。

从边界系统的角度，组织要对负责整合的团队赋予明确的成效期望。为了有效履行责任，团队会要求对等的权力。然而，在一个高度不确定的执行环境中，对边界的定义不可能严丝合缝，仅仅明确责任和权力只是为摩擦埋下了伏笔。一旦遇到新的场景，团队之间的责任和权力就可能会出现重叠或是真空，两种情况都会引发互相指责。

一个银行客户因为一个智能类产品的需求找到某公司的数据智能服务线，而数据团队发现这个产品的设计依赖金融某个领域的知识，但该团队没有这方面的专家。那么，如果要协调其他团队引入新的能力，这个行为谁来做？从角色定义来看似乎负责这个客户的服务线合适，但从能力来看，数据团队对这个问题场景的理解更加深入。另外，有着相关专业能力的第三方，也就是另外一个服务线对这个机会不一定感兴趣。

这种边界不清，或者已有边界定义不适应当前情境时，就需要有交互系统发挥作用。组织中应该存在多重增强信任的机制，减少协作当中的障碍。增强信任的重要一环是磋商。磋商机制的设计可以在客户群层面，也可以在商机层面。针对客户群，组建跨部门工作组来制定一致的行动目标和共同的策略，并督促执行。在商机层面，针对商机漏斗设计一个共享讨论机制，并通过商机评审的流程，给各团队创造一个充分了解信息和及时对话的平台。仅仅有机制的设计还不够，还要有合适的人选参与交互系统。这些人不仅在组织内部拥有足够的信用，还具备外交官般的意识和技巧。

最后，客户整体价值的关注还受到团队间利润和成本核算的影响。一个项目团队可能有来自多个部门的成员，不同部门可能有不同的利润期望，因而导致在定价和收入分配上有不同意见。所以，组织要设计合理的诊断系统，用衡量指标和汇报关系来打通部门间的目标和优先级，为全局结果共同负责，比如客户服务团队和服务线之间在收入核算和客户满意度这些方面，可以有一些共同的指标。

▎动态人员配置

对于知识密集型组织，全局优化的重点是人。一套强有力的机制能够合理调整人员和能力的布局，并且推动人员跨团队流动。企业需要两层中心化的资源调度机制。

一是项目层面的调度机制，把团队和个人跨越部门边界动员到最需要的地方。交互系统对项目人员调度起到的是使能的作用，运作方式有点像市场的撮合机制，将充分的供求信息及时透明地呈现在运营平台上，作为供需各方高效匹配的基础。

除了使能，还要解决人员流转的动机问题，这需要诊断系统和边界系统的双重加持。团队的绩效指标应该把团队的注意力指向高于本团队至少一个层级的目标。团队指标中有相当的权重指向业务单元级别的目标，业务单元指标里则有部分指向组织级别的目标，鼓励各级关注比自身更高一个层级的目标。另外，团队还应配有促进资源流转的指标，比如人员利用率。边界系统则是在团队之间的自发协商没能达到效果时，为组织采取干预措施提供依据。当战略性的机会遇到资源瓶颈的时候，中心化的运营组织会使用强制性的干预措施，直接从各业务单元调派资源。

二是组织级的内部转岗机制。灵活安全的转岗机制，能够将人员吸引到机会充裕、需求旺盛的团队，从而在内部实现更经济性的资源配置。同时，员工可以在内部完成职业发展的调整，减少了寻求外部机会的意愿。同时，组织也降低了招聘、培养的成本。要保障转岗机制有效，有一系列问题需要明确的答案。比如，与接收方达成协议前，是否要对原部门保密？原部门如果以业务需要为由不愿意放手应该怎么办？如果一个部门想要离开的人太多怎么办？组织要设计合适的边界系统，保护有转岗意愿的员工，控制转岗对相关团队的冲击。

▎运营贴近业务价值

前面提到过运营平台和前端业务之间的摩擦，那么是不是直接把这些运营职能并入业务团队就能解决呢？如果业务单元本身没有达到一定规模，能够承受的运营团队规模也必然有限，相应的能力深度和广度也就有限。同时，各单元对运营的需求一定会有波动，如果按照需求峰值匹配资源，必然造成冗余和浪费。同时，运营平台作为学习引擎的作用会显著下降。各单元之间，职能团队的能力和实践会越来越参差不齐。

为了让运营职能贴近业务价值，边界系统中应该定义运营对接业务的角色，并明确其服务的内容、流程。在人力资源、财务，甚至 IT 领域，常见的做法是为业务团队安排专门的业务伙伴（Business Partner，BP）。BP 充分理解其负责业务团队的需求，通过运营平台内部的交互系统拉动平台上专业化和规模化的资源。BP 作为业务和运营两边的"自己人"，掌握两边完整的背景信息，深入理解业务策略和运营，能够缓解业务负责人对服务水平的担心，并把业务方的挑战反馈回平台，在业务方认为优先级和运营方式不合理的时候，确保沟通、调节的机制畅通。

诊断系统定义了运营部门承诺的服务水平，帮助各方干系人了解各自业务局部和整体的目标数据、资源分配数据、运营成果数据，甚至服务过程数据，从而保证信息透明度，信任由此而来。如果发现与预期的成效有差距，则可以及时采取行动。

一个平衡自主驱动和全局优化的组织是一个生机勃勃的复杂系统。亚当·斯密在《道德情操论》里说道："在人类社会这个巨大的棋盘上，每一颗棋子都有它自己的移动原则，完全不同于立法机关或许会选择强迫它接受的那个原则。如果那两个原则的运动方向刚好一致，人类社会这盘棋，将会进行得既顺畅又和谐，并且很可能会是一盘快乐与成功的棋。但是，如果那两个原则的运动方向恰好相反或不同，那么，人类社会这盘棋将会进行得很凄惨，而那个社会也就必定时时刻刻处在极度混乱中。"一个规模化的组织就是一个人类社会。交互、边界和诊断系统的设计塑造了这个社会内部的平衡逻辑。不过光是靠这三个组织杠杆仍然不够，鼓励互助互惠的信念系统构成了前面三者的氛围和环境，直接影响着三个组织杠杆运行的成本和顺畅程度。

一个信念系统

组织文化

一体化公司

当说起高端专业服务公司的形象，爱看美剧的人头脑中可能会出现《波士顿法律》《金装律师》《华尔街之狼》中衣履精致、呼风唤雨的老法师（Rainmaker），或者以 MBB 为首的管理咨询公司的精英团队，力挽狂澜。

几十年前，投行、管理咨询、律师事务所、会计师事务所通常以合伙人制度为组织模式，形态大多是聚集领域专业人士的小型事务所。就是在那个时代，一些领先的专业服务公司提出了一体化公司（One Firm）的概念。相比初创时期的独狼当道、明星崇拜，成功实施一体化战略的公司摆脱了小型事务所的模式限制，涌现出了像麦肯锡、高盛和 Arthur Andersen（埃森哲的前身）这样世界级的"领头羊"企业。

前哈佛大学教授大卫·梅斯特（David Maister）总结，一体化公司模式不仅是一个理念，还有一系列实践支撑。[一]在组织成长和人才培养上，这些企业严格招收毕业生，控制社会招聘的数量，主要从内部培养和选拔领导者，并且尽量避免通过收购来扩张业务，从而保持文化传承。服务模式拒绝过度依赖明星，积极抑制个人主义行为，强调企业拥有客户，而不是靠几个老法师。薪资评估以团队绩效为主，个人绩效为辅。个体之间，即使是不相识的人，也相互存在着强烈的互助精神和基于价值观的期望。大家遇事会试图广泛建立共识，公司内部的频繁沟通发生在正式和非正式的对话网络之中。个体之间的社交纽带和信息共享的自豪感，促进群体对卓越和正直的追求，价值观和文化塑造着组织成员的行为。

这些公司后来都走上了全球化的道路，高盛、埃森哲这些行业翘楚更是走上了上市的道路。正如前面几章描述的，高速生长的组织，为了捕捉市

㊀ MAISTER D H, WALKER J. The one-firm firm revisited ［EB/OL］．［2021-12-31］．https://davidmaister.com/articles/the-one-firm-firm-revisited/.

场机会，不断扩充新的能力；为了跳出创新者的窘境，不断孵化新的业务单元。开始规模化的组织中，个体之间的社交纽带逐渐难以发挥作用，此外，为了激励员工，不断推出针对个人的强激励措施。慢慢地，单纯的一体化公司策略便无法满足业务发展的需要。以麦肯锡为例，在大家的印象中，麦肯锡是一家"高傲冷漠"的管理咨询公司，但如果稍加研究，就会发现其实没有那么简单。2022 年麦肯锡在全球已经拥有超过 3 万名员工，分布在 22 个行业线，10 个功能线，比如财务、营销、风险，还有 5 个能力和解决方案相关技术咨询领域。除此之外，麦肯锡旗下还有细分的大数据分析公司 Quantum Black、财富管理软件公司 PriceMetrix，还有设计公司 LUNAR Design 等至少十几个专业公司。

大卫·梅斯特认为，与一体化公司模式对应的是军阀（Warlord）模式。军阀模式强调内部竞争，推崇个人企业家精神，执行去中心化的决策机制，建立数量众多、各自独立的利润中心。这种模式很大程度上放弃了对组织制度的承诺和协作产生的能量，更多依靠利益驱动的个体主观能动性来刺激增长的动能。这样的组织在扩张中确实会爆发出巨大的力量。在经营环境顺风顺水的时候，大家能积极捕捉战机，实现利益最大化。不过一旦环境出现问题，就似乎缺了点同舟共济的意愿。而且业务容易受到少数个体能力和状态的影响，业绩常常在巅峰与谷底之间徘徊。此外，这样的组织内部还存在着复杂而激烈的资源争夺和政治博弈，摩擦内耗持续牵绊着组织的发展动能。

拓展业务领域时，我们需要鼓励内部的创新和企业家精神，军阀模式是不是唯一的选择呢？虽然大型专业服务公司中很少采用单纯的一体化公司模或是单纯的军阀模式，但从商业效果上来讲，强调协作的组织更加成功。研究表明，如果专业服务公司能够增加其有效整合的业务数量，单个客户产生的收入将有指数级的增加，同时利润率也有提高（见图 9-1）。[⊖]

⊖ GARDNER K H. Smart collaboration: how professionals and their firms succeed by breaking down silos ［M］. Boston: Harvard Business Review Press, 2017.

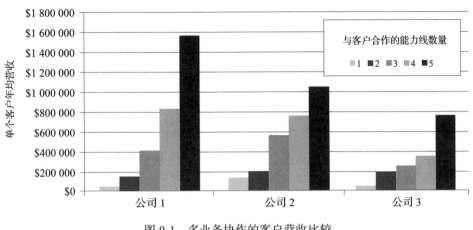

图 9-1　多业务协作的客户营收比较

　　协作创造的额外收益背后，是客户挑战的多样化及其复杂度的升级。随着全球化、行业整合和企业生态战略的发展，客户自身可能有着纷繁复杂的业务种类，企业策略分解到业务单元、功能部门，会触发各部门对不同专业服务的诉求，单一能力和模式的服务商难以满足需要。随着问题复杂度的增加，要求专业服务提供者整合不同的能力，打造有精确针对性的高质量方案，并提供灵活多样的落地模式。

协作的信念系统

　　隶属联合特种作战部队的一架直升机，桨叶隆隆旋转，一个执行小队正在登机，驾驶员开始最后的检查。这时，距离直升机百米之外的指挥中心收到了一个信息。指挥官以为是关于攻击目标的实时状态更新，却发现是来自另一个作战单元的通知：负责监控目标的情报监视与侦察平台已被抽离行动现场，去跟踪另外一个优先级更高的目标，本次行动不再具备条件，任务取消。指挥官当然非常郁闷，在直升机上整装待发的团队也只能无奈撤回。这是《赋能：打造应对不确定性的敏捷团队》（*Team of Teams*: *New Rules of*

Engagement for a Complex World）一书中描述的一个场景。

随着作战环境变化速度的加快，承担战场实时监控的资源，比如捕食者无人机，还有提升作战部队机动性的资源，比如直升机，都是各团队激烈竞争的资源，以至于有时候地面部队指挥官不得不在最后一分钟将已经到手的资源交出来。对团队来说，紧盯目标的无人机刚刚还在他们手上，转眼就没了，原本可以完成的任务却无法执行。这种感受就是：在这个零和游戏当中，我被牺牲了。这种情况如果发生几次，就会让人觉得为什么倒霉的总是我，甚至会认为这个系统是不是针对我，感到不公平。

就像联合特种作战部的地面行动部队和情报分析团队一样，组织中的团队和个人也会不时感觉自己处于囚徒困境中：如果我主动协作会不会让其他团队在信息上、资源上获得不公平的优势，我是不是应该尽力博弈，通过力量的均衡达成公平的结果？

囚徒困境的挑战来自全局优化与自主驱动之间的矛盾。组织效率源于清晰的结构、边界和责任。一个个的团队建立起来，每个团队都有自己的目标。自主自发是人们热情工作的驱动力之一，所以团队和负责人被授予操作空间来达成目标。我们都知道全局优化的重要性，但是当每个独立团队都盯着自己的目标，坚持自己的方式的时候，却让我们偏离全局优化的最终目的。

《赋能：打造应对不确定性的敏捷团队》提到，全局情境信息的缺失是团队做出局部优化行为的主要原因，对其他团队的视角、能力缺乏了解，是信任感下降的症结所在。因此书中提出的一个方法是设立部门之间交换人员的轮岗项目，另一个方法是在部门之间派遣关键联络官。人员的流动带动信息的流动，大家可以相互了解其他部门如何看待本部门的业务活动。关键联络官或交换人员可以真实地为对方团队贡献价值，这是在团队之间建立信任的重要基石。并且关键联络官都能得到充分授权，在关键时刻可以代表派出部门做决策。这些机制是第 8 章提到过的交互系统。

在 Thoughtworks 曾发生过一件有意思的事。随着软件系统本身的复杂度以及合作团队数量的增加，软件开发中一个日趋严峻的挑战是存在着越来越多引入安全漏洞的可能性。在这个背景下，Thoughtworks 诞生了一个小小的技术社区，起源是刘庆华、马伟和刘冉几位咨询师开发的一套叫安全内建（Build Security In，BSI）的安全软件交付方法和实践。这个社区致力于研究和推广这套方法，本来就没几个人，随着一位关键成员的离开，实力更是大减。当时笔者非常担心，觉得这个社区八成要散了，后来却意外发现这个社区的成员不减反增。除了原来的成员马伟，还加入了安全策略顾问杨璐、安全合规和基础设施专家李小雪，还有刚从厄瓜多尔历练归来的加密专家蒋帆，这四个人分别来自公司四个不同的部门，团队初步具备了安全领域比较完整的能力体系。

这个跨越部门边界的社区并不是一个自上而下的安排，成员之间没有直接的隶属关系，社区的目标跟大多数团队成员所属的业务部门也没有直接的责任关系。一方面大家都热情地投入这些活动，另一方面他们工作的开展得到了各方面业务负责人的大力支持。销售团队开始与客户探讨安全相关的项目机会，交付团队开始推进安全赋能的活动，并在项目上积极引入安全技术和实践。网状的互依互助的运行模式整合了多个团队的不同能力，快速应对市场的需求和变化。后来，这个社区演进成为 Thoughtworks 的安全业务线。

不过坦白来说，这个模式要产生好的效果很不容易。一是对团队的要求很高，不仅要有过硬的专业能力和对项目的热情，还要有跨部门外交的技能和意识。二是对整个组织中其他业务单元的负责人来说，以优质资源支持这样的与自己团队业绩不直接相关的活动，也是对领导力的巨大挑战。

倡导协作的叙事

尤瓦尔·赫拉利在《人类简史》中宣称，与动物不同，"只有智人能够谈论并不真正存在的事物"，"'虚构'这件事的重点不只在于让人类能够拥有想象，更重要的是可以'一起'想象，编织出种种共同的虚构故事"。宗教、企业、国家的存在都基于大家共同想象的故事，这种想象构建出大规模组织运作的秩序。人类历史是一个"想象共同体"的历史。想象共同体在本书的议题中就体现为我们所说的信念系统。即使有了结构上的设计，如果组织中没有一个倡导协作的信念系统，人们也仍然无法在遇到林林总总的悖论时及时采取正确的行动，早日摆脱困局。华为有一句流传已久的口号："胜则举杯相庆，败则拼死相救。"这种价值观和行为模式不是单靠规则和结构的设计就能催生出来的。打造和存续一个倡导协作的信念系统有两个关键点：一是组织中广泛传播着与信念系统一致的叙事；二是各级领导者有能力处理悖论情境。

组织可以被看作一个对话网络，包括明面上的对话网络，按照汇报线、正式流程的定义，规律性地发生的对话。规划、预算、招聘、开除、晋升、奖励，这些组织活动都以这样或那样的对话形式进行。

除此之外，组织中还包括隐性的非正式对话网络。这些发生在茶水间、饭桌上、过道走廊，还有脉脉这样的社交媒体上的对话，可能是关于同事的八卦、团队的成败和冲突、薪资福利制度的调整、领导之间的纠葛、组织结构的变化。对话的内容，部分基于事实，还有很大一部分基于脑补。从这些对话中产生的舆论会影响人们对事物的判断。那些让人担心会对自身利益造成影响的变革活动，更是这类对话的焦点。对话产生的情绪也将对组织的叙事主题产生积极或消极的影响。

对话构成了组织的肌理。我们可以把构建协作的信念系统看作一个变革。每次变革都是一次语言的转换。有时候，遗失一个旧的语言，就是遗失一个传统。变革把组织转移到新的语言网络，完成或去除旧的语言。语言不仅仅是工具，而且是变革的目标和产物。⊖

自中国计划经济年代，企业内刊就在很多国有企业扮演着叙事载体的角色。在今天的企业里，华为的内刊《华为人》可能是少数做得不错、与广泛基层有着密切联结的企业文化刊物。《华为人》面向公司内部员工，第一期出版于 1993 年 5 月 11 日（见图 9-2），内容不仅仅有公司动态、先进团队和人物事迹，还有对事故和错误的反思。提倡什么，反对什么，都体现在了刊物承载的叙事当中。

光靠宣传，而没有领导者的以身作则，叙事就会变成虚伪的装饰。不少公司都有用大号字写在官网上的使命、价值观，只是这些口号并不一定描述了真实存在于一家企业的信念系统。言行不一的企业很多，大多数企业的员工并不相信这种口号。彼得·德鲁克在《公司的概念》里谈到通用汽车公司备受推崇的内刊时，他对其中管理层与员工的对话评论道："就我所知，大部分报告都难免失败的结果，因为它们纯粹就是无聊的宣传资料，摆出一副降贵纡尊的姿态，仿佛在对工人说'爸爸知道这就是最好的'"。

要为组织建立协作的信念系统，领导者就必须身体力行，承担起引领叙事的责任。领导者应该首先统一自身行为与叙事的意义，时时展现出大局优先的协作行为。光做不说还不行，要在各种场合讲述自己和他人的事例。这种聊天有时候可能像在传闲话，但实际上的作用是共享情境和主张，促进共识。麦克里斯特尔在书中管这种沟通叫建立共享意识。领导者在沟通网络当中承担着乐队指挥般的重要作用。

⊖　FORD J D. Organizational change as shifting conversations［J］. Journal of Organizational Change Management, 1999, 12 (6): 480-500.

图 9-2 《华为人》创刊号

协作的信念系统是否真实存在，可以观察却难以证明。要判断一家企业是否有一个鼓励互助互惠的信念系统，我们可以尝试观察几个要素。一是员工日常工作对话中是否经常出现与互助协作相关的语言。协作和全局优先作为一个叙事，融入了安排人员、选拔领导者、树立榜样等各种交流对话之中。安排人员的时候是否以全局优化的视角把人员放到最需要的地方，选拔的时候是否关注了候选人帮助他人成功的行为，企业是否流传着顾全大局、奋勇相助的故事。

二是企业中是否存在跨团队边界的社区。社区承担着跨越业务线、客户群和区域市场的角色，维持着交叉沟通渠道的运转。由于社区的利益相对中立，分享交流中不带有太多部门立场的色彩，更有利于促进共情，理解其他部门的不同视角。从共享的经验中积累了人与人之间的社交资本，许多沟通就变得顺畅许多。

叙事有着强大的力量，有时候会成为自我实现的预言。叙事会影响人的行为，推动事件朝着叙事的方向运行，预测和假设就有可能成为现实。

◼ 拥抱悖论

吉姆·海史密斯在他的《敏捷性思维》里提到了"拥抱矛盾"。只是，拥抱矛盾，说起来容易，做起来难。我们看看领导者们会面临什么类型的矛盾，又应该如何面对。1998年，丹麦知名玩具制造商乐高（LEGO）正面对日益激烈的竞争和日趋停滞的市场。在这个背景下，乐高启动了一次结构重组，改变整个组织中层管理人员的定位。乐高整合一线和中层管理团队，减少管理层级，希望在各层实现自管理的组织形式。变革启动没多久，乐高就发现中层管理团队处于近乎瘫痪的状态。一边是过去管理层级组织时的经验和理解，另一边是在一个更灵活精益的组织里运行自组织团队的新方法，他们卡在了两者中间。

卢舍尔女士（Luscher，Clavis顾问公司合伙人和创始人）和玛丽安娜女士（Marianne W. Lewis，辛辛那提大学管理学副教授）进行了一项研究来帮助乐高解决这个困境。1999 年 5 月到 2000 年 10 月，在乐高总部所处的丹麦比隆（Billund），研究团队对制造部门的管理人员开展了半结构化的访谈，并收集了历史文档数据。研究者发现，问题的根源在于管理人员长期陷于执行悖论（Paradoxes of performing）、归属悖论（Paradoxes of belonging）和组织悖论（Paradoxes of organizing）这三大悖论之中，无力挣脱。[⊖]

▌执行悖论

执行悖论是与领导者自身角色相关的悖论。这种悖论的一个体现是关于成功的定义。领导者常会面对组织赋予自身角色的多重期望，或是来自更高领导者的多重信号。这些期望和信号常常互相矛盾，将领导者置于无所适从的境地。《敏捷性思维》中列举了在组织系统中需要平衡的四个矛盾。

（1）责任和自主：如何让大家在自主行动的同时还能够为组织的目标、为同事伙伴和客户承担起责任？

（2）层级控制和自组织：如何以自组织的形式发挥团队创造性和协作性，又能够确保自上而下的战略执行？

（3）可预测性和可适应性：确保可预测性的努力，容易导致组织对随机浮现出的高价值行动选项视而不见。但是，不给出预测或者预测总是发生重大偏差，又是组织上层和外部干系人所不能接受的。

（4）效率和响应力：提升效率的一个重要手段是去除冗余，而必要的冗余是快速调整计划，达成高响应力的前提之一。

这里 1、3、4 都是执行悖论，而 2 则是后面要讨论的组织悖论。当我们观察一家知识型组织，就会发现在这些相互矛盾的力量拉扯下，组织前进的

　⊖　LUSCHER L S, LEWIS M W. Organizational change and managerial sensemaking: Working through paradox［J］. Academy of Management Journal, 2008,51（2）.

轨迹是不断变化的。

前面提到的安全社区的例子说明，一个团队业务目标的达成，并不是判定团队负责人成功的唯一标准。对内，要能够发展团队；对外，要能够站在企业战略层面上，为其他团队提供支持。这些目标有的时候比更好地完成自己的业务目标更加重要。这就是为什么支持安全社区的其他团队负责人并没有花力气去争辩为什么"我"的团队在做"你"的事情，而是力所能及地提供支持。

即使我们武装着各种原则、方法和模型，组织问题也常常不是简单的 0 与 1 的选择，也不是单一解决方案能处理的问题。面对这种情况，领导者要以极致开放的态度，尽可能掌握更多情境信息，深刻地理解企业愿景和战略，针对各种约束和价值，从全局视角权衡取舍。其中一种方法是运用整合思维，建设性地处理对立选项的张力。我们不是简单地以一个为代价而选择另一个，而是先把导致张力的因素拆解开来，使得问题有一定的确定性，然后有意识地区分到底哪个是手段、哪个是目的，来分辨轻重缓急，最后寻求新的选项创造性地容纳矛盾，纾解张力。这样，新选项既包含原有选项的元素，又优于其中任一选项。

▌归属悖论

归属悖论与社会关系中的两难境地有关，经常发生在人们与上级、团队成员、其他部门人员的互动过程中，表现为关系中的一方不得不采取某项行动，而该行动与关系中的规则并不一致。说白了，就是被视为干了不属于这个人该干的事情。

当领导者试图引领叙事的时候，就可能会遇到一种归属悖论。如果自组织既是组织的提倡形式又是团队的自我认知，那么自组织就成了领导者和团队之间的一个规则。于是，当团队负责人试图在一个有着强烈主见的团队中强行推行一个主张，就可能会遭遇抵触排斥。更糟糕的是，团队负责人有可能因此被认为是一个假装授权而实际独裁的虚伪领导者，招致团队无形的孤立。理想情况应该是由团队自主形成一个主张，但又有人担心结果会不会与领导者心目中正确的方向不一致？

一些领导者在面临这种处境的时候，会在两种反应当中选择其一。一种是裹足不前，不采取任何行动，避免让自己处于人们的对立面，回避任何可能的消极结果。另一种是不管三七二十一，以通知或指令的方式，强势推进，不接受任何反对意见。前者的不作为是完全没有履行领导者的职责，而后者则是未能展现领导力的行为。如果这样的情况次数多了，必然造成长期的负面影响，致使团队失去方向和凝聚力。

归属悖论有时会引起情绪上的死循环。领导者有责任秉持自主行动、承担责任和全局优化的信念，推动开放、坦诚的跨边界协作，在变化着的环境和问题中及时推动新的组织结构的产生。比如有时候需要登高一呼，启动一个虚拟团队，俗称"基于微信的机构重组"。不过，因为协作对象处于组织关系的不同位置，并且与行动发起者并不存在汇报或其他隶属关系，立场不同必然带来不同的想法和利益诉求，所以行动发起者会遇到或明或暗的冲突。领导者要时不时处理这种悖论，但摩擦和挫败感不可避免。如果领导者不能克制和消除负能量，就可能外化为抱怨和具有攻击性的行动，结果只会是在周围筑起一面面防卫的高墙。

要摆脱这种处境，更好的方式是直面矛盾，把遇到的艰难处境与各方坦诚交流，抛出观点，积极发起建设性的反馈和建议，一起反思如何打破僵局。可能有人会担心这是一种脆弱的表现，但脆弱不等于软弱。休斯敦大学的社会工作学教授布琳·布朗（Brené Brown）博士在她引起广泛共鸣的 TED 演讲《脆弱的力量》（The Power of Vulnerability）中谈到，脆弱虽然意味着容易受伤，是人们羞耻和恐惧的核心，是为了自我价值的挣扎，但同时是创造力、归属感和信任的源泉。如果实在担心，可以尝试找到一个第三方。这个人不会受到悖论所涉及社会关系的影响，不会受到患得患失的情绪牵绊，值得信赖又有同理心。这样的伙伴会帮助我们找到打开心结的方式。

▌组织悖论

组织悖论往往发生在新旧交替的时候。管理人员要适应已经变化了的组织目标，同时陷入新旧结构、新旧机制和新旧文化的互相制约中。相比归属悖论，组织悖论主要关注人和人，人和团队之间的关系，组织悖论牵扯到的关系和范围更加宏观，涉及影响整个组织状态的结构、流程、决策模式等要素。

组织悖论是中层管理人员抱怨上级的一个常见原因。有时候上级会否认矛盾，给出一个直接、武断的信号，但中层管理人员会发现这样的信号与现实中的棘手状况不符，于是愈加受挫。遇到这种情况，首先要做的是面对矛盾，通过与上级或其他干系人的积极协商，识别不同诉求之间可能存在的隐藏关系，寻求前进的途径。

分公司执行总部战略的时候就常会遇到这种悖论。一家全球咨询公司启动了一条新的业务线，要求所有国家分公司都按照统一的价值定位推出一项新的服务。同时，总部又发出了信号——分公司总经理要因地制宜建设新业务。一位总经理拿到了新业务的服务目录的时候陷入了两难，到底是按照统一的指示来建业务、组团队，还是按照自己认为的最好的方式推进。经过深入思考之后，这位分公司总经理决定还是要按照自己认为正确的方式推进。不过他首先做的事情是积极主动地与总部沟通自己的思路，获得了相关各方的认可或至少是不反对尝试的谅解意见。在推动过程中，把每一步的计划事先知会各方，并主动总结每一步的进展，以及过程中的经验和教训，确保总部各部门及时了解情况。更重要的是，持续向各方展示具体的推进举措和进展与公司大的方向和愿景一直保持一致。

自主行动的意愿很大程度上取决于当事人是否能影响事情的决策。人们在合作关系中的挫败感的主要来源是缺乏影响力。处于信息链相对后端的角色总觉得自己处于劣势。只是，影响力不是等来的，而是自己挣来的。与影响力密切关联的有一个词叫"担当"。所谓担当就是关心结果成败，并能为之费心费力。如果能做到比他人先想一步，多做一步，自然就会有更高概率赢得主动，进而影响决策的结果。

在一个规模化组织里建立一个协作的信念系统，与其说是在解决一个问题，还不如说是在管理一个近乎混乱的局面、一个充满悖论的局面。这样的局面是系统思维、学习型组织等思想发源和生长的沃土。面对这样的局面，领导者会忍不住扮演一个问题解决者的角色，试图找到一个根源，以此开发出一套解决方案。不过可惜的是，不管这个方案多么精巧，多么周密，都肯定不能一劳永逸地解决适应性有限的挑战。这是詹姆斯·卡斯所著的《有限与无限的游戏》一书中的有限游戏思维。"有限的游戏以取胜为目的，而无限的游戏以延续游戏为目的。"无限游戏的思维告诉我们，想要抵御有限游戏的诱惑，就要不懈地讲述我们希望传承的故事，不断地帮助伙伴处理他们面对的悖论局面，这是唯一可行之道。

切脉问症

关键指标

一早，科技服务企业 T 的 COO 如往常一样看到了邮箱里满屏的未读邮件。其中一封邮件引起了她的注意，这是 CFO 发来的最新月度财务报告。COO 对上月的收入早做了预估，与去年同期相比有近 40% 的增长，应该能打破历史纪录，创造新高。她心想，CFO 这是来通知好消息了吧。

打开邮件，映入眼帘的是 CFO 略带调侃的话："恭喜！这样继续下去我们就要破产了。"COO 带着不好的预感打开了附件，视线快速扫过跟预期差不多的营收数字，很快定位到了毛利率那栏，心里顿时有点发凉，比去年同期低了 3 个百分点，当年累计（Year To Date，YTD）低了 5 个百分点。再翻到销售变现天数（Days Sales Outstanding，DSO），竟然比上个月增加了 11 天，与去年同期比，累计增加了 23 天之多。

COO 在一个运营关键干系人邮件组里，发了一封标题带着「紧急」字样的邮件，要求开个电话会议，讨论改善经营的行动。又给 CFO 打了一个电话，请她安排团队对几个不尽如人意的财务指标做一个详尽的分析，作为会议讨论的内容。七凑八凑，终于确定第二天晚上 8 点这个大部分人能参加的时间。

第二天晚上，COO 提前两分钟打开 Zoom 会议室，几分钟后，销售总监、几个区域市场的总经理和业务线总经理，CFO 带着财务分析的负责人陆续加入。COO 提醒："摄像头打开，好久没见，露露脸！"几个常年"潜水"的，不情不愿地打开了摄像头。

CFO 打开了她的表格，直接进入主题："毛利率远低于预期。我观察到这几个月的平均单价一直处于低位，人员利用率也很不理想。虽然商机充足，销售端不停抱怨缺人，而我们的人员利用率遇到瓶颈，一直上不去，待在沙滩上（没有在收费项目上）的人数远超正常水平。"CFO 停了下来，似乎是期望有人发表意见，也许是希望有人出来承担责任。Zoom 上一阵沉默。CFO 又补了一刀："另外，大家也清楚，过去几年，我们的服务成本一直在上升。"

"我们还是一个一个因素分析一下，看看怎么办。"最后还是COO打破了尴尬的寂静。

科技服务企业的运营好像就是找人，攒人，做项目，似乎没什么复杂的。但事实上，很多科技服务企业不怎么赚钱，究其原因，固然是竞争激烈，但还有一个不可回避的问题是粗放运营。

研究专业服务公司的权威大卫·梅斯特有一个简单的要素分解公式，抓住了专业服务的经营逻辑。⊖当时大卫·梅斯特研究的对象主要是实行合伙人制度的组织，大多是会计师、律师事务所、管理咨询公司。所以，这个经典的公式以每个合伙人创造的利润为核心指标。大型科技服务企业多是有限责任公司的组织模式，经营单位是按客户群（市场）或专业能力（服务线）划分的业务单元。针对本书的讨论对象，我们对大卫·梅斯特的公式做简单的调整，结果如下。

- 服务利润相对营收的比例：毛利率（Gross Margin）。
- 每小时收取的费用：单价（Rate）。
- 人均收费时间：人员利用率（Utilization）。
- 每个业务单元的规模。

$$\frac{利润}{业务单元} = \frac{利润}{服务费} \times \frac{服务费}{小时} \times \frac{小时}{人数} \times \frac{人数}{业务单元}$$

业务单元利润 = 毛利率 × 单价 × 人员利用率 × 业务单元规模

根据赫茨伯格的双因素激励理论，这个运营要素的分解公式里，毛利率和人员利用率是保健因素，应保持在健康水平，并不是越高越好，而单价和人员规模则是激励因素，应尽可能提升。

⊖ MAISTER D H. Managing the Professional Service Firm [M]. New York: Simon & Schuster UK Ltd, 2003: 32-39.

毛利率

毛利率是收入和直接成本费用之间的差额占收入的比例。其中直接成本费用是指服务交付过程中发生的所有费用，包括人员薪酬、差旅、设备、服务使用和消耗的材料等。

$$毛利率 = \frac{(收入 - 直接成本费用)}{收入} \times 100\%$$

毛利率的衡量可以发生在项目、客户、业务单元和企业等不同层面上，是体现业务健康度和竞争力的主要指标。在不同项目、客户之间比较毛利率，我们可以识别哪些项目和客户更加有价值，哪些盈利低于预期甚至处于亏损状态，原因是什么。在业务单元之间比较毛利率的变化趋势，我们可以看到哪些业务优势明显，呈现出上升的势头，哪里出现了议价能力下滑的信号。毛利率在不同层面帮我们判断是应该积极追加投入、乘胜追击，还是重新审视策略，主动调整。此外，资本市场会把对标企业之间毛利率的差异看作竞争力强弱的指标，以此衡量投资标的的吸引力。

图 10-1 是几家国际性上市公司的盈利情况，纵轴是毛利率，横轴是税息折旧及摊销前利润（Earnings Before Interest, Taxes, Depreciation and Amortization，EBITDA）。

- 博思艾伦（Booz Allen）是一家有近 3 万名顾问的全球战略和管理咨询公司。
- 埃森哲是大型综合性咨询、IT 和业务流程服务公司，截至 2022 年，全球拥有 71 万员工。
- 亿磐（EPAM）是一家软件交付和咨询公司，截至 2022 年，员工人数近 6 万。
- 威普罗（Wipro）是 IT 科技、咨询和业务流程外包公司，员工约 24 万人。

- Salesforce 是全球最大的客户关系管理系统（CRM）的 SaaS 平台公司。
- 中软国际是一家大型综合性软件与信息服务企业，全球员工超过 8 万人。

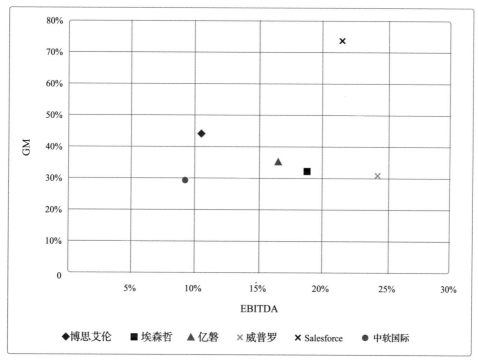

图 10-1　毛利率、净利率比较

注：中软国际的数据来自其 2020 年的年报，其他数据来源于各家公司 2021 年 9 月底的公开财报。

我们从图 10-1 中看到，埃森哲、威普罗、亿磐、中软国际这几家企业虽然规模、市场覆盖不同，以科技服务为主的业务模式让他们有着相似的 30% 左右的毛利率，其 EBITDA 的差异更多反映了公司管理成本和对未来投资的不同策略。其中亿磐业务相对单一，是一家高速增长的中型公司，较低的 EBITDA 可能是为了支持在地理区域、人才、能力、办公设施等方面的快速扩张。相对前面几家科技服务企业，战略管理咨询公司博思艾伦有着明显更高的毛利率和更低的 EBITDA，这体现了单价虽高，但似乎难以取得规模效应。Salesforces 作为一家在云端提供 CRM 的 SaaS 平台公司，极低的边际成本让 Salesforce 拥有远超图表中其他企业的毛利率，不过 EBITDA 与其他企业相差不大，落在了 20% 这条线附近。

影响毛利率的主要因素就是单价和服务成本。市场定位、服务类型在一定的情况下，单价相对稳定。我们说毛利率是保健因素，主要是因为服务成本里的大头是人力成本，而人力成本不可能也不应该无限制地降低。科技服务的核心生产力是人，高素质的人才是服务水平的基本面。要持续创新并保持高质量的服务水平，必须以有竞争力的薪酬水平吸引和保留人才。

▊ 单价

COO 首先把话题指向了单价。"我理解去年整个市场环境不好，而且当时我们正在和竞争对手争夺大客户 A 的战略合作机会，与另一个大客户 B 则正在进行框架协议的谈判，都策略性地给了折扣。但这几个月市场需求旺盛，怎么单价还这么低，还没有改善的迹象？"

销售总监关闭了静音功能，一边从脑海中搜索着数据一边说道："几个客户的策略性折扣，影响仍然存在，已经慢慢向着正常水平改善，还需要两三个月的时间。"停顿两秒之后，又补充道："新客户的价格都还可以啊。虽然最近有两个新客户的第一单业务申请了一次性折扣，但整体上申请折扣次数和比例比去年少了挺多，整体单价不应该这么低啊！"

CFO 不想放过销售总监："我们的人力成本在持续上升，宏观环境就是如此。这个行业的工资水平上去了，价格却没上升。这个问题不解决，我们的业务就没希望了。"

销售总监苦涩地回应道："欧美客户每年还能根据通货膨胀谈谈涨价，国内客户不跟你谈降价就不错了。"

COO 似乎想到了什么："听说现在有些公司用基于成效（Outcome based）的收费模式缓解单价压力，不少客户还是有动力共担风险和收益的。"

销售总监想了想："是听说像麦肯锡、BCG 做过一些案例，不过据说风险很高。你确定要试试？"

这时，CFO 似乎努力压制着不满说："先别说那些有的没的了。去年折扣造成的影响在最近几个月得到了有限的改善，但基本上已经被新折扣抵消了。而且去年激进的商务策略，让我们不仅在价格上比较激进，有好几个固定价格合同的工作量估算明显也过于激进，项目管理也有问题，超支严重，执行利润率远低于公司设定的红线。"

南区总经理清了清嗓子，组织了一下语言："C 地产公司那个项目超预算挺多，这里确实有我们团队的问题。我们在房地产领域的业务积累太少，做计划的时候存在一些盲点，做数据迁移的计划时，高估了客户的数据质量，对业务规则的复杂度也估计不足。我们当时确实知道有风险，但认为这个客户体量巨大，有潜力成为战略客户，就还是跳进了坑里，只是没想到偏差这么大。后面执行过程中，客户其实自己也在调整思路，频繁变更需求。我们应对极为吃力，范围一直控制不住。客户虽然强势，但做事很有诚意，出现问题双方都有责任。我们也只能死扛到底，继续做下去。"

单价衡量的是服务的价值。独占性、差异性和创新性构成了竞争壁垒，也就是议价能力。由于竞争对手间必定会相互学习，你追我赶之中，学习和创新的速度是争取议价空间的前提。

单价本来应该是服务商的品牌、专业能力、响应力和可靠性等诸多因素的综合体现。不过，一些客户无力或无意判断服务商的价值创造能力，多数时候，在表面满足了似乎可量化的基本规格之后，就进入了简单比价的阶段。有的客户还会要求服务商使用人力成本加成法计价，把服务商仅仅定位为招聘代理、合同工管理，而忽略了服务商的组织力，以及在知识创造和转化中发挥的作用。由此引起恶性的价格竞争，客观上极大限制了整个行业的能力和服务质量。过去十几年消费者物价指数（Consumer Price Index，CPI）和工资涨幅与服务价格浮动之间的差异，以及现实中优质服务商的匮乏，印证了这点。

从运营角度，单价看上去是不值得讨论的话题。但是，在这个激烈博弈的市场，双赢合作关系，更多是"赢家一赢再赢"。单价这个甲乙双方博弈的焦点，花样就变得多了起来。

最常见的报价有两种模式：按人天投入时间付费的工料合同（T&M）和固定价格合同（fix-bid）。T&M 合同看上去简单，即按照角色、经验做人员定级，然后给每个级别定出人天单价。不过，不少 T&M 项目都是假 T&M，真 fix-bid，即按人天单价计价，但整体预算有上限，如果工作量超出预算，由服务商承担额外投入。这就是所谓的 Capped T&M，即有封顶的工料合同。

Fix-bid，顾名思义，是固定目标、固定范围、固定价格的项目。由于大多数企业受到预算和招投标制度的约束，这是中国最常见的项目模式。Fix-bid 不像 T&M 那样要求大多数人员通过面试，团队可以有比较灵活的人员选择，因此业务有比较好的可扩展性。偶尔更高的风险还能带来更高的回报空间。

不过，所谓固定价格中的固定目标和固定范围，几乎只存在于理论之中。买卖双方的博弈重点在于，乙方的所有注意力都放在如何以最低的成本通过验收，收到钱，而甲方的注意力都放在如何让乙方多干点儿，以弥补做计划、做预算时的疏漏。由于服务的质量不全是外部可观察到的，没法在工作说明书（Statement of Work，SOW）里用非黑即白的标准来判断。这中间难以言说的部分，就成了博弈的空间，于是有了种种偷工减料、粗制滥造的行为。

由于实际投入与合同约定（计划）投入并不总是一致，运营的一个焦点是签约单价和执行单价。合同约定外的投入会严重侵蚀实际执行的毛利率。这些额外的投入可能是项目上无法收费的人员，可能是一些必要但对交付物不产生直接价值的管理角色，可能是由于外部依赖延误而不得不处于等待的人员，还可能是各种突发事件的投入，比如擅长解决棘手问题的"救火"专家，更多情况是处理验收时各种问题导致的延后。处理这些具体问题的项目管理技巧不是本书的覆盖范围，故不再赘述。在组织层面，运营治理旨在建立一个组织级保底（风险管理）和良性发展（持续改进）的机制，其成熟度很大程度上决定了上述因素对毛利率的中长期影响。

- 风险管理：及时发现项目执行过程中的异常情况，触发交付、财务和法务等相关组织的关注和干预。
- 持续改进：积累和传播经验教训，依托知识管理体系，持续提升组织的项目管理能力。

人们逐渐意识到甲乙方之间的恶性博弈导致的双输局面，因而出现了一个基于成效的模式（Outcome based models）。T&M 合同测算的是服务商的投入，而固定价格合同测算的是产出，两者都不能直接对应到客户的商业价值和目标成效上，所以有的企业希望采取基于成效的合作模式，把费用与业务成果关联起来，让合作双方的利益深度绑定。如图 10-2 所示，基于投入、产出和成效的这三种收益模式，其管理复杂度逐级上升。本章的附录对基于成效的模式有更详细的讨论。

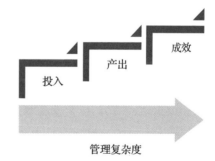

图 10-2　三种收益模式

COO 若有所思，说道："我们这两年一直在打造的数据智能服务属于市场上稀缺的服务，平台规划业务已经建立了一定的影响力，差异化很明显，这两类业务在总盘子里比例还不大，如果能增加这块的占比，是不是能提升整体的单价水平？"

销售总监露出坏笑："如果想要加快市场渗透，可能就要为更多机会提供战略性折扣，反而可能拉低单价哦。而且客户对新兴业务的认知度低，我们自己的方案成熟度也低，售前投入的量就上去了。你确定？"

COO停顿了三秒，艰难地说："先按具体个案，看情况决定吧！"

就如第3章里提到，除了当前主营业务之外，2号引擎使得公司源源不断地从种子业务当中产生高速成长的新业务，并从内部革新主营业务，不断把议价能力高的服务纳入服务目录。组织需要不断平衡跷跷板的两端，一方面确保2号引擎得到足够投资，将新研发的服务推向市场、快速验证；另一方面，确保整体的运营指标处于一个相对安全健康的水平。新服务赢得市场的速度决定了服务总体的价格水平，而复杂服务算法化、标准化的速度决定了团队的杠杆水平。

团队杠杆

COO分享了一页图表，如图10-3所示。这张示意图展示的是团队杠杆（Leverage），即各团队资深人员和初级人员的人数比例和变化趋势。图10-3说明资深人员的比例在提高，这意味着团队的平均成本在增加。COO评论道："这几个季度，咱们业务发展速度和人员规模增速很快，团队成员的平均工作年限增长也挺快。咱们招人的时候过于关注能不能把活儿干好，没注意团队杠杆的变化，这可能是成本上升的速度超过预期的一个因素。虽然整个行业的工资成本都在上涨，但从最近这几个季度来看，杠杆变化的影响更大，而这个因素是我们能控制的。"

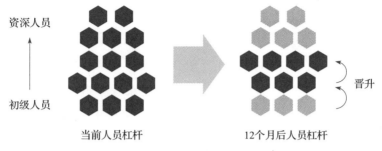

图 10-3　同比杠杆变化

　　团队杠杆指的是平均每位资深人员能够撬动的初级人员的数量。科技服务企业多以团队形式交付项目，如何在确保服务效率和服务质量的前提下，把杠杆保持在健康的水平是运营的重点。图 10-4 是一个团队过去一年的杠杆变化情况。我们可以看到，随着七八月份应届毕业生的加入和二三月份的春招，初级人员的比例有所增加，而五月份资深人员比例的突然增加则是与一年一度的职级调整有关。

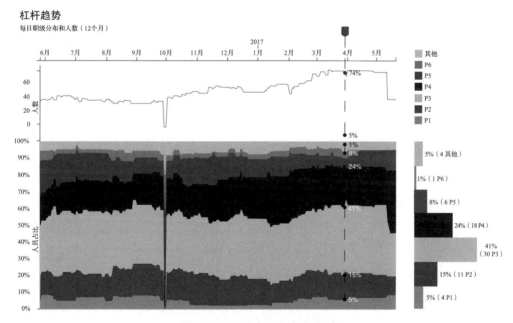

图 10-4　团队各职级杠杆跟踪

杠杆水平体现为团队的梯队形状。根据业务模式、项目复杂度，合适的梯队形状有所不同。如图 10-5 所示，咨询规划团队通常小巧精干，资深人员和初级人员可以承担的任务较少，梯队形状可能是橄榄形。而在一个大规模的软件交付团队，资深人员把复杂任务拆解成相对简单的任务，辅导具备一定专业技能的初级人员完成，梯队形状则可能更接近金字塔形。

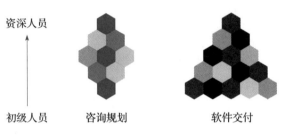

图 10-5　业务模式和杠杆水平

业务模式在一定的情况下，仍有多个方面的因素会影响一个团队的杠杆水平：

（1）能够在多大程度上实现服务过程与内容的标准化。如果每个项目都非常独特，需要充分利用资深人员的经验、判断力才能避免犯严重错误，这样的项目，其杠杆就不会很高。

（2）能否有效地将工作拆分成复杂度不同的任务，便于资深人员专注于相对复杂、对经验和认知能力要求高的任务，同时降低其他任务的门槛，让初级人员能够快速上手。

（3）知识管理实践是否能够有效支持"干中学"的方式。边干边学的有效性依赖组织中显性知识的总结、分享和文档化，以及隐性知识的传播和转化。后面的章节会深入探讨知识管理的话题。

（4）组织是否有发展他人的文化，组织成员是否有成长型思维。初级人员的快速成长，不仅仅依赖工具、流程的设计，更重要的是身边成长型的文化氛围，资深人员的以身作则和无私支持。

组织应内建机制，以保持各团队的梯队形状处于一个合理的区间。如果出现偏离，就会触发评估和调整机制。专业服务领域有一种常见的"Up or Out"（不晋则退）机制，即专业人员的职业发展过程中，在中初级职位上有一个观察期，比如 2～3 年。过了这个时期，如果不能升职就会离开。这个机制试图将最顶尖的人才留在企业，承担更具杠杆作用的角色。而源源不断进入组织的初级人员，在培养机制和发展压力的牵引下，持续成长，迎接下一个更加有挑战性的任务。这一进一出的机制设计，使得这些公司能够及时调节团队的梯队形状。一些企业甚至会根据业务增长速度设置一定的人员离职率目标，以确保各职级人数比例的合理性。所谓合理的比例通常是或胖或瘦的金字塔形状。但是，这种做法有点刀锋上起舞的感觉。操作不好就会形成恶性竞争的氛围，导致劣币驱逐良币，离开的反而是对专业有所追求的人。

成本控制一定要有一个尺度。不同类型的项目，适合的杠杆水平各不相同，相同的是，每种业务类型的杠杆都有上限。如果对人力成本管理过度，会立刻反映在人才的招聘和保留的难度上。高素质人才的匮乏和流失，后果会迅速反映到客户界面，影响服务质量和口碑。持续时间稍久，就会侵蚀组织的创新能力和专业度，进而失去议价能力。最终迫使公司进一步收紧成本，步入恶性循环。

■人员利用率

南区总经理接着说："我这边毛利率低于预期，除了项目上的问题以外，更重要的是人员利用率处于低位已经好几个月了。去年年底我们看到一些新客户表示出强烈意愿，要求马上开始合作，所以对今年的市场很乐观。但没想到我们最大的一个客户进行了战略和组织的调整，之后调整了我们在供应商体系里的定位，业务一下子掉了近八成。我们还在适应新的情况，重新布局，看来一时半会儿不可能恢复到高峰时期的水平。而大多数新客户的业务都刚刚起步，还在小规模合作阶段，带来的增长不足以弥补大客户业务下滑带来的缺口。这导致了一个问题，我们的供应计划是按照比较乐观的预测做的，现在我们的人员规模明显超过了需求，不少人好一段时间都没有项目做了。"

COO 急着问："北区的需求强劲，已经缺人好久了。为什么不把人调过去？"

北区总经理好像是理了一下记忆："我们跟南区谈过这事儿。只是南区的人大多在深圳和成都，而我这边的项目多在北京。如果要大规模出差，有个人意愿问题，也有成本问题，很麻烦，而且技术栈也不太匹配，所以梳理了半天，南区只接了一个项目过去。"

COO 想了一下说："了解具体项目情况的人没在场，咱们几个人也商量不出什么靠谱的办法，我晚些再安排一个会，把供需严重不平衡的几个团队负责人叫上。"

单价和人员利用率堪称专业服务公司盈利水平的两大支柱。前者是外部市场对服务价值和竞争力的评价，后者是内部运营效率的体现。图 10-6 是一个业务单元的人员利用率跟踪示意图。人员利用率低于一个水平会让公司陷入亏损，但是如果太高，也有副作用。由于启动新项目要频频拆东墙补西墙，要么不能及时满足客户期望，要么专业人员的能力无法完全满足项目要求，最终的结果都是服务质量不达预期，客户满意度下降，甚至不得不坐看战略机会溜走，错失业务增长的机会，打击团队的士气。资深人员也可能由于忙于项目而对自身的未来发展投入不足。

人员利用率

■ 交付项目　■ 自研产品　■ 沙滩　■ 综合管理　■ 休假　■ 其他　■ 未填工时　—○— 员工总人数　…◆… 计划利用率

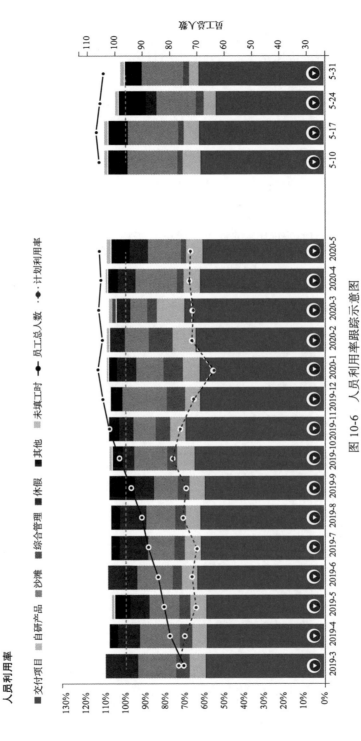

图 10-6　人员利用率跟踪示意图

一般来说，供给端的适配速度慢于市场需求的波动速度，失衡的结果就是人员利用率偏离健康水平。当几个大项目突然启动或终止时，波动从需求端传向供应端，总会引起一阵手忙脚乱。打破短期供需平衡的多是技能匹配问题。运营团队总是面临尴尬场面，项目要的角色总是没有人，空出来的人却没有项目要。通过外部招聘解决短期矛盾往往不太奏效。一个月的离职周期加上数周的招聘周期，使得社会招聘的响应周期基本在 1～2 个月，超过项目启动所要求的响应时间。因此，我们需要及时掌握所有角色的人员使用情况（见图 10-7），并将约束理论应用于规划管理，把需求最为旺盛、获取周期最长的几个角色作为关键资源，尽早开始规划和采取行动。

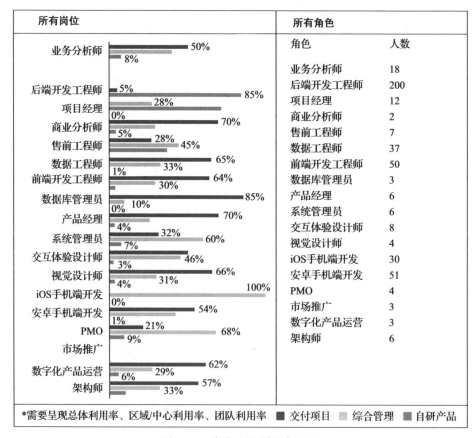

图 10-7　岗位人员利用率汇总

供需不平衡可以发生在企业、业务单元、项目等不同层面，如图10-8所示。局部短期的供需平衡靠人员配置解决，高响应力的内部调节、人员流动机制是制胜的关键。中短期供应不足时，除了招聘或分包从外部获得供给以外，业务负责人更能掌控的措施无非是在项目群范围内评估优先级，取消或搁置低优先级的项目，腾挪出人员，倾斜到相对高优先级的项目，或是减少单个项目人数，与客户协商延长项目时间，

图 10-8　发生供需不平衡的三个层面

缩小项目范围，缓解当前的供应紧张问题。中长期的全局平衡，则是依赖弹性的供应计划和执行。常见的供应计划有短期（3～6个月）、中期（6～12个月）、长期（1～3年）三个时间跨度，不同的企业由于业务模式和运营风格的差异，对不同时间跨度的计划重视程度不同。关于人员配置和资源计划这个话题，第12章有详细讨论。

■ 账期：销售变现天数

CFO切换了关注点："我们的DSO一直都是大问题。除了客户的采购流程里规定的付款周期比其他国家要长几倍，我们还遇到各种执行层面的问题。很多客户的合同处理流程很长，业务方又很着急，总是要求不等合同签署就开工。漫长的合同流程里变数太多，随时都可能出问题，签署的时间一拖再拖。更不要说有的客户故意拿着合同流程说事，逼着我们多干点事情。有的项目验收困难，经常找不到合适的客户干系人验收，或是验收条件各有各的说法，没人负责拍板。当然，以验收为名，让我们多干活的情况也不时发生。本来合同里写的付款周期就已经够长了，这些变数让有些回款的时长

变得更加不可预测。"

CFO 进一步追问:"回款时间的长度,意味着占用运营资金的数量,不仅是运营风险,还有审计风险,而且融资风险和成本也变得不可控。多少企业在乘风破浪高速增长的时候,倒在了现金流断裂的问题上?"

销售总监抱怨道:"有些大客户,那些商务条件都是死的,不可谈。如果不接受,就意味着放弃了很大一块市场。完全遵循市场规则的多是中小客户,支付能力有限,还是用现成的产品和 SaaS 服务多些。"

从触达客户到现金入袋,一个企业服务方案要历经市场到线索(Market to Lead)、线索到订单(Lead to Order)、订单到现金(Order to Cash)几个阶段。这几个时间指标会显著影响企业的资本回报,这里要讨论的 DSO 对一家企业的运营现金流至关重要。

与消费端多是一手交钱一手交货不同,企业服务商的交易多是赊账的方式,先服务再收钱。DSO 是一家企业把赊销收入转化为现金所需的时间,也就是从提供服务到收到对应现金的平均天数。专业服务公司的 DSO 大致分两个阶段:第一阶段是从服务人员执行交付活动到开出发票,比如 80 天;第二阶段是从开出发票到现金入账,比如 60 天,那么这次服务的 DSO 就是 80+60=140 天。

让财务团队头疼的一个问题是固定价格合同的执行预测。在项目还没开始的时候,确认收入的预测是基于计划中每周、每月的项目完成度,而项目完成度一般是根据每周投入的人员时间占计划总投入的时间比例来测算。但是现实中,人员时间投入、项目完成度、收入确认的三连击总是不那么顺畅。在人员利用率较高的运营状态下,或是对关键资源有依赖的情况下,人员时间投入总是不能按照签署合同时的计划来执行。项目完成度也并不总是和人员时间投入量呈线性关系,各种阻塞或其他因素引起的意外会让项目完成度出现偏离。项目完成度与计划的偏离是否能及时反馈到财务数字上也是一个问题，毕竟项目管理和财务分属不同部门。

服务商要把钱揣到口袋里，挡在回款前的还有验收一关。验收风险可能来自项目管理或是前期客户期望等各种因素，也有可能是因为甲方在验收之前又增加了需求，所以即使财务团队已经确认了收入，客户不验收也是白搭。对于一些客户，合同和验收的不确定性给回款带来数以月计，甚至是数以年计的滞后风险。

除了交付过程中的问题，DSO 失控的原因还可能是客户组合的质量下降。低信用、高风险的客户数量和比例增加，不能按期、按量回款的项目越来越多，整体的回款风险上升。

要精细管理这个过程，让收入和现金的预测控制在合理的偏差范围之内，企业必须部署流程，在合同评审阶段对各种风险严格把关，确保及时一致的人员安排数据、项目完成度信息、财务信息，有效推进验收、发票和回款等各环节，减少纠正错误导致的返工和等待，从而加速资金回笼。

DSO 的长短直接影响到赊账金额的大小，也就是财务报表上的应收账款。这部分资金所对应的支出，比如项目上员工的工资和差旅费，还有相当一部分的运营成本，比如房租等，其现金流出大多先于客户回款。经营所需的这些现金，要么使用自有现金储备，要么从金融市场融资。

现金是所有商业组织的氧气。当你在深潜时，你必须精确知道你还有能维持多少分钟的氧气，以确保你能安全地回到水面。特别是当你受到水下美景、宝藏的诱惑时，对耗氧量的关注就格外重要。当销售额看上去很美好的时候，就是注意耗氧量的时候了。资金链的断裂，大多就是乘胜追击惹的祸。

一家企业越是能更快地将销售额变为现金，也就是资金运转周期越短，就会越少依赖外部融资维持运营和支持未来的发展，这是企业高效运营的重要体现。相反，如果 DSO 持续增加，不但意味着即将到来的现金流问题，同时也可能是其他问题的信号，比如客户群的信用质量下滑，市场环境恶化。相对于绝对数值，跟踪 DSO 的趋势更加重要。与上个月数据做的环比，与去年数据做的同比，以及滚动 12 个月（Trailing Twelve Months，TTM）的趋势，都能为诊断运营问题提供有价值的线索。

模式不同的企业之间很难横向对比 DSO 的健康度。有的企业以 T&M 的方式为主，有的以 fix-bid 居多，还有一些业务是部分产品的销售，部分产品相关的咨询、实施服务，这些差异都会对 DSO 造成影响。

大卫·梅斯特没有特别关注 DSO 这个问题。欧美市场相对成熟规范，DSO 相对较短，数值相对稳定且可预测。在中国，甲乙双方的激烈博弈可能引发回款过程中的种种问题。客户把回款当作服务保质保量的抓手，企业一不小心就会陷入现金短缺的窘境。依赖资本市场提供现金的企业，固然可能得到更大融资空间来应对业务上的波动，但资本市场本身多变的特性，是另一个完全不在企业控制范围之内的风险之源。

会后，COO 在她与 CFO 和销售总监的小群里发了一条信息："总部最近一直在强调业务的延续性和预测性。欧美市场能清晰预测未来 2～3 个季度的营收，收入至少能锁定一半，好的甚至能锁定 70%～80%。每次收入预测一出来，中国区就只能看到 3 个月内的业务情况，后面的数字就完全不靠谱了，很尴尬啊。"

销售总监回复："大多数客户都不签长单，一个合同就 2～3 个月，下一个合作要重签，还可能要重新竞标。国内企业的项目投入变化频繁，领导想法一变就可能导致项目的无限期搁置或方向调整，项目延续性很难预测。不过，没有合同在手，也不能断定我们就对三个月后持有悲观态度，只是没有具体商机就不好在系统里录入数字。"

预测的重要性毋庸置疑，如果做不好，就难以规划后续的人才供应、战略投资。如果总是在供应不足和供应过度、投资不足和投资过度之间大幅摇摆，就会产生巨大的效率损失，从而错过增速发展的机会，甚至可能造成运营风险。让管理团队压力更大的是，企业面对资本市场的期望，如果收入和盈利预测出现偏差，会让资本市场质疑企业的运营能力，直接影响企业的估值。

上述这些经营指标相互作用，动态平衡，管理起来就像玩抛球杂技。几个球在空中翻滚跳跃，一不小心没接住，就掉得满地狼藉。

■ 附录：基于成效的模式

基于成效的模式并不新鲜。IT 管理服务通常都会有服务水平协议（Service Level Agreement，SLA）。为了激励服务商保持高水准的服务质量，很早就有了基于可靠性、错误率、响应速度等 KPI 来奖励和惩罚服务商的做法。如今，基于 KPI 的定价策略会激励服务商运用最新的数字化技术，实时跟踪和反馈生产系统数据、服务流程数据，分析和预测服务的成效，发现优化的空间，进而与客户分享高质量服务带来的高价值成果。

如今，基于成效的模式延伸到了其他场景。有的客户希望降低新产品前期资金投入的压力，让服务商共担一部分风险，并愿意与服务商共享产品成功带来的收益。作为风险的补偿，潜在收益一般远大于正常的收费水平。比如客户按产品上线之后的使用量向服务商付费，或者按产品承载的交易额进行分成。

基于成效定价是甲乙双方权衡风险和回报的结果。有些业务指标受到外部不可控因素影响较大，比如销售收入、转化率、客户满意度等，定价通常会包含一定比例的基础价格，再加上一部分基于成效的收益，确保服务商不至于血本无归。对于内部可控的指标，比如降低某个环节的响应周期或成本，定价甚至可以是完全基于成效的。激励部分的比例取决于双方的风险偏好。

更进一步的是 BCG 的 Digital Ventures（BCG DV）的模式。该模式背后的驱动力量是大型企业要更加有效地将资金投入创新和新业务孵化。于是，咨询公司参与进来，一起内部创业。以 BCG DV 与生物制药、实验室器材和生命科学应用研究企业赛多利斯（Sartorius）的合作为例，团队发现，虽然研究机构的科学实验室和各大企业的研发实验室是最前沿科技的诞生地，但研究者们的工作方式还停留在数字化之前。实验数据的记录和更新总是滞后于实验进程，耗时且容易出错。于是，BCG DV 集合了一个由工程师、设计师和产品经理组成的一体化产品团队，赛多利斯则一起参与定义需求、用例，提供相关的行业专业知识，并承担产品早期客户的职责。创新的结果是一个数字化实验室助手 LabTwin。LabTwin 利用语音识别和机器学习技术，帮助科学家和研究人员完成实时记录、搜索信息、检查实验情况等日常工作。LabTwin 催生了位于德国柏林的同名初创公司。虽然没有公开的财务数据，在这样的合作里，BCG DV 通常会用新公司的股份替代部分费用。这种模式要求服务商建立内部的投资机构，以评估接受股权作为收益的风险和回报，判断交易的条件是否有意义。

基于成效的模式不仅是定价模式跟前两种方式（T&M，固定价格）不同，业务模式也不一样。如果把单一产品 / 服务、领域综合服务、业务共创服务分别按照三种定价模式放到一个矩阵里（见图 10-9），可以看到潜在客户价值随着商务风险和影响范围的提升而提升。

案例 1：服务商为客户开发并维护一套在线 SaaS 服务系统。

案例 2：服务商为客户提供计算机、网络设备、应用软件采购和运维的一站式服务。

案例 3：服务商与客户共同孵化战略性创新业务。

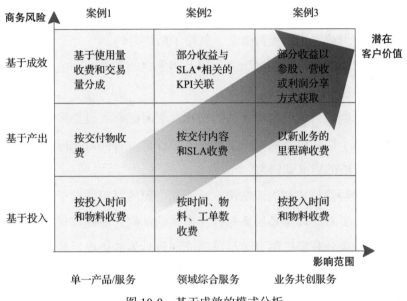

图 10-9　基于成效的模式分析

服务商如果想要把基于成效的模式作为一个有利可图甚至取得额外收益的业务模式，首先要对最终成效有足够的影响力。团队要对客户的业务和价值货币化的模式有深刻的认识，并有端到端的实施能力。如果业务涉及不止两方，服务商要熟悉合作生态当中的其他各方，并施加足够的约束力。此外，服务商应具备高超的投标能力，运用过去方案和交付结果的历史数据，设计风险可控的定价策略。

这种合作不仅对服务商有要求，客户也应具备一定的条件。客户要在数据驱动的思维模式上有一定的成熟度，只有这样，才能基于客观数据来协商和决策。此外，客户不应把这种合作同传统采购相混淆，与以控价为目的的采购流程相比，这种合作更像寻求共赢的合资模式，应采用完全不同的机制。

设计基于成效的合作大致可以分为下面几个步骤：

（1）根据客户的商业目标定义成效。我们应该从业务战略推演出业务成效的维度和优先级。有时候我们容易混淆运营指标和商业目标，以至于舍本逐末，把注意力放在了过程数据上，忽略了最终目的。

（2）识别影响成效的各种因素，以及因素之间的交互和关联，识别其中哪些因素不在服务商的控制范围内。

（3）根据期望的成效选择合适的指标。有时候需要设立多个指标或成功条件，其中几个应是服务商在一定程度上可控的。合同条款应对成效的主要影响因素有清晰的定义和约束。

（4）设计运营模式和治理结构。流程和资源的可控性对于服务商来讲至关重要。双方要对齐内部各层面对合作模式的认同，明确权责，在沟通、决策、变更、解决分歧等机制方面尽早达成细致具体的协议，最大限度的信息透明是保持信任的必要前提。

（5）制订执行计划，设计付款机制。为每个指标设置目标和里程碑，客户按照里程碑分阶段验证成效并结算收益。

不过即使考虑再多，这种模式也会有下列诸多难以控制的风险。

- 合作过程中内外部因素可能发生变化，而重新协商合约将会非常困难。
- 客户难以放开对某些环节的控制，导致服务商无法有效采取行动。
- 服务商和客户在个人和团队层面上，缺乏一致的、与期望成效相关的激励机制，可能会引发团队士气不足的问题。
- 无法衡量合理的投入和成效，以至于在执行过程中双方质疑风险和收益是否对等。即使达成预期效果，有时客户也会后悔向服务商承诺支付超出其他模式的受益。

因此合作双方最好已经通过实际的合作建立起高度的信任，经历磨合，全面知晓并认可合作伙伴的工作风格，并对面临的挑战有足够的预期和深刻的理解。

总的来说，虽然基于成效的模式会带来潜在的非线性收益，但如果不是战略性项目，潜在的收益可能并不值得付出高昂的管理成本和承担相应的业务风险。因此，双方的动机应该是出于对战略目标的考量，而不应该只是解决价格分歧的战术手段。

时间的回报

运营时间组合

专业人员的时间和注意力是知识密集型组织最重要的可调度资本，因此管理活动中永恒的主题是如何合理分配时间，并将注意力贯注在重点上。由于无法直接判断注意力是否集中，易于量化的时间就被当作判断注意力是否集中的一个间接指标。从泰勒的科学管理时代起，时间就成为运营管理的焦点。

该填工时表了

原始形式的工时表（Time Sheet）是记录员工在一定时间段内工作内容的数据表格，用来跟踪员工投入各项活动的时间。这些时间记录构成了成本、计费、预算等活动的基础数据。

工时表的使用历史颇为久远。工业革命时期，人类历史上第一次出现了大量的产业工人和办公室雇员。这些新兴的岗位按小时支付报酬。逐渐地，工时数据的记录和处理成为企业的巨大负担。1888 年，纽约珠宝商人威拉德·邦迪（Willard Bundy）发明了机械打卡机。[一]打卡机在工时卡片上记录人们的工作时间（见图 11-1），企业收集、整理工时卡上的数据，计算应付的薪资。1911 年发生了一件在当时不太起眼的事情。生产这类机器的四家公司，包括邦迪先生的公司，合并成立了一家叫作 Computing-Tabulating-Recording（CTR）的公司。CTR 公司于 1924 年更名为 International Business Machines（IBM）公司。[二]

员工淹没于超负荷的工作之中，至少看上去处于超负荷的工作之中，但员工是否把时间放在了真正高价值的活动上，这对于很多管理者都是一个谜题。管理时间是一件逆水行舟，不进则退的事情。一不小心，可用的时间就

⊖ EMCH P. A history of time keeping part Ⅱ: tracking the minutes ［EB/OL］. ［2021-12-31］. https://www.timesheets.com/blog/2011/06/history-time-keeping-part-ii-tracking-minutes/.

⊖ WIKIPEDIA. Computing-Tabulating-Recording company ［EB/OL］. ［2021-12-31］. https://en.wikipedia.org/wiki/Computing-Tabulating-Recording_Company.

会像沙子一样从指缝间滑走。但是，在前面的章节里也提到，人员利用率是保健因素。有偿工作是专业人员创造价值的方式之一，但不是全部，占比不是越高越好。那么优化的方向到底是什么呢？从微观到宏观可以有三个考量的角度。

图 11-1　20 世纪初期的打卡

图片来源：https://www.redcort.com/its-about-time/history-of-time-and-attendance-systems.

- 服务价值链中时间管理的重点在于减少浪费。
- 业务策略中时间管理的重点在于优化投资组合。
- 组织层面时间管理的重点在于平衡供需。（在下一章中讨论）

价值链中的时间

继上次拯救利润率的紧急会议后不久，在一次跟踪改进行动的例会上，大家又聊到了人员利用率的问题。

北区总经理说道："供需不平衡是因为有些团队人员利用率低，还有大量突发情况弄得我们措手不及。我这边最近有个战略性的大项目，为了及时启动项目，我们早就锁定了一些骨干，准备随时开工。本来等框架协议签署完就能启动，但协议谈判和签署流程比预期长了很多，启动时间推了又推。这些人就在"沙滩"上等了将近一个月，干等着没法干活儿。协议签下来之后，因为时间紧迫，客户要求快速把团队规模加上去，项目知识的学习曲线陡峭，学习成本比一开始想象的高。"

CFO 接着这一话题说："最近新客户、新项目比较多，可是启动时间经常推迟，等待项目的人很多。现在的状态就是，看上去不少人没有在项目上，但其实这些人早已被别的项目锁定，结果再有新项目就接不了了。"

东区总经理补充道："技能不匹配也是个大问题。今天好几个客户突然对我们的数据智能方面的工程解决方案感兴趣，前一段时间还遇到过突发性的穿戴设备相关的技术需求。可是我们能做这些细分专业的人就这么多，其他人也用不上啊。不管从市场上招，还是内部培养都来不及。"

销售总监想了想评价道："我们的项目多是客户主动找上来的，这说明品牌影响力起到了很大的作用。不过问题是这种机会的类型和数量比较随机。如果我们针对一些解决方案多做些主动的推广和业务拓展，倒是有可能提升需求的可预测性，供应端的规划可以做得更准确。"

一位服务线的负责人开始诉苦："我们更惨。我们做的大多是中短期规划咨询类的项目。人员在项目之间切换频繁，总有断档。还有，最近的售前投入怎么越来越大？6～8 周的项目，售前就得投入好几天，甚至十几天。有时候断断续续搞几个月，都不知道售前的投入多还是做项目投入多。"

销售总监又说："我们的售前工作，不管什么项目都是从零开始，可重复使用的东西太少，投入怎么可能不大？"

虽然人们会意识到服务中存在着种种影响效率的因素，但如果我们好好统计一下服务生命周期中各项活动花费的时间，大概率会发现浪费比想象中的更加惊人。我们必须持续关注高价值活动，持续控制和清理低价值活动。把前期的触达和影响阶段放在一边，拿起放大镜，贴近观察价值链中服务执行的三个阶段（见图 11-2），即规划和方案、执行和验证、延展和创新，看看分别发生了什么。

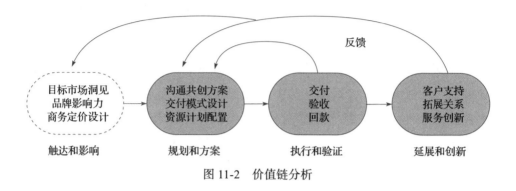

图 11-2 价值链分析

▌规划和方案

当品牌触达带来新的机会后，服务商会努力赢得客户对其价值定位的认可，然后结合客户愿景和行业洞见，深入理解和评估业务内容，定义问题，并制订解决方案和相应的执行策略。这一阶段的前期通常会有售前活动，接着是咨询规划项目。

阿尔伯特·爱因斯坦曾说过："如果我有一个小时来解决一个生死攸关的问题，我会用 55 分钟来定义问题，用 5 分钟寻找解决方案。"定义问题需要资深专业人员的时间，服务商当然希望在拿到合同之前尽量减少投入。而客户总是要求服务商在售前阶段免费完成问题定义，甚至是方案制订的工作。即使客户明明知道免费的方案多是些标准化的通用内容，在问题针对性上一定不会太好，其采取的措施也不过是施加压力，让服务商在售前阶段多投入一些工作量。当客户觉得自己已经透彻理解了问题的时候，更是会要求服务商快速制订解决方案。博弈的结果往往是厚重的方案文档和浅薄的问题见解。

服务商的优化方向首先是避开业界这一常见的陷阱——忽视问题定义，并争取足够的投入来做好问题定义。然后寻求可能的措施减少规划和方案阶段的低效投入。

一是做减法，提高胜率。我们常犯的错误是什么机会都不想错过，领导力的一个体现是勇敢对"什么不是我们的菜"做出判断。缺乏战略意图的出击，不仅成功率低，而且即使成功了，对巩固自身业务的定位和能力的"护城河"也没什么帮助，损失的是时间。除了提升团队"做减法"的意识，有时候还要引入轻量级的审批和治理，通过流程上的约束，减少低效投入的行为。

二是控制单次投入。赋能自组织团队端到端优化价值创造过程。如果团队能够负责从售前到结项收款的投入和产出，承担客户群的营收损益指标，团队就有动力积极优化服务周期中的各种投入，而不是完全靠着流程、纪律等外部压力的督促。组织应提供数据，帮助团队按客户和服务等标签分析资源投入的数量和成效，识别、改善投入产出比。

三是减少对个别人员的依赖和由此造成的瓶颈。把个人头脑中的隐性知识转化为更多人熟悉和掌握的集体知识。知识库是重要的管理对象，组织需要设计机制，促进相应知识的积累、转化和传播，有效降低对关键人员的单方面的依赖，减少瓶颈导致的等待和机会损失。

一旦进入项目执行环节，时间的管理和后面一个环节——执行和验证类似。随着市场和组织环境变化的加速，面面俱到的详细规划，特别是长期规划，经常由于外部环境或基本假设的变化而失效。被丢入故纸堆的昂贵方案是巨大的浪费，也会损害组织的声誉。越来越多的组织采取愿景驱动的轻量级规划，在稳住大局的前提下，循序渐进地检验可行性和效果，并在落地过程中及时收集内外部的反馈，快速迭代方案。

执行和验证

销售大周："张经理，我这项目下个月就启动了，安排谁上啊？这个客户很重要，得上精兵强将！"

项目经理老张："你在系统里填的是从下个月第三周的周一开始,这差不多还有四周呢,有几个角色的人选还没定下来。"

大周急了："这不行啊。几个关键角色要先跟客户聊聊,要是客户不认可,怎么办?"

项目经理老张："这说白了就是要面试嘛!你确定那个时间能启动吗?有几个合适的人还在其他项目上,需要两边确认一下结项和启动时间。我要是现在给你把人锁定了,到时候项目不能按时启动,你的信用受损,以后再想提前安排人就难了。而且安排的人不会一直等,可能立马被其他项目调走,这样你在客户那边也不好交代。"

项目执行期间有两个值得重点关注的效率目标,一个是提升有效时间占比,另一个是缩短响应周期。有效时间占比的敌人是等待和返工。为了准时启动项目,团队组建都先于项目正式启动。一旦把团队召集起来,哪怕不是整个团队,哪怕还没有开始干什么事情,这个服务周期就启动了。之后,团队会遇到种种造成等待的因素,如图 11-3 所示。

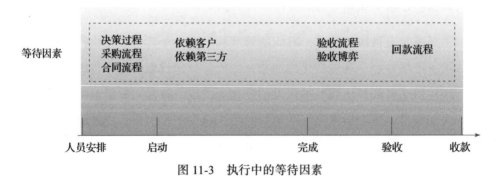

图 11-3　执行中的等待因素

项目启动前,甲方的决策过程、采购流程、合同流程不确定,被依赖的各方准备程度不确定,由此团队陷入未知的等待。但是,为了正常启动项目,团队不得不锁定技能经验匹配的人员。如果项目没有按既定计划启动(事实上这种情况经常会发生),团队成员就会陷入无法开工又无法参与其他项目的尴尬处境。虽然可以安排团队成员做些临时工作，但由于无法保障投入的时间，这些工作大多只是为了让他们看上去忙而安排，所以应该有机制推动这些进入空转状态的团队成员尽快重新投入高价值活动。

进入执行阶段，项目从来不会发生在实验室的理想环境之中，而是受到现实中各种干扰因素的牵绊，远远不是所有时间都用在高价值的事情上。时间流逝在各种协调和等待上，沉没于各种扯皮中。我们曾统计一个数字化产品开发项目里软件工程师用在不同活动上的时间占比，发现其中用于软件开发的时间，平均下来不足 30%。虽然其他的活动不是没有价值，但这个数据远低于预期。如果项目签订的是按照时间付费的工料合同，那么这些时间损失风险由甲方承担。而对于固定价格的合同，风险则在组织这端，不管是哪种，对员工来说都是浪费。

项目告一段落时，下一个项目的衔接不一定那么紧凑。图 11-4 中的三名员工在切换项目的时候，前后项目都可能有不同程度的延后，以至于他们要么错过下一个计划中的项目，要么在间隔中陷入时长不确定的等待。

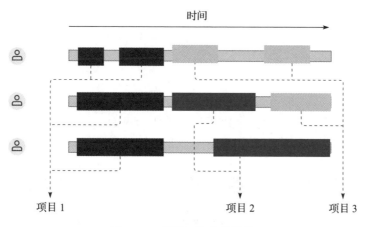

图 11-4 项目切换中的等待

造成这一系列等待的内外部因素多种多样，有的因素由销售人员负责，比如商务流程相关的因素；有的由项目经理负责，比如项目执行中的活动；有的则由运营调度人员负责，比如人员安排相关的因素。由于缺乏统一视角，在部门角色的责任空隙中，时间就在不经意中悄悄溜走。

我们希望及时发现这样的时间浪费，并采取干预措施。要做到这点，就必须密切跟踪项目启动、终止、加人、减人的精确时间和变化；要求大家及时准确地在工时系统里录入自己的工作活动及花费的时间；在企业、业务单元和项目等不同层面，把人们在不同活动和各种等待中花费的时间进行可视化处理，形成清晰直观且更新及时的视图，并配备合适的分析工具来检测时间分配的异常信号。

当出现意外等待时，要立刻触发跨部门、跨角色的治理诊断机制，识别根源，推动企业、客户和第三方采取行动，减少浪费，让真正创造价值的时间比例得到全局优化。

为了提升有效时间占比，有些组织会习惯性地采用一个手段，就是把人员分配到多个价值流上，使其成为分时抢占的资源，有时候还会并行执行多个任务。如图 11-5 所示，一名员工被安排了三个项目，由于单个项目并不需要占用这名员工全部的时间，这样做看上去是忙碌了起来，减少了空闲时间，但实际上，引入更多的单点依赖，大大提高了出现瓶颈的概率，造成了更多人等待的局面。虽然这些处于等待状态的人会去找些其他事情，让自己忙碌起来，但问题是这些其他事情都和被阻塞的事情同样重要吗？另一个潜在的浪费是多任务切换引入的重新熟悉业务情境的学习成本。

图 11-5　分时抢占的瓶颈

我们看到，提升有效工作时间占比的行动有时候会造成价值流上的瓶颈，阻碍业务响应。为了识别和分析价值流中的无意义等待，我们可以收集数据，绘制出价值流图，从中理解价值流中各项活动的状态。价值流图帮助我们观察每个环节的参与人数、工作量和周期，以及环节之间的任务队列，以便发现价值流中的主要障碍。在价值流图中，我们关注三个指标：

- 交付周期（Lead Time，LT）：从接受一项工作到将工作成果移交到下游的时间。
- 处理时间（Process Time，PT）：在掌握了必要的信息和资源，并在不受打扰的条件下，完成一项工作所需的时间。
- 完整且准确比率（Percent Complete and Accurate，PCA）：一个环节从上游收到不需要返工、可有效利用的输入的次数所占比例。⊖

前两个指标帮助我们识别价值流中的瓶颈，而第三个指标——完整且准确比率，则帮助我们识别发生输入故障的可能性。

图 11-6 是笔者在《精益软件度量：实践者的观察与思考》里举过的一个价值流图的例子。一个复杂大型系统的供应商应电信运营商的要求，交付一个紧急的软件特性，因为是紧急发布的版本，涉及的变更就只有这一个需求。这次的特性交付周期是 85 天，而其中增加价值的时间，也就是有人在为这个版本工作的时间是 17.29 天，占交付周期的 20.34%。除去环节之间的等待，在各个环节内部也有等待，比如需求定义阶段里就有 77.10% 的时间处于等待状态。我们还发现产品在功能测试和系统测试环节共停留了 23 天，调查得出的原因是产品测试团队的负荷很大，有多个其他产品和版本在并行测试，测试人员需要在不同的项目间切换。等待和阻塞会随着项目涉及工序数量、部门和团队数量的增多而增多。虽然这是一个比较极端的案例，但类

⊖ 亨布尔，莫莱斯凯，欧莱礼. 精益企业：高效能组织如何规模化创新 [M]. 姚安峰，韩锴，译. 北京：人民邮电出版社，2016：116.

似的情况在需要多方协作的其他类型项目中，多多少少也会发生。

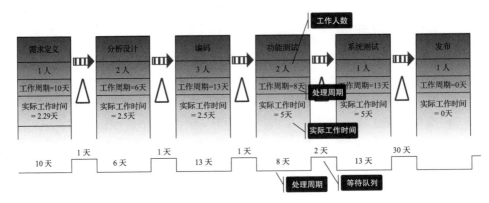

图 11-6　价值流分析

完整且准确比率关注的是价值流中出现不合格输入的次数和趋势。不合格输入引起的返工多发生在跨部门协作的环节。即使部署了质量保障流程，人们也倾向于尽快把在制品（Work In Process，WIP）的皮球踢到其他部门。情境信息和全局目标的缺失大幅提高了沟通失误的概率，在团队层面诱发局部目标优先的行为，结果就是频繁返工。如何在一个多部门协作的环境里设计关注全局价值的组织机制，是每名团队成员需要持续思考的问题。

延展和创新

合作中断其实是最大的时间成本。因为合作中断，团队不得不重新发掘新的项目机会，重新赢得信任，重新掌握客户业务和情境。每个进行中的项目都可以视作萌发新业务的种子。种子能否发芽，取决于是否适当地浇水施肥。团队应在合作中投入时间和精力去发现创造价值的新机会，并在这些机会中争取到解决问题的资格。这些新的价值点可能跟当前的合作相关，也可能存在于相邻的业务领域或部门。

审美疲劳的客户总是期望看到服务商呈现新的面貌。引起客户共鸣的创新多是在解决现实问题的过程中涌现出来的。创新可以是新方法、新工具、新服务，实际上这些都是新知识的载体。新知识与客户业务高度相关，而客户的场景是运用和验证这些知识的机会。因此，埋头做事的同时，也要抬头看路。

实施交付之后通常有一个维护支持（售后）阶段。交付质量很大程度上决定了售后投入的规模。交付质量低的企业不得不在售后阶段收拾前面阶段留下的烂摊子。而交付质量高的企业，因为在售后阶段不需要花费太多额外时间来解决问题，所以在有偿的售后阶段收益颇丰。

时间组合策略

与 100 年前 IBM 制作的机械打卡机相比，现代数字化技术为管理者管理员工的时间提供了更具侵入性的工具。2021 年 2 月 17 日，清华大学社会学系孙立平教授的微信公众号推出《数字支配与更加倾斜的世界》一文提到，某地环卫工人被要求佩戴"加油鼓劲"手表，只要上班期间环卫工人在原地停留超过 20 分钟，手表就会自动发出"加油"的语音。更匪夷所思的是，环卫工人工作服胸前的口袋被抠出了两个小孔，用于手机摄像头监控。这种做法及其背后的思维模式，是把员工当作不需要主动性、不需要学习成长、按既定程序不停行动的机器。在知识的价值和密度不断提升的经济环境中，这种思维必然成为生产力发展的障碍。

个人策略

在知识密集型的业务里，员工个人的时间就像投资者手上的资金一样，只有被策略性地分配，才能为个人和组织赢得长期、稳定的回报。伦敦商学院（London Business School，LBS）教授朱利安·伯金肖（Julian Birkinshaw）在对美国和欧洲 39 家企业的知识工作者的访谈中发现，即使是最出色的员工，仍然会花费大量时间在低价值的跨部门协调会议、各种书面工作上。[⊖]

针对处于不同职业发展阶段的员工，企业应该帮助他们识别并专注于适合其当前阶段的高价值活动，并使其同企业业务的情境和策略匹配，争取双赢的局面。随着职业发展阶段的推进，专业人员的时间分配模式会逐渐发生变化。其中一个变化是随着责任种类的增加，时间有碎片化的趋势。一名初级人员的大多数时间都在一个项目上，可能会再承担一些部门的事务。一周的时间分配可能如图 11-7 中的左侧。

随着经验和能力的提升，员工所承担的责任也不断加码。员工开始照看多个客户、多个项目，同时要撰写解决方案，参与各种售前讨论和展示，维护客户关系，追逐新的商业机会。资深员工作为导师和教练，辅导和帮助其他同事会占用一部分时间。带领团队的人还要承担一些行政管理的职责。在有的公司，思想领导力建设是一个重要方向，这也需要负责的员工抽出大量时间用于写作和演讲。

让复杂度更进一步的是，知识工作的价值链正在不断延伸，综合性业务涉及的专业模块随之增加。同时，服务全球化客户和经营全球化业务面临不同法律法规和文化环境的挑战。这都让资深员工不得不在项目执行和整合、人力资源规划、处理合规要求等活动上投入更多的时间。于是，时间分配可能会变成如图 11-7 中右侧所示的样子。

员工在这么多不同类型的职责和活动之间切换，不仅对个人时间和精力的管理是一个挑战，而且由于涉及众多干系人、多重汇报关系，这会给专业

⊖　BIRKINSHAW J, COHEN J. Make time for the work that matters［J］. Harvard Business Review, 2013（9）.

人员自己和相关负责人造成困扰。作为业务单元的成员，要向自己所属的业务负责人汇报；作为项目成员，要向项目经理汇报；作为售前活动的参与者，其工作成效和销售密切相关；作为内容产出者，营销部门更能够验证内容的质量并提供资源上的支持；作为教练和导师，企业的人力资源部门有更多关于其投入和效果的信息。任务之间的时间冲突，对干系人的响应不够及时等因素都容易引发组织内部的信任危机。

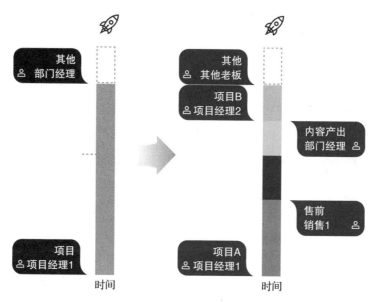

图 11-7　不同职业发展阶段，专业人员的时间分配发生变化

领导者希望资深员工做出具体项目之外的价值。如何兼顾保证组织中个人有自由发挥的空间和有效管理员工个人时间是领导者的难题，经常陷入"一抓就死、一放就乱"的死循环。在有些企业，一些具有声望的资深员工会从正常的运营机制里"消失"，没有人知道他们在干什么，对他们只是抱着期望，认为他们终将带来某种出乎意料的价值。另一些企业，就像前文提到的环卫工人的主管，恨不得监控员工每分钟在干什么，试图把可用时间都挤压出来。这两个极端显然都有问题。

组织策略

要主动管理时间的预算与投资，组织要掌握在各类活动的整体的时间投入情况。常见的组合如图 11-8 所示。

- 对于收费项目，企业应该按不同的分类方式，如业务模式、服务类型、客户群、人员角色、业务单元/团队等，分别统计时间投入、人员利用率、项目的平均单价、项目毛利率等指标。从不同角度综合评估总体和局部业务的运营效率、市场竞争水平和运营回报。

- 如果售前投入的优先级管理不善，就会造成资深员工时间的浪费。售前时间通常并不连续，不容易统计，一不小心就被忽略。就像对收费项目一样，企业应该用更细的颗粒度，按客户、客户群、行业、市场、服务类型等维度统计分析，找到改善投入产出的机会。

- 在思想领导力建设、新业务、能力建设上的投入是组织生命力长期延续和业务蓬勃生长的前提，保持合适的投入比例非常关键。比例低了，不足以产生足够多、足够有潜力的选项；比例高了，则会影响当前的经营健康，在利润率和现金流上遇到麻烦。进一步分析新业务这部分的投入，我们会看到，不同投资项目上人员的时间投入比例反映了企业对新业务时间投资组合的资源分配策略。

- 除了跟营收相关的时间投入，越是资深的员工越是承担着更多的提升

时间

图 11-8　时间投资组合示意

企业未来发展潜力的职责。在规模化的进程中，企业仅靠文化氛围已经不足以把足够多的注意力牵引到这些运营指标之外的方向上，因此要有意识地管理在人才梯队建设上的时间投资，鼓励专业员工参与辅导、培训等培养人才的活动。

- 最后还有一个容易被忽略的时间因素，公共假期和集中休假会对营业和人员利用率造成阶段性的冲击。在越来越注重工作和生活平衡的社会环境里，相关负责人应该贴近组织风格和业务模式的情境，对假期做出合理的预测和安排。

企业应部署相应的治理机制，根据战略意图来制定、执行和监督时间的投资策略，并确保在企业级、业务单元、客户群等不同组织层面上，落实具体的计划、跟踪、分析和评审等活动。图 11-8 中柱状图上的分段，代表着人员时间的投入方向和比例，反映了当前的时间投资组合跟战略意图是否匹配。

为了策略性管理时间投资，工时是必要的基础数据。于是，填写工时表就成了员工逃不过的麻烦，管理者需要让员工理解及时、准确地填写工时表的意义。

- 准确的工时记录会改善盈利和现金流，避免错失付费时间。
- 能够分析项目的盈利性和投资回报，优化项目群，提升项目的平均收益。
- 能够评估整个组织的时间投资组合。评估人员通过工时记录，可以分析不同经验水平、角色的员工在各类活动上投入时间的多少，有什么阶段性的产出，并把这些信息汇总，纳入企业战略，以便更好地平衡短期和长期投入、业务和非业务投入。

时间投入的归属存在着灰色地带。比如一份解决方案的撰写，其目的到底是准备一个项目的售前，还是业务线为了投资新的服务？实际情况经常是两个都有。这种情况倒是不必斤斤计较，要以全局优化的视角看待其价值。当然，我们一定要确保工时管理不是为了让管理者占用员工午饭的时间。如果碰到不合适的管理者，一不小心工时表就成为微观管理的"魔戒"。

知识密集型组织的核心资本是人，经营的核心是人的时间和注意力，个人时间和组织时间的使用就好似投资组合的管理。有句名言说道，"我们使用时间的方式，决定了我们是什么样的人"，这句话同样适用于组织。

市场与计划

人员配置与流动

"最近招聘不太给力，向其他团队借人也进展不大，大量人员缺口一直补不上，压力全在项目经理身上，求解！"

"项目上借来的人员比较多，出问题的频率也比较高。有些人上项目的第一天或第一周就吵着要下项目，还有些人上项目的第一周就拿着别的公司的 Offer（录用通知）要离职。如何规范外借人员的安排，迫在眉睫！"

"客户需要专家能力，我们没有，必须从其他业务线找。但是搞不搞、派谁搞，业务线有自己的优先级判断，我们影响不了。而且这些人即使过来了也不一定有责任感，如果是从其他城市调过来的，而且之前没合作过，问题就更严重。"

"运营压力很大，我总是被安排到各种与兴趣不符，对成长无益，只能消耗工作热情的项目。什么时候才能看到头？还是以后都这样了？"

人员配置是专业服务公司平衡供需的引擎。市场剧烈波动，以至于要么项目太多，找不到人，要么项目太少，要找地方安排多出来的人。加上高度不确定的客户决策和商务流程，更是让人员配置计划频繁调整，安排的人似乎从来就没有合适过，所谓的平衡状态只是一个遥不可期的梦想。在各种正式或非正式的对话中，人员配置是一个永恒的话题。

规模化的诉求牵引组织沿着服务和客户两个维度延伸：由一个专业领域、一个业务模式，拓展出多元化综合服务能力；服务对象从一个地理区域、一个行业，到跨地区、跨行业，进而服务全球客户。人员配置的复杂度随业务复杂度的提高而提高。做得不好，会阻碍对市场需求的响应；做得好，则是相对于竞争对手的差异化优势。

在人员配置的灵活度上，传统组织的两种模式各有各的挑战。如图 12-1 所示，在传统层级组织里，人们看待工作安排，判断好坏的依据是能否帮助其在组织阶梯上实现晋升。如果员工横向流动需要重新掌握工作情境，学习新技能，不像在原部门里那么驾轻就熟、游刃有余，更要担心离开了原部门熟悉的同事，被削弱的社会关系会不会引起周遭评价的降低。横向流动被认为对个人发展没什么帮助，只是绕开发展瓶颈的无奈之举。而且，部门墙两边糟糕的信息透明度让每个人看上去都很忙，造成一种缺了谁都不行的错觉。各种因素加在一起，人员跨部门配置的灵活性很低。

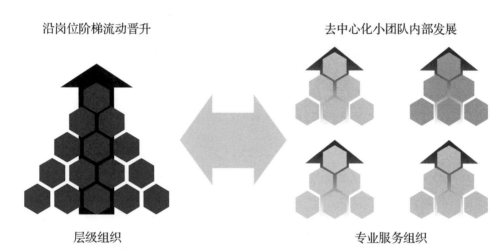

沿岗位阶梯流动晋升　　　　　　　　　去中心化小团队内部发展

层级组织　　　　　　　　　　　　　专业服务组织

图 12-1　层级组织和专业服务组织的人员流动

　　传统专业服务组织多是围绕专业领域建立团队，由合伙人领导，以去中心化的形式运营。这种组织氛围里，人们看重的是专业能力的提高，以此作为自己的竞争力。同时，专业人员不遗余力地构筑对目标客户和行业的影响力，一方面希望自己可以直接从影响力转化的业务增长中受益；另一方面，从未来的发展空间看，不管是自立门户还是寻求其他新的机会，自己都能从深耕领域带来的口碑中获益。由于人员大都只愿意在一定的领域发展，工作安排的灵活性也不高。此外，专业人员与其团队负责人之间往往还有师徒般的关系，这是人员流动的另一层制约因素。

　　为了使共生共赢的各方有动力让人员流动起来，我们要梳理人员配置触及的各类干系人和他们之间的关系，考虑他们各自的诉求。这里我们主要关注员工、客户和企业三类干系人，如图 12-2 所示。

图 12-2　人员配置干系人

- 员工：从合适的项目中历练，为职业的下一个阶段获取相关的能力、经验和资历，准备好承担更重要的职责。与值得信任的人合作，处于友好的团队氛围。
- 客户：及时可靠的响应，得到最好、能力最强的人。
- 企业：人员灵活流动，平衡市场或业务线之间的需求波动，减少因人员缺口而损失的机会，提升人员利用率。调动资源，积极捕捉朝阳领域的机会，退出夕阳领域，适应环境的变化。

人员配置，狭义上指的是人员的项目安排，从广义上来说，凡是让合适的人在合适的时间出现在合适的地方，都是人员配置。组织中一般有三个层面的人员配置。

- 项目层面：为项目找到合适的人。
- 组织层面：部门（业务单元）之间人员流转。
- 组织边界：招募长期和短期的人员满足业务增长需要，或是以某种灵活用工或生态合作的策略解决业务波动的问题（这部分内容不在本章讨论范围）。

▉人才撮合

项目人才配置有两种场景，熟人安排和生人安排。熟人安排通常发生在一个规模有限的团队边界内。公司起步的时候，大家相互知根知底，了解各自的经验、特长，甚至做事风格、兴趣爱好，因此并不需要借助什么机制或平台，打个招呼就能安排妥当，这是熟人安排。生人安排多发生在团队之间或是大型团队内部。本小节主要对生人安排重点展开介绍。

▎生人安排

一家企业的成长，是一个从熟人安排走向生人安排的过程。规模扩大让准确获得个人信息变得困难，靠人与人之间的社交已经不可能做出有效的调配决定。此外，人员需求在不同客户群、不同业务线之间动态波动，人员数量和能力的供需失衡不断出现，驱动组织在团队之间频繁重新配置人员。

生人安排一般通过一个扮演中间人角色的引导者完成，有的企业称其为资源经理。资源经理把大量时间都花在了各种对话上。根据对 Thoughtworks 277 次人员项目安排的一个采样分析发现，73% 的对话是关于项目信息的收集，18% 的对话牵涉不同程度的冲突。冲突多是负责项目的团队质疑候选人的能力是否达到要求，或是候选人由于各种原因不想上某个项目。这 277 次人员项目安排中有约 5% 没有经过引导者的安排。我们发现这 5% 的安排针对的多是关系项目成败的关键角色，都是由用人团队直接跟候选人沟通，沟通过程更像一次面试。生人安排的参与者大致有三类，他们各有各的苦恼。

资源经理：销售漏斗里的每个项目都可能涉及复杂多样的能力种类和经验水平，多数情况下资源经理缺乏足够的信息来通盘考量。需求方似乎总是在寻找什么都能干的全能人才，资源经理没有办法准确判断哪些要求可以妥协，哪些不能。由于缺乏完备的员工技能图谱、经验画像，资源经理只能凭借简单的角色和职级标签粗放安排。能力不匹配或员工意愿不强经常会导致安排结果不理想，甚至引发矛盾冲突。上文的 277 个采样也说明，如果手边有足够的信息，资源经理的工作负荷会大大降低。

项目需求方：前端的客户服务团队总是对企业能够及时提供合适人选缺乏信心，担心因人员问题不能履行承诺而在客户面前失去信誉，希望对人才供应的渠道和响应的可靠性有足够的能见度。

专业人员：专业人员不知道存在着什么可能的机会。离商机近的人拥有更多信息，也就意味着有更多机会左右项目人员安排，因此与这些人的私人关系（而非靠自身的专业能力），很大程度决定了项目安排的结果。专业人员担心不能公平获得机会，希望更清晰地看到未来的机会和安排，以能够主动选择项目来掌握自己的发展。

市场撮合

项目和员工构成了供需双方。由于项目规模不同且具有多样性，人员配置既要能够全局优化运营效果，又要照顾个人成长诉求，还要保障项目执行的供需匹配，这是一个非常复杂的问题。我们需要一个撮合机制来解决"什么人，在什么时间，上什么项目"的问题。

员工画像：一方面，准确、丰富、易于搜索的员工信息会大大提高人员配置的效率，并且快速了解新成员的经验和能力有助于缩短团队的磨合期。另一方面，把未来的发展机会完全寄托于"星探"和"伯乐"的发现可能有些冒险，员工应该经营个人"品牌"，及时发布、更新自己的技能图谱和经验图谱，以及倾向的机会类型，并使这些信息易于查找、访问。员工画像示例如图 12-3 所示。

图 12-3　员工画像示例

制作员工画像需要警惕角色和头衔的负面影响。当一个人被贴上了像产品经理、用户体验设计师、业务分析师、开发、测试这样的标签，由标签产生的自我角色认同会限制综合能力的发展，而且让个人在标签之外的领域自动丧失可信度，失去发挥的机会。人们总会先入为主地认为带着"程序员"标签的人做不好业务分析，带着"业务分析师"标签的人是不能做测试的。知识密集型业务鼓励员工在发挥专长的同时发展综合性技能。不管是所谓的 T 型人才还是所谓的 π 型人才，都很难套用到一个标准的角色体系之中。一个信息充分并且更新及时的画像库是现代知识型组织"打胜仗"的利器。

机会信息：如图 12-4 所示，当项目机会在商机漏斗里达到一定胜率的时候，就进入安排人员的状态。这时候，完备的人员配置信息，包括项目团队构成、人员技能，以及人员使用起止时间等，都已经准确地得到更新。

图 12-4　人员配置流程

机会推荐：大型组织开始采用类似电商平台的智能推荐算法，为人员与机会的匹配提供双向推荐。算法根据技能和经验图谱、人员的可用时间、个人发展诉求等特征，匹配项目的需求，测算出相关度高的人员和项目群后，推荐给员工和需求方。

供需匹配：需求方从排序列表中选择相关度高的候选人，再根据自己的判断进一步筛选，然后与个人沟通并分派项目。个人也可以根据推荐，主动接触需求方，表达对特定项目的兴趣，提高获得心仪机会的可能性。若匹配成功，候选人加入团队后，团队定期反馈其项目表现，为其技能、经验和其他胜任力背书。这些新的输入将助力个人争取未来的发展机会。

值得注意的是，用生人安排完全替代熟人安排也不可取。市场撮合机制的交易成本远高于熟人安排。通过平台工具传递的个人信息和项目信息，其丰富程度难以与熟人安排的沟通效果相比，匹配准确度意味着安排的成功率。团队边界内的熟人安排和团队间的生人安排，两者之间要保持平衡，应该设计明确并持续优化的双层安排机制。

市场撮合虽然能比较好地考虑到员工的兴趣，但可能引发与组织目标冲突的行为。员工想要的机会与组织期望员工去做的事情并不总是一致。比如组织希望尽可能减少员工在项目之间衔接的等待时间，以保障核心运营指标——人员利用率的水平，而员工可能希望花更多时间等待一个更心仪的机会。有的组织会用落在个人身上的人员利用率指标和相关激励，来缓解利益不一致所带来的冲突。但是衡量什么就会得到什么。知识型组织期望员工展现多方面的热情和责任感，比如在面试、培养、分享、打造影响力等方面投入精力。这些行为期望与组织的使命和文化息息相关，是组织长远发展的基础。如果员工行为完全被 KPI 所牵引，就会让其他那些 KPI 没有覆盖却有着深刻意义的行为消失。

过于依赖市场撮合还会削弱全局的动员能力。组织有时候需要跨团队调动大量资源投入一个战略机会，有时候需要按战略优先级规划人员的供应方向和时间节奏，这依赖强有力的中央调度。市场撮合还是战略规划，这是一个平衡游戏。

资源计划

资源计划的目的是满足未来的增长需求。由于资源配置需要一定的周期，既不能绷得太紧，约束了业务增长，也不能放得太松，冗余会削弱公司的盈利能力。玩好这个平衡游戏需要策略，要考虑到未来市场动态、历史数据和趋势、季节性变化、可能的突发事件，以及业务拓展战略等。按照时间跨度，资源计划分为短期、中期、长期。

短期资源计划：前面的配置过程主要针对进行中的项目和近期可能启动的项目，资源经理为之制订并更新 3 ～ 6 个月的详细人员配置计划。需求端提供信息应该涵盖项目体量、起止时间、人员和团队能力画像等数据，此外还有关键资源依赖、关键任务依赖等要素。项目体量按人员投入时间来衡量，能力画像则常被简单归类为人员角色（Role）和经验级别（Grade）。各级运营负责人整合这些数据，作为供应计划的输入。员工、需求方、资源经理，以及参与招人、用人、发展人的各类干系人都要能够及时全面地访问和分析这些数据。图 12-5 是一个部门级别的资源缺口分析示例。

区域:	上海			职级:	所有			商机可能性:	≥60%	
角色	职级	2020/6/1			2020/6/8			2020/6/15			2020/6/22		
		人员需求	可分配人员	待分配人员	人员需求	可分配人员	待分配人员	人员需求	可分配人员	待分配人员	人员需求	可分配人员	待分配人员
前端开发	所有	40	48	8	40	52	12	57	52	−5	57	58	1
后端开发	所有	112	121	9	112	124	12	128	121	−7	128	131	3
业务分析师	所有	5	7	2	5	7	2	8	7	−1	8	8	0
UI设计师	所有	9	5	−4	3	5	2	4	5	1	6	5	−1
项目经理	所有	3	3	0	3	3	0	4	3	−1	3	3	0

图 12-5　资源缺口分析示例

中期资源计划：大多数企业都有年度供应计划，有的企业更进一步，使用滚动 12 个月计划，即每季度甚至每个月更新未来 12 个月的计划。这是一个自下而上和自上而下双向对齐的过程。自下而上是整合从单个商机、项目到业务单元再到所有项目群的完整图景。自上而下的指引则是从未来 12 个月业务计划推导而出的需求。

一个简单的预测方式是把项目按照团队结构（杠杆类型，所需人员角色、数量）分类，图 12-6 示意了两种不同结构的团队。然后综合各方面信息，预测未来 12 个月里，项目群中大致有哪几类项目，各自数量是多少，所需不同类型的团队数量是多少，如表 12-1。由此推断和安排，项目群在各时间段里对各类人员的使用数量和时间是怎样的。

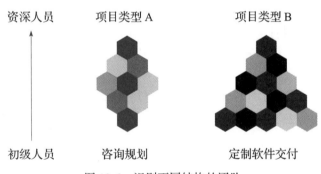

图 12-6　识别不同结构的团队

表 12-1　每月团队类型和数量计划

团队类型	1 月	2 月	3 月	4 月	5 月	6 月	……
类型 A	4	4	5	6	7	8	
类型 B	5	4	6	6	5	7	
类型……							

虽然上述预测数据的准确度未必很高，但很必要，这是实现供需平衡的困难之处。对于大多数业务来说，资源计划是基于对业务增长和波动的预期，由市场需求驱动的。还有一些业务，资源计划更多会受到供应的约束。这种情况多发生于两种场景，一是资源稀缺，相关人员的培养门槛很高，比

如前文提到的"大脑袋"和"白头发"业务的高级人员，二是新兴领域的特定阶段，比如苹果手机刚开始流行时对于 iOS 技能的需求，机器学习开始火爆时对数据人才的需求。

灵活性从低到高，供应计划的执行大致分为三个层：校园招聘（简称"校招"）、社会招聘（简称"社招"）和灵活用工。规模化知识型组织的核心供应大多来自校招。校招的时间基本固定，其中秋招的体量一般占据了校招的大多数，候选人一年之后才入职，而准确预测一年之后的需求是几乎不可能完成的任务。招少了，人才结构就会变形；招多了，过低的人员利用率很快会对现金流和利润率造成冲击。相比而言，社招随时都可以开启，但响应式的社招不一定能找到在能力和组织文化认同上完全符合要求的员工。灵活用工是以第三方人力资源平台作为供应的缓冲池。它可以帮助组织在应对需求波峰、波谷的同时，保证自有招聘的质量。供应策略的一个重要考虑因素是合理规划校招、社招和灵活用工的比例。

长期资源计划：1～3 年的长期计划与业务方向、地理分布等策略布局密切相关。进入有序规模化阶段的公司，要更多地抬头看路，避免总是在响应式地应付发展中的问题。领导者要回答的问题是：重点发展的方向是什么？要在这些方向取得成功所需的人才是什么样的？在什么时间段、要多少？从哪些地方、什么渠道获得这些人才？这些问题的答案不仅是业务发展策略必要的组成部分，还是规划运营职能和配套基础设施的必要输入。

除了在人员数量、技能与项目属性之间寻求匹配，做好资源计划还要注意以下问题：

- 人员地理位置的分布与项目地点分布的错配会造成人员频繁、高强度的出差，既损害员工的体验，又使项目成本提高。
- 不同项目对协作方式的要求有差异。有的项目因为客户办公制度的约束需要到现场，有的项目因为需要密集沟通而要求团队在一起办公，还有一些项目则可以分布式交付，团队成员可以居家办公。这些差异会在不同程度上制约配置的灵活度。

- 部门有自己的优先级目标，跨团队人员流动受阻于部门墙引起的信息障碍和局部利益诉求。
- 在一个高度动态的环境（比如组织调整频繁）里预测未来的资源需求实在颇具挑战性。

总结下来，组织依据业务策略，分别在需求和供给两端拆解出多种可能的战略选项，然后根据自身差异化的定位，在多种选项中做出独特的倾向性选择，并根据这些选择制订相应的执行计划。自上而下的单向执行模式必然难以适应复杂多变的业务环境，组织应在战略和战术层面，建立需求端和供应端之间的握手机制，加上来自执行一线的及时反馈，为不同层面，或智能或人工的预测和计划活动提供有效输入。在 Thoughtworks，我们常用如图 12-7 所示的流程来分析供需策略与执行各环节，以及环节之间的动态反馈机制。

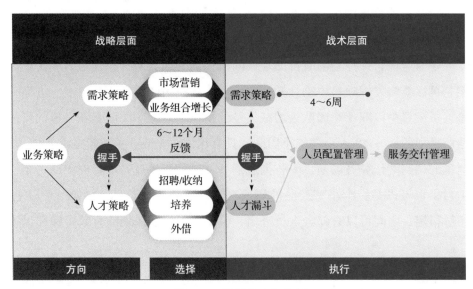

图 12-7　供需策略与执行

团队模式

知识密集型业务多是项目制的，采用项目制多是为了阶段性地评估、制定、跟踪与检验目标和预算。这种模式造成的一个结果就是人员因项目而聚，又因项目而散，这引入了两大隐含成本。

知识损耗和重复学习：知识传递远远不是仅靠文档就能实现的，团队的解散意味着大量隐性知识遗留在单个成员的脑海，随着该成员的离开且缺乏继续应用而遗忘，从而造成知识损耗。重新学习不仅代价高昂，而且未必能够完全将知识复原。

高效团队形成所需的时间：短期项目团队的时间多是处于 Tuckman 团队发展理论[⊖]所说的一系列次优阶段（组建期、激荡期和规范期），高绩效运作的执行期只占项目生命周期的一部分，甚至只是一小部分。大企业的管理者有意无意地假设员工是即插即用的资源，战略家察觉不到快速形成团队的挑战和频繁新建团队造成的浪费，但正是这些问题极大地侵蚀着知识密集型组织的实际效能，并在一些战略性项目上的引发巨大风险。

企业应该合理控制临时拼团现象的出现。一般有两种替代散装模式的方案，可以更多发挥项目中隐性知识的价值，延长团队的高绩效时段。方案一是人员配置中以双比萨团队为增减人员的单位。双比萨团队是亚马逊的贝佐斯所提倡的 6～10 人全功能小团队，具有端到端完成业务价值的多种能力。这里的端到端任务可以是一个咨询规划项目，可以是战略项目群中的一个子项目，也可以是一个小型产品的研发交付。团队成员长期（比如一年以上）相对稳定，中间可以有部分人员进出，但要确保隐性知识的有效传递和保持

⊖　TUCKMAN B W. Developmental sequence in small groups［J］. Psychological Bulletin. 1965, 63 (6): 384-399.

团队功能完备。图 12-8 示意了一个大型产品开发项目中五个小团队的参与过程，每个团队都负责一组可独立验证价值的特性。团队的进入和退出根据交付所需的产能，以及是否需要特殊技能，比如图中最上面的一个团队可能是因为该项目对阶段性数据能力有需求而短暂加入。

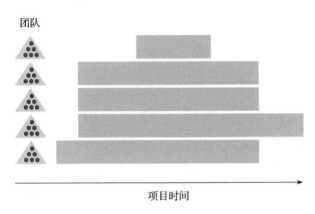

图 12-8　全功能团队配置

方案二是 Studio 模式。这种模式常见于设计师工作室（Studio），因此被称为 Studio 模式。资源经理安排人员的时候总是希望安排对象是全能多面手。这样就可以放到任何项目承担任何职责，或是胜任一个项目生命周期里不同阶段的各种工作。理想中的灵活性让管理工作变得容易，但现实并不容易。在情景复杂的业务领域，即使针对同一个角色，大多数员工也只擅长该角色相关的几种能力。以设计师为例，很少有设计师能同时擅长用户研究、产品策略、前端工程、视觉设计、服务设计、交互设计等所有技能。因此，业界更愿意用 Studio 模式，也叫作"1 拖 n"。

假设一个需要多种设计技能的产品研发项目。项目的生命周期包括双菱形模型的发现、定义、开发和交付四个经典阶段，每个阶段的任务分别是深入问题观察，聚焦问题所在，探索潜在解决方案和解决具体实际问题，如图 12-9 所示。

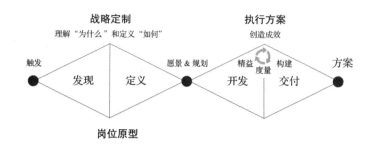

		发现	定义	开发	交付
	视觉设计师	—	50%	40%	50%
主持设计师	产品设计师	50%	50%	60%	50%
	体验策略师	50%	—	—	—

图 12-9   Studio 团队配置

这个项目涉及三个设计专业的岗位：视觉设计师、产品设计师和体验策略师。在不同阶段，这三类岗位的工作量各有不同。很显然，安排一名三者皆能的设计师可以把问题解决。只是，这样的设计师恐怕非常少。这种依赖全能选手的配置模式面临规模化的挑战。更易于规模化的方式是安排一名相对全面的主持设计师，作为连接项目和能力资源池的桥梁。能力资源池里是各有所长的专业人员和一些相对初级的人员。这名主持设计师的主技能可以是项目所需的三类技能中的任何一类，负责传递情境信息和隐性知识，指导在项目不同阶段的人员，并和他们一起工作。这名主持设计师可能还需要负责制订整体解决方案，并将解决方案拆解成多个细分领域的任务，确保最终交付的完整性。

业务单元间的流动

资深员工要么长时间专注于一个领域，以积累相关经验，要么稳定在某个核心客户服务团队，为一个客户群的业务增长负责。相对地，初级的专业人员往往属于多个客户群和解决方案团队之间共享的能力资源池，反而有更多不同的机会，或者说选择的空间。从人员发展的角度，我们需要一个让不同经验水平的员工都有机会得到不同的历练的机制，这样的机制需要专门的设计。

小强已经做了五六年的开发，前后端都做过，经历过几个不同行业的项目，现在他在科技服务企业 T 的软件交付团队工作。看到周围专攻技术的同事，有的专注于深度积累，希望成为一名领域专家，有的尝试多种类型的项目，希望成为见多识广的架构师，但是小强认为这两个都不是自己的方向。他做过一些售前，觉得这种设计解决方案、说服客户买单的体验不错，有成就感，而且听说这种工作做得好的话涨薪可能比较快。所以他想做更多面向客户的工作，提高自己抽象总结和影响客户的能力。但是做解决方案的机会在他当前的部门不多，机会类型也比较单一。于是，小强考虑是不是换一家企业，找找方案架构师的机会。

大伟负责 T 公司技术咨询业务线，最近"压力山大"。业务需求爆棚，招聘却不顺利。两个月才招到三个人，周期太长。他都已经自己扑到招聘网站上帮忙搜简历，花大量时间与猎头密集沟通需求和面试，但还是太慢。符合 T 公司能力要求的人很少，即使技术不错的人，有时候也会因与公司文化匹配度低和工作风格差异巨大，存在新人无法融入公司的风险。

有些科技服务企业的管理模式是从管理咨询、会计审计公司发展而来，团队负责人就像合伙人一样，既负责业务，又负责以应届毕业生招聘和培养为主的人才供给。这种环境里的管理者多有囤积人才的强烈动机，培养型的文化滋养了团队内部的情感纽带，换到另一个团队则被视为一种冒险。有的以科层部门为组织形式的企业，人员与直属上级的捆绑关系也很明显。

由此可见，员工一旦被打上角色、职级、部门的标签，发展机会就很容易被限制在一条业务线上。另外，寻求其他部门的机会似乎有"背叛"的嫌疑。因此，员工发现到企业外部更容易找到实现下一阶段目标的发展机会。而从业务主管的角度，也更倾向于从外部物色人才。一是流程比较简单，二是避免冲突，内部"挖墙脚"常被认为是不地道的行为。

随着科技服务企业业务的多元化，很多时候，与其花费大量时间和精力从外部去找候选人来填充工作空缺，还不如发掘内部的潜力。从另一个角度讲，团队领导者要接受一个现实：人总是会离开，去寻求新的体验。那么对一家规模化的企业，为什么不帮助优秀的员工在内部流动，获得更多不同体验的成长呢？企业生产力研究所（The Institute for Corporate Productivity, i4cp）的研究表明，业绩优秀企业（通过收入增长、盈利能力、市场份额和客户满意度来衡量）强调人才流动的可能性是业绩低下企业的 2 倍，直接向员工明确人才流动标准的可能性比业绩低下企业的要高 4.5 倍。⊖

联合利华在 2019 年宣布了内部人才市场平台 Flex Experiences，其上发布了全球各业务线条的机会，让整个企业的人才发展途径完全透明，人工智能根据员工的能力、经验和发展诉求推荐相应的机会。仅仅在一年里，就有 90 多个国家的 2 万名联合利华员工尝试使用了这个平台，提升了员工的参与度和满意度。⊜这个平台还帮助联合利华在 2020 年的新冠疫情早期就将 4000 名员工重新安排到需求高涨的领域，因而解锁了 30 万小时的生产力。⊝

⊖ The Institute for Corporate Productivity. Talent mobility matters report ［R/OL］.（2016-04-13）［2021-12-31］. https://www.i4cp.com/surveys/talent-mobility-matters.
⊜ Unilever. Unilever launches new AI-powered talent marketplace ［EB/OL］.（2019-06-24）［2021-12-31］. https://www.unilever.com/news/press-and-media/press-releases/2019/unilever-launches-ai-powered-talent-marketplace/.
⊝ MAURER R. Internal marketplaces are the future of talent management ［EB/OL］.（2021-04-16）［2021-12-31］. https://www.shrm.org/resourcesandtools/hr-topics/talent-acquisition/pages/internal-marketplaces-future-of-talent-management.aspx.

内部人才市场为人才的获取、流动和管理提供了灵活的方式，使得形成一个生机勃勃的内部生态成为可能。内部人才市场适用的场景可以是内部的零工，一些兼职的机会帮助员工获得与原来岗位不同的体验；也可以是轮岗，中长期的轮岗机会帮助员工进入一条与原来轨道不一样的发展通道，短期的轮岗让员工能够参与日常工作中遇不到的创新机会或能力培养机会。此外，跨业务部门的轮岗给员工和组织都会带来显著的价值。

给员工带来的显著价值：

（1）改善员工参与度和归属感。在一个竞争激烈的人才市场上，公司提供多元的发展机会和优质的项目体验是保留优秀员工的有效方式。

（2）支持人员的发展和成长。70-20-10 法则源自 Bob Eichinger 和 Mike Lombardo 在 20 世纪 80 年代提出的"历练驱动型发展"（experience-driven development）。此法则强调 70% 的学习来自具有挑战性的在职任务，20% 来自与他人的合作与观察，10% 来自正式或虚拟的课堂培训。内部转岗让员工触达更广范围的机会网络，帮助员工获得新的阅历和视野。

（3）当员工觉得能够放心地尝试新事物，顺畅地流动到组织的不同地方，员工会发挥出更大的自驱力和创造力。

给组织带来的显著价值：

（1）匹配技能和角色，解锁内部资源。内部人才熟悉组织环境，已经完成组织文化和工作风格的融入，以更高的成功概率快速适应开放职位。

（2）推动人才从发展相对较慢、机会有限的团队，流向需求强劲的团队，从而自然调节供需矛盾，提升对市场动态的响应和业务韧性。

（3）制作从短期到长期的职业发展机会视图。当员工看到组织内部的发展机会，就可以把自身的职业发展期望跟组织的业务需求连接起来。

（4）促进成长型思维和文化的形成，为员工赋能。

（5）员工和业务团队在内部市场中的交流和碰撞，能帮助双方验证对实际供需情况的认知。基于此，团队可以优化岗位设计和人才部署策略。

（6）员工有纵横不同的发展方向，有助于构建更加包容的文化氛围，有益于在团队之间产生共情，加强相互理解、信任，减少合作中的摩擦和对立，激发新的合作机会。

（7）员工的流动还伴随着业务中隐性知识的跨部门流动。

Thoughtworks一直鼓励员工去不同国家、不同城市、不同业务团队轮岗。从效果来看，轮岗不仅大大增强了参与者的文化归属感，而且把好的经验带到新的团队，增进各团队的文化共识。Thoughtworks内部的轮岗机制叫"乘风计划"。这个计划的目的是促进人才健康流动和发展，焕发个人活力，激发组织活力。"乘风计划"有以下规则，以确保个人和团队能够有安全感地参与流转。

- 满足流动条件的报名者享有保密权，无须审批即可参加。同时人才需求方有责任保障报名者信息对外保密。
- 面试及录取不可涉及薪资沟通，各业务单元不可用薪资作为吸引人才的条件。内转成功者，内转时不予以调薪，按照年底绩效评价规则统一调整。
- 根据业务模式定义流程各环节的周期，比如从报名到通知结果不超过 x 个周，内部交接期一般不超过 y 个月。合理的时间期望可以提高人员流转的成功率。
- 每个业务单元的一次性流出有一个相对其人员规模的比例上限，确保流动不至于伤害业务的正常运行。

"乘风"流程案例

启动期：人才需求方提供包括业务概况、职位需求和面试流程介绍。

"乘风"委员会进行职位需求评估。评估通过后，所有内招信息统一由"乘风"平台发布。

实施期：报名前，有报名意愿的人员应充分评估所在项目和业务风险，了解目标单元的业务发展是否符合自身发展目标和诉求。从报名规则中了解相应流程和约束后，满足流动条件者可通过"乘风"平台申请目标职位。"乘风"委员会评估报名信息后，将信息传递给各人才需求方。人才需求方完成对员工的筛选、面试，对员工信息严格保密。在面试结束后，人才需求方将面试通过者信息告知"乘风"委员会。"乘风"委员会与面试通过者所在业务单元沟通，达成一致。"乘风"平台正式告知个人面试结果，并启动流转。内部录取信息通过"乘风"平台发布，业务单元不可单独发布录取信息。

交接期：若报名者申请并面试成功了多个职位，可根据发展意愿自由选择。人才接收方与原所属方协商最终上岗时间。内部交接期最好不超过3个月。出现特殊情况，交接期可适当延长。转岗者须在约定的周期内做好工作交接，根据计划时间进入新岗。人才原所属方若未按协商一致的时间完成工作交接，员工及人才需求方可向"乘风"委员会请求帮助，委员会将介入调解。

人员的动态灵活配置，不仅仅是为了满足日常项目的需要，更是在一定程度上解除视野局限对个人发展造成的障碍，以及人员僵化导致的组织发展障碍，从而促成组织的进化。人员配置不仅仅是资源经理的事，领导者要结合企业的经营模式，评估企业的头衔、职级、薪酬、职业发展等机制与人员配置之间的关系。这些企业级治理机制催生出种种力量，每时每刻都在推动或是阻碍人员流动的策略性目标的实现。

让奶与蜜流淌

知识管理

彼得·德鲁克在《知识社会》里说道："事实上，知识是今天唯一有意义的资源。传统的生产要素，如土地（自然资源）、劳动力与资本，虽然至今仍未消失，但已经处于次要地位。"知识密集型组织的本质，是通过知识的学习、运用、创造活动为服务对象交付高度定制化的产品和服务。组织是一个平台，平台上的人和团队之间，平台和服务对象之间，积极地交换着知识，构成了一个不断演变的动态创新系统。

这个创新系统形成网络化的外部效应，强化了服务商及其客户，甚至两者之外的社区和行业的知识创造活动。服务的消费者和提供者之间的边界不像产品交换的场景那么明晰，离开任何一方都无法产生有意义的收益，互惠互利是合作的主题。

隐性知识转化

迈克尔·波兰尼（Michael Polanyi）认为，知识分为显性知识和隐性知识。显性知识又被称为文本化知识，可以用规范化的语言文字传播，也可以由图像、视频等载体呈现，具备条理化的特性，易于在人与人之间传递、复制。

隐性知识则相反，隐藏在人们的经验和意识之中。首先是不可言说，人们知道的总比能表达的多。隐性知识难以精确描述，当人们做出判断或采取行动时才能体现。由于深深嵌入特定的文化和情境，描述隐性知识需要伴随大量情境信息才有意义，而传播的时候几乎注定会失真变形。其次是隐性知识还具有无意识的特征。人们常会无意中忽略这类知识的存在，也不会刻意花时间去澄清和运用这样的知识。

随着互联网这个知识库的愈加强大，组织已经难以依靠对显性知识的独占形成长期的优势。英国格拉斯哥卡里多尼亚大学（Glasgow Caledonian

University）的两位学者调研了英国 580 个建筑行业组织中的经理人[⊖]。结果显示，当组织主动采取策略，针对人的动机、态度和行为来提高知识的利用效率时，这样的策略会带来 5 个显著的收益。

- 更强的竞争力；
- 更好的客户服务；
- 减少项目问题无法解决导致的冲突升级；
- 更准确的项目成本预测；
- 更高的工艺水平。

现代组织的竞争力很大程度上取决于生产和流转隐性知识的速度。知识螺旋（Spiral of Knowledge）是一种分析知识创造机制的理论模型，由野中郁次郎和竹内弘高两位学者创建，最早用于探索和总结日本公司的成功经验。如图 13-1 所示，这个模型把隐性知识和显性知识的流动和转化分成四个环节：社会化（Socialization）、外显化（Externalization）、组合化（Combination）、内隐化（Internalization）。

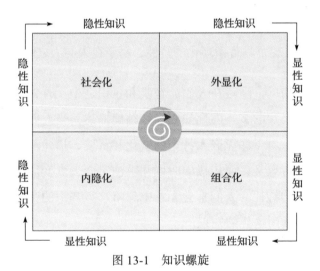

图 13-1　知识螺旋

　⊖　OLOMOLAIYE A, EGBU C. Proceedings of the 2nd scottish conference for postgraduate Researchers of the built and natural environment（PROBE）[C]．2005.

社会化

社会化是隐性知识向隐性知识的转化，经常发生在下面几个场景之中。

社区活动。非正式的社交互动中，人们交换知识不会经过多么严谨的验证，但会传递更多的情境信息和经验性信息。我们看到优秀的知识型组织多有培养社区的传统。这是一种组织文化的体现，也是一种有效的专家网络，是交换和放大隐性知识的途径。不少科技公司中活跃着测试、数据、架构、辅导技能、体验设计等各种专业社区，有着共同兴趣的人会分享项目经历中的故事和教训，传递和碰撞想法。社区的参与范围有时限制在组织内部，有时则开放为外部公众社区。组织形式多种多样，可能是相对正式的研讨会，也可能是办公室里随时出现的分享活动；可能是社交媒体群组中的异步讨论，也可能是在线会议的实时热烈互动。

个人示范。Linux 的创始人林纳斯·托瓦兹（Linus Torvalds）在 2000 年 8 月 25 日给 linux-kernel 邮件组的一封邮件里有一句著名的声明："Talk is cheap, show me the code."（废话少说，放"码"过来）。这是直接展现工作产物，让其他人观察、领会隐含其中的知识和技巧。试图抽象总结这些知识的努力常常会流于表面或浮夸片面，还不如深入研究具体作品。另一种知识传递是通过示范，观察一个人完成真实任务时所展现的行为，从中汲取相应的技巧、方法和工作习惯。

叙述故事和经验教训。自古以来，甚至早在发明文字之前，传奇、故事就是传递知识的一个重要载体。很多公司都有着自己的传奇，这些传奇承载着组织的习惯、价值观和智慧，甚至定义着公司的身份和文化。当我们讲述什么是正确的事情，什么是正确的做事方法时，一个情境生动的故事要比几条干巴巴的规则更能让人感同身受。"验尸"和复盘的实践也是类似的道理。不少组织用这种方式来帮助人们从过去的教训中学习，毕竟一个有冲击力的鲜活故事，要比生硬的教条更能让人印象深刻。

因此，组织应主动增强隐性知识的转化，用结构化或非结构化的访谈，提取员工自身的经历，发掘其中的洞见。除了文字记录外，视频则更能够让人看到蕴含丰沛信息的表情和肢体语言，以达到更好的传播效果。然后，把这些故事和素材放入知识库中，让其更易于访问和传播。

导师。导师辅导其实经常和前三种场景同时出现。无私分享亲身经历，贴身辅导"传帮带"，一直是专业服务公司传承的主要方式。一对一的交流和反馈是最常用的教练手段。

运用导师制度的样板要数 MBB 这样的管理咨询公司。以麦肯锡为例，每位员工都有几位导师。一类是团队领导，负责半年一次的评审，对各种关于成长和发展的话题提出建议。这样的导师通常与辅导对象同属一个办公室。另一类是专业发展负责人，通过项目安排支持员工满足能力和职业发展的需求。此外，员工一路上还会遇到其他答疑解惑的教练，运用个人影响力帮忙寻求发展机会的领路人。这种"培养他人"的行为模式对这些领先的管理咨询公司来说是一种核心文化，长时间浸润着一代又一代的员工。这也是为什么这些公司招聘管理人员时，要么是要求求职者有文化传统相近的管理咨询公司的经验，要么是要求求职者在入职之后用一段比较短的时间从初级顾问向上做一遍，以确保承担管理责任的人都了解从业之初的成长历程，知道被人手把手带和手把手带人是怎么回事。

在 Thoughtworks，大家都喜欢在解决实际问题中密切协作，以取长补短、互相学习。我们经常会听到："来，我们 pair（结对工作）一下。"员工刚入职的时候，会由公司帮忙指定一位名为"Buddy"的伙伴。这位伙伴一般是在同一个项目上经验丰富的同事，他的作用是帮助新同事熟悉公司环境和项目内容，辅导公司常用的工程和管理实践，加速新同事的融入。当员工对公司和同事有了更多了解之后，可以自己选择一位导师，在相当长一段时间里，从导师那里得到关于工作、职业发展和其他任何问题上的帮助。由于导师在公司待得比较久，认识的人多，如果问题超出自己擅长的范围，可以帮忙找到其他能够提供帮助的人。另一种导师关系存在于员工参与的项目合作或能力发展计划中。比如在专项培训中，员工会得到有着相应专长的导师提供的指导。在这样的阶段性合作中建立起的社交联结，一般会在接下来的职业生涯中长期延续下去。

实战演练。2013年4月的哈佛商业评论有一篇文章《让你自己成为一名专家》（*Make Yourself an Expert*），提到一个叫 OPPTY 的辅导方法。这个方法分为观察、实践、合作解决问题、责任担当四个阶段（**O**bservation, **P**ractice, **P**artnering and Joint Problem Solving, **T**aking Responsibilit**y**），把刻意练习的过程看作一段被引导的体验。在观察阶段，学员追随一位专家，观察和分析其做法；在实践阶段，学员复制专家的行为或任务，并及时得到诚恳的反馈；在合作解决问题阶段，专家和学员一起工作，解决困难；在责任担当阶段，学员担任专家的角色，反思得到的经验，并内隐化学到的知识。这个过程描述了一个典型的实战演练的周期。

轮岗是另一种实战演练的方式。体验不同的挑战，身临其境地汲取新场景下的隐性知识，同时把自己习得的隐性知识带到新的团队。不少企业都鼓励员工尝试不同的角色，摆脱原来专业和岗位背景的束缚。企业为此会提供匹配的安全机制，来帮助员工在不同业务线和部门之间"跳槽"，在多种类型的业务、专业和职业发展路径上获得历练。

再创造。运用已得的知识，用试错的方式向着目标进一步探索。导师的辅导可能会对再创造的过程有所助益，但导师其实也并不知道达成目标的方法，只能根据经验提供不同的视角，打开一些思路或是帮助员工少走些弯路。员工会在探索的过程中获得新的隐性知识。

上述社会化场景的核心是共享经验，通过更加充分地呈现情境信息，达成交换知识的效果。日渐流行的敏捷软件开发方法当中，很多设计都是为了增强团队内部的社交活动达成隐性知识的传递。"个体和互动高于流程和工具"，敏捷实践相较于其他方法格外注重这种转化。话说敏捷与知识螺旋理论还颇有渊源，Scrum 的创始人之一杰夫·萨瑟兰（Jeff Sutherland）曾经声称，Scrum 方法直接仿效自野中郁次郎和竹内弘高这两位学者在 1986 年发表的《新新产品开发游戏》(*The New New Product Development Game*)。⊖这或许是很多人会说敏捷方法其实是一种社会化活动的原因。

▎外显化

外显化是隐性知识向显性知识的转化。人们通过故事、隐喻、假设、模型，将经验和技巧转化成易于领会的概念。呈现形式可以是便于在更大范围传播的描述性文字；是展现形象动作的视频，生成逼真情境的 VR（虚拟现实，Virtual Reality）；是厘清知识拥有者的思维脉络，重现思考过程的思维导图。

咨询公司是隐性知识外显化的行家，擅长把复杂的事情说简单，从繁复的情境中抽象出理论框架。这要求人们注意到不同场景之间的相似性，用隐喻和对比的方式，借助简单熟悉的场景理解复杂陌生的场景，进而识别核心问题，并运用框架分析一个复杂问题的不同方面，最后的目标是以富有想象力的思路找到启发性的解决方案。完成这种转化要用到很强的概念性思维能力。前面"红皇后假说"一章里 Thoughtworks 的案例就是咨询公司的隐性知识外显化过程。早期的实践者把企业数字化转型的目标、问题领域、专业能力概念化，抽象出了一个数字化流畅度模型（Digital Fluency Model，DFM）。不过，人们在外显知识的过程中会遇到一些常见的误区：

⊖ SUTHERLAND J. Takeuchi and Nonaka: the roots of scrum［EB/OL］.（2011-10-22）［2021-12-31］. https://www.scruminc.com/takeuchi-and-nonaka-roots-of-scrum/.

- 过高估计知识能够被外显化、文档化的程度。
- 片面地理解知识的生产过程，过度重视其中的梳理整合活动，忽视探索发现活动。
- 过于依赖供给驱动，错误假设了获得的海量数据自然就可用于创新方案开发，而忽略了要解决的问题本身。

组合化

组合化是显性知识向显性知识的转化，组合现有知识元素，创造新的知识。这往往体现为知识体系化和标准化所做的努力。很多初创或刚刚开始快速成长的企业，对知识体系化不是特别重视，总是觉得知识更新很快，没有必要浪费时间对这些很快过时的知识做体系化的工作。但实际上，组合化的一个目的是为复杂问题构建解决方案的完整图景，组合化是知识传承和传播的重要手段。基于前面提到的数字化流畅度模型，Thoughtworks建立了一个分门别类的体系，让各有所长的人可以参与到业务中，共同来完成一个宏大的议题。

为了不至于把组合化的努力空掷于堆砌那些注定束之高阁的文档，我们要做的是选择，同时做好加法和减法，不要把体系当教条，要持续演进和更新。为了高效组合知识，企业需要配备信息网络，有效覆盖企业商业活动的热点和信息集散点，也就是关键信息发布、汇集的地方。

内隐化

内隐化是显性知识向隐性知识的转化，指的是将外部知识，比如书本知识，消化吸收进个人的知识储备，以此来支撑个人对情境做出判断和采取行动。我们得到了前人整理出来的体系化知识，记住了一些方式方法，只是相当于把文档复制到了自己的"硬盘"，并不意味着真正掌握了这些知识。面对真实问题，打算照猫画虎的时候，还是会掉进坑里。当我们要学习新的技术，看两本书，做几个简单的模型，并不能算是完成了知识的内隐化，只有经过充分实战才能算数。经过内隐化的知识好似一个看不见的原料库，用于未来创造新的隐性知识。

企业案例库的使用是展示知识螺旋如何运行的一个例子。企业案例库的使用有四个阶段——分享、存储、提炼和创新，可以被看作先社会化、外显化，再组合化，最后内隐化的过程。先是专家共同参与实际的项目，解决真实的问题，并在各种非正式的场合，以叙述场景、故事、经验教训的社会化过程演示知识，将知识传递给团队伙伴。然后有人收集、整理、分类和索引这些素材，外显化为组织的知识资产，以此促进知识的复用，减少重复造轮子的环节，加速组织不同角落类似问题的解决。在组合化阶段，知识工作者借助易于分享和检索知识的基础设施，汲取大量发生在各处的已有经验，将其重新组合为新的方法和体系。最后在创新阶段，知识工作者在运用中将知识内隐化并结合其他已有知识，创造出新的隐性知识。

在一个高效学习、创造和传播知识的环境里，隐性知识和显性知识在一个连续上升的螺旋里流动，为组织不断输出知识的力量。以 Thoughtworks 在现代企业架构领域的探索为例，2014 年，首席科学家马丁·福勒（Martin Fowler）和资深专家詹姆斯·刘易斯（James Lewis）整理出了微服务（Microservice）的定义和相关的实践。其实，微服务这一概念并非凭空出现。早在 2011 年5 月，一群实践者在威尼斯的一个架构工作坊上就讨论过类似的方法。[一]在那之前，世界各地已经有一些实践者，分别探索着相似的新架构风格。在后来的一段时间里，他们在技术社区里分享和验证各自的想法，这种讨论交流形成了社会化的知识创造。然后马丁·福勒等人用微服务这个概念抽象出

　　㊀　LEWIS J, FOWLER M. Microservices: A definition of this new architectural term ［ EB/ OL ］.（2014-03-25）［2021-12-31］. https://www.martinfowler.com/articles/microservices.html.

这类架构的风格，清晰定义其特点，并阐述了运用的基本思路和方法，这是外显化的知识创造。随后，Thoughtworks 的另一位员工山姆·纽曼（Sam Newman）在 2015 年出版了《微服务设计》一书，进一步系统化总结微服务的应用方法，这是组合化的过程。实践者阅读了类似的文章和图书之后，结合自己的经验和知识，将微服务架构运用于软件开发当中。在"做中学"的过程中，他们吸收、消化并升华了知识，形成了新的经验，掌握了自己独特的隐性知识，完成了内隐化的过程。

Thoughtworks 的一些同事在进入上述知识螺旋的内隐化阶段后，发现只靠微服务并不足以解决纷繁复杂的现实问题。客户经常遇到的是诸如面向场景的业务领域合理划分问题、跨场景的业务能力复用问题。要处理这些复杂的问题，需要更丰富的知识作为支撑。

这批咨询师凭借自己的经验和问题解决能力，开始在多个行业的企业架构项目上摸索这类问题的解决方法，涉及的客户有多品牌零售集团、领先的商业银行，还有电信运营商。在探索过程中，这些咨询师不仅积累了大量的实战经验，还通过他们相互之间，以及与客户专家之间的探讨（**社会化**），催生了日益丰富的方法和工具。刚好这个时候，阿里巴巴的中台概念开始流行。由于解决的问题有一定相似性，这些咨询师也就借着中台之名，总结提炼相关的知识和经验。其中有影响力的当属王健写的《白话中台战略》《当我们谈中台时我们在谈些什么？》等一系列的文章（**外显化**）。微服务结合领域驱动设计（Domain Driven Design，DDD）和其他方法的体系开始逐渐浮现。实操不再完全依赖少量咨询师的个人经验和技能。**组合化**的一个明确体现是 2021 年 4 月《Thoughtworks 现代企业架构白皮书》的发布。至此，更多的实践者可以有章可循地运用这些知识，设计和实施自己的企业架构项目，并在这个过程中内隐化并形成自己的洞见。

Thoughtworks 在上述过程里经历了两个知识螺旋，参与者不断地建立新的心智模式，夯实知识基础，并推动新一轮知识创造螺旋的运行。知识工作者与客户、社区和行业一起，拓展知识创造的边界。

知识流转不仅仅发生在企业内部。正如前面所描述的，与客户、生态伙伴等合作方的共创活动，对于组合化、内隐化和接收外部知识起着关键作用。英国雷丁大学的学者阿肖克（Ashok）、纳鲁拉（Narula）和西班牙奥维多大学的学者马丁内斯－诺亚（Martinez-Noya）的一项研究中，收集了166家信息科技企业的调研数据和13名企业高级管理人员的访谈数据。这些企业的一个特点是经常与客户和其他合作方组建联合多功能团队，研究者希望分析出这些研究对象从外部协作中产生创新的规律。

研究者发现，企业与其现有长期合作伙伴的协作，有利于改善渐进式创新的成效，但如果要追求突破式创新，就必须把寻求新知识的努力拓展到当前雷达扫描范围之外，接触新的合作对象。就像访谈中的一位高管说的："新的合作伙伴带来新的视角。这些视角不会被现有（产品）的特性和功能设定的偏见和约束所左右。能力、流程、结构等方面的新观点能引起根本的革新和对现有做法的全面工程再造。新的流程架构与现状完全不同，却有潜力达到更高的能力水平和成熟度水平。"

此外还有一个发现，从陌生的来源萃取新颖的知识来达到创新的目的，往往要求以更高的投入来动员组织内部的力量，运作更大规模的知识管理投资来加深潜在合作方的参与程度。对外，对标竞争对手、市场领导者、创新先行者；对内，加大对技术革新、培训和分享的支持力度，增强知识在组织之间和组织内部流转的驱动力，扩大组织吸收知识的容量，从而把外部知识转化为与企业业务密切关联的竞争力。⊖

⊖ ASHOK M, NARULA R, MARTINEZ-NOYA A. How do collaboration and investments in knowledge management affect process innovation in services? ［J］. Journal of Knowledge Management, 2016, 20 (5): 1004-1024.

组织机制的三个考量

虽然业界存在着促进知识流动和转化的四个环节的各种实践，但是要让这些实践活动顺利进行，让知识的螺旋持续运转，组织必须建设连接时间和空间的知识创造场所。为此，我们要考量三个维度的组织驱动力：组织文化的考量、组织结构的考量、激励机制的考量。

组织文化的考量

高层的关注会让分享和创造知识成为一种值得鼓励和尊敬的行为。分享和创造应普遍发生在组织的不同层面和角色，特别是高层要以身作则，直接参与营造一个鼓励分享的环境。

如果人与人之间的竞争大于合作，私有知识成为某种权利和优越感的来源，分享和传播知识的氛围就成为一种奢望。Thoughtworks 把发展培养和帮助他人成功作为核心文化的一部分，纳入胜任力的考核要求。团队协作、全局优先的文化也能增进团队内部和跨团队的交流，虽然最初的目的是促进共同目标的达成，但事实上推动了隐性知识的传播和转化。

传播隐性知识最大的障碍是信任问题。分享知识是一个有风险的行为，人们会担心会不会被人挑战或瞧不起，会不会被领导责怪不务正业。人们如果不确定分享会导致什么后果，就会倾向于保留他们的所知。对他人的信任则可以打破知识分享的壁垒，对知识内容的信任能加速新知识的运用，从而进一步增强对他人的信任，形成正向的反馈。

距离会导致信任降低。人与业务的距离、人与人的距离，都可能成为问题。规模化组织的业务和人员分布广泛，维持信任尤为困难。一种距离是价值链上的距离。只有很少一部分人直接面对客户，而大多数人在后方基于接收的前端传来的信息完成任务，也就是价值链前后端的距离越大，建立信任的难度也就越大。另一种距离是缺乏牢固的情感纽带，原因往往是团队伙伴的频繁更替。我们倾向于根据项目时间和技能的需求灵活调度人员，这就造成合作的同事没隔多久就换了一茬又一茬，要重新磨合，重建信任。

▌组织结构的考量

组织结构也是一种信息结构。团队分工带来诸多好处的同时，必然造成知识传递的壁垒。传统金字塔式的层级汇报结构更加鼓励知识纵向流转，某种程度上阻隔了知识的横向流动，因此削弱了正式组织结构之外的信息流动。而隐性知识的传播和转化不易事先定义，常常发生在正式的信息通道之外。

隐性知识不总是按照正式组织结构和流程的定义进行流转。知识密集型组织会在合适的地方有意识地设计补偿机制，其中一种是在结构上故意安排传递信息、业务活动，管理责任存在一定程度的重叠。这看上去可能会有些浪费，甚至会引起内部的张力，但这样的重叠会引发更加频繁的对话，在更广泛的群体里形成共有的认知基础，进而推动隐性知识的转化和显性知识的流转。

一些把知识作为关键资产的组织会采用一种专门设计的组织形式——实践社区（Community of Practice，CoP）。CoP聚集了一群对特定领域有着共同兴趣的人，他们一起组织活动和讨论，以互相学习，合作解决问题，共同创新，甚至就该领域的最佳实践制定标准和实施指南。这些活动不是一次性的，组织的延续性让参与者之间形成了一定的社会关系，就像纽约苏荷区、北京798艺术区这样的艺术家部落，医生和律师的专业协会组织，工程师的技术社区等。

人类学家莱夫（Lave）和温格尔（Wenger）最早用CoP来研究学徒制的

学习模型。[一]这两位学者发现，学徒关系并不仅仅是学生与师傅之间的关系，而是一种更复杂的社会关系。在这种社会关系中，学习活动发生在参与者的共同旅程之中，而学习的内容存在于丰富的情境之中。与侧重搭建知识管理信息系统的做法相比，CoP更关注人与人之间发生的互动，以及互动促成的正式或非正式的社会关系。这种社会关系让实践者为知识管理承担起集体责任。

CoP有不同的组织模式，没有绝对的标准。可能是由于名字中"社区"一词的缘故，人们常会顾名思义，产生先入为主的误解。很多人认为社区一定是源于草根、自下而上的，但社区多是要有人带领，通过建立正式机制来协调各方，推动策略性议程的。有的社区组织者总是预设一群志同道合的人在一起一定会和谐友好，但事实上任何组织内部都不可避免地存在分歧，社区的成员要有应对冲突的心理准备。最后，实践社区不是多面手，不可能解决社会化学习的所有问题，我们应该同时运用三种考量中的不同措施，在组织的学习空间中形成多样互补的机制。

不管是层级结构清晰的组织，还是部落般扁平、去中心化的组织，协作流程构成了知识流转的明线，而个体之间、团队之间还存在着错综复杂的暗线，知识如地下河一般滋润着组织。

▎激励机制的考量

因为很难有效量化一个知识分享活动的价值，在强KPI导向的组织里，这些难以量化的价值就被轻易遗忘，或仅仅存在于口号之中。知识密集型组织会对类似下面的知识贡献活动建立明确的认可机制。

○ WENGER-TRAYNER E, WENGER-TRAYNER B. Introduction to communities of practice ［EB/OL］.［2021-12-31］. https://wenger-trayner.com/introduction-to-communities-of-practice/.

- 发布白皮书、有洞见的文章。
- 在外部行业和社区活动中做有影响力的分享。
- 参与和领导 COP 的知识分享和创造活动。
- 为知识库增添案例等有价值的内容。
- 承担导师、培训师等发展他人的角色。

一种激励方式是把有效展现上述行为所需的能力纳入组织的胜任力体系，作为职级评价的一个部分。当然，另一种更直接的激励方式是将行为纳入绩效评估体系。

要注意的是，财务激励一向都是一把双刃剑，固然可以引导组织期望的行为，但也会触发员工的博弈行为，比如为了凑数的低质量贡献。更糟的是，人们经过理性的计算宁愿放弃这部分激励。一旦这样功利的氛围开始蔓延，就会摧毁前面提到的文化机制和社区等非正式组织。因此，从激励的角度，更重要的是明确组织对员工行为的期望，鼓励分享和贡献知识，构建组织中的心理契约。

最后，这样一套推动知识学习、创造和传播的体系，其成功运转的基础是识别和实现赋能型的组织环境。赋能型的环境意味着成长的空间，既是心理上（意识和意愿）的空间，又是物理上（资源和机会）的空间。

赋能的目的是促进学习，提供学习和分享知识的条件，强化个人和群体的学习行为。赋能的目的更是激发探索，不仅是复制经过验证的想法，更是以适当的冒险来探寻更多的选项。人们不应该因缺乏成效的探索而裹足不前，因为探索的结果本就是成功与失败并存。正如柏拉图的山洞寓言所说，我们见到的、感知到的世界，不过是客观世界间接投射出的影像。想要走近真实，我们要抱着理智谦逊的学习态度，拥有厘清偏见妄想的思考意志和勇敢无畏的好奇心。赋能型的环境就像滋养大地的河流，既不能任其泛滥，也不能使其堵塞。

凭什么"能"

胜任力模型

说起胜任力最早的雏形，不得不提到 1400 多年前的隋炀帝，他做了一个开创性的实践：科举取士。虽然传说中的隋炀帝劣迹斑斑，不过他确实开启了以更具开放性（自由报考）、更统一的考核标准（考试成绩）为特征的科举制，取代了汉代以来先后采用的靠地方官员决定的察举制和九品中正制。这个做法客观上削弱了门阀世家对社会阶层晋升通道的把控，让平民有了进入社会精英阶层的一线希望。

胜任力（Competency）一词源自拉丁文 Competere，意为"合适（Suitable）"。现代胜任力的研究始于心理学领域。曾用拉丁文写过剧本，多才多艺的哈佛心理学家戴维·麦克利兰（David McClelland），致力于人类需求和成就动机等复杂领域的研究，以及这些心理学因素在社会氛围、经济发展、领导力和绩效等领域的影响和应用。他在其 1973 年的论文里提出，以往的那些智商、个性和学识相关的测试，无法准确预测人们在工作或生活中是否能够取得成功，而包含了专业（知识和技能的运用）、社交（社交行为的有效性、对变化的适应性），以及个人（自我评价和个人特质）维度的胜任力才是更可靠的检验和预测手段。[⊖]

后来，一个更流行的冰山模型让更多人理解了这个理念，如图 14-1 所示。能够通过培训快速获得的知识和技能通常在水面之上，而激发行动的动机、对一定状况的反应模式，以及个人的态度、价值观和自我认知，则在水面之下。水面之下的这些特质对个人成就有着更具决定性的影响。

麦克利兰认为，如果企业将竞争力建立在不可言说的个人特质上，指望这些个人特质自然浮现，仰仗领导者对这些特质的主观评价，那么这样的做法会埋下巨大的隐患。他推荐的做法是，观察和总结高绩效员工的日常行为，系统性地评估、选择、强化这些行为中展现出的能力，并构建体系来促

⊖ MCCLELLAND D C. Testing for competence rather than for intelligence［J］. American Psychologist, 1973 (28): 1-14.

进组织普遍地、规律性地培养这些能力。

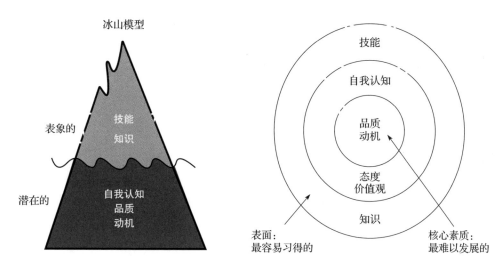

图 14-1　冰山模型

　　麦克利兰后来写了数本关于动机和胜任力的重要著作，并成立了一家叫 McBer 的咨询公司。McBer 现在是合益集团（Hay Group）的一部分，专注于帮助全世界的企业家和管理者评估员工和团队。他的发现还衍生出了一种至今仍有着广泛影响力的胜任力模型的建模方法——行为事件访谈法（Behavior Event Interviewing，BEI）。

　　胜任力模型描绘了绩效优异者的一组行为。这些行为展现了知识、技能和态度相结合的效果。更重要的是，这些行为是可观察的。在一个业务多元、部门众多的组织里，胜任力模型不仅是人才管理活动的共同语言，还是一座桥梁，它把价值观带入日常工作，把战略目标与员工的日常行为和能力发展联系起来。同时，员工胜任力和个人发展计划的有关信息构成了组织级能力视图的数据基础。对于身处其中的员工，胜任力模型明晰了组织对个人的期望，是识别个人发展空间的工具，可以用于加强员工与组织之间的对话。业务负责人则把胜任力模型用于识别员工潜力，以便实现团队效能的最大化。胜任力模型很快吸引了众多组织的注意，成为人力资源工具箱里一个广泛使用的工具。

美国航空航天局（NASA）一向以完成高度复杂的系统工程著称。为了支持技术员工的发展，NASA 建立了一个项目和系统工程领导力学院（Academy of Program/Project & Engineering Leadership，APPEL）。APPEL 有一套项目经理和系统工程师的胜任力模型。该模型描述了项目经理和系统工程师各自独特的胜任力，以及这两个岗位的公共胜任力。其中项目经理有 18 项；系统工程师有 17 项，分布在系统设计、产品实现、技术管理三个领域；公共胜任力有 14 项，分布在 NASA 内外部环境、人力资本管理、安全和任务保障、专业和领导力发展、知识管理这五个领域。⊖

每项胜任力被分为四个级别。以系统工程师为例，这四个级别由低到高分别是技术工程师 / 项目团队成员、子系统负责人、项目系统工程师、组织级 / 项目群系统工程师。不同的级别拥有不同的影响力。其中最高级别组织级项目群系统工程师承担着组织级的责任，不仅需要照看项目群中多个系统的工程活动，还要有效管理组织内外部的对接。他们必须展现出规划和实现规划的能力，还有组织和项目群级别的技术领导力。

NASA 的胜任力设置的特点是突出各项能力与 NASA 工作情境的关联，这在其胜任力的定义和培训课程中都有具体的体现。其中一个体现是与业务和环境密切关联的政策和最佳实践。对于三级人员，不仅要能按照 NASA 的原则和方法指导日常工作，还要为评估和演进这些实践做出贡献。到了最高的四级，则要能够在组织层面领导这些方法和实践的研究、开发、评估活动。情境关联的另一个体现是经验教训的总结和沉淀。在复杂动态环境里执行任务常会面临两难的困境。处理困境的行动中产生的隐性知识

⊖ BERGER M. Competency model［EB/OL］.［2021-12-31］. https://appel.nasa.gov/career-development/competency-model/.

很难体系化为显性知识。NASA 的首席知识官办公室（Office of the Chief Knowledge Officer，OCKO）负责捕获这些实战中的复杂情境，识别出其中的关键决策点，并形成案例库。学习者可以从中收获事件参与者的体验和观点。

不管选择哪个职业发展路径，公共胜任力都可以帮助人员建立起跨职能的共同语言，并且针对组织最重视的方面设定明确的期望。比如在 NASA 的业务中，安全、领导力、知识管理是被格外看重的。

此外，NASA 的胜任力模型也体现了 NASA 作为一个知识密集型组织的特点。知识管理是公共胜任力五大领域之一，全面描述了捕获和发展知识的做法。此外，NASA 还要求员工积极参加外部的专业社群和协会。对于高级别的员工，NASA 更是要求他们在社群中承担领导责任，负责指导专业标准、流程和规则的制定，贡献知识，领导最新的专业研究，同时还对发展和建立国际合作提出要求。这些外部联系是促进知识流动和转化的重要引擎之一。

模型陷阱

就像有无数声音抨击科举制度限制创新、阻碍进步，当前企业管理工具箱里最让一线员工嗤之以鼻的，除了 OKR，可能就是胜任力了。许多号称体系完善的企业有着自己的胜任力模型。不过，这些企业的领导者大都自己不使用，甚至都不太熟悉这些模型，于是工具成了摆设和 HR 的玩具。究其缘由，很可能是工具的应用掉入了以下三种陷阱。

通用性陷阱

既然胜任力跟日常工作息息相关，员工希望有一种能与他们产生共鸣的模型。太多的模型是外部顾问或企业 HR 的 COE 根据通用能力库创建。通用能力库使用通用语言，尽管这让其适用于更多的企业和行业场景，但也容易使其错失企业文化和具体工作场景的独特性，忽略了本企业与其他企业的微妙差别，以至于难以最终融入员工日常交谈的语言体系。一线负责人和员工将这种模型视为官僚主义的产物，与他们的世界无关。

▌ 相关性陷阱

场景通用和场景相关似乎是一个两难的困境。与具体角色和工作内容绑定，有利于胜任力被有效运用在组织特定的策略、结构和做事方式的情境里，但是也引发了一个潜在的后果：一旦部门重组或业务稍微调整，就需要重新制定针对新角色、新职责的胜任力。这可能会是一个烦琐且代价高昂的过程。一套模型，从团队认可并熟练运用，取得人才发展和塑造组织能力的成效，直到看到可衡量的商业回报，这个过程可能需要两年，甚至更长的时间。频繁的调整会大大削弱胜任力体系的整体回报，使其成为吃力不讨好的面子工程。

同时，现代组织的动态本质不会让一个人长期扮演同一个角色。当前岗位的工作内容，无法体现未来或更高级别岗位所期望的行为。如果胜任力模型细化到岗位，那么其描述的行为及其相关能力不可转移，也就无法对员工进入新的领域提供太多的帮助。正如彼得·德鲁克所说，"动荡时代最大的危险不是动荡本身，而是仍然用过去的逻辑做事"。[⊖]

▌ 全面性陷阱

最后，那些被束之高阁的模型还有一个常见的共同点——全面而精致，

⊖ 彼得·德鲁克. 动荡时代的管理［M］. 姜文波，译. 北京：机械工业出版社，2006.

而实际使用者给出的评价却是"复杂和理论化"。这些模型总是包含多达数十条胜任力，数量激增的一个主要原因是引入了过多的能力维度，例如，组织级别、职能级别、专业级别等。维度的多样性体现了使用场景的多样性。职级晋升、专业发展、人员在客户和其他外部干系人面前的定位，甚至是角色头衔的任命有时也会被纳入考虑范围。当每个维度分为多个级别，而每个级别又包含 5 ～ 10 个能力项时，整个体系很快就膨胀到了一个不可用的量级。事实上，不管是提出期望的领导者，还是用于个人发展的员工，都会发现大型模型难以理解和运用。工作和生活已经太难，更复杂的事物只会招致更多的抗拒。

模型的价值取决于可以在多大程度上解释未来的工作期望。根据这个思路，模型的覆盖应该全面而彻底，以便解释员工行为的种种差异，并对其表现做出中肯评价、合理预测。尽管有能力预测更大范围的模型确实很有价值，但是实际效果是边际收益递减的。在模型中添加新的能力项，并不总能提高其预测未来的能力。

胜任力建模有三个常见的出发点：行为研究、业务战略、组织文化。行为研究是通过调研和访谈，识别高绩效者区别于普通绩效者的行为案例和模式。这个最常用的做法可能存在着相关性陷阱。研究的对象是过去的行为和成功，其结果不一定对未来具有足够的指导性。

基于业务战略的模型把战略方向放在设计的中心，因此是面向未来的，产生的模型和业务的相关性较强。然而，影响战略成功的重要行为到底是什么，答案都是基于各种假设，而非经过实际验证的案例，因此得出的结论常会遭到质疑。

以组织文化为始，可能会有效地鼓舞员工的积极性和热情。但是，把组织文化转化、落地为日常工作行为是巨大的挑战。做得不好，很可能会止步于领导的自娱自乐，成为员工心中的海市蜃楼。

更好的做法是这三者的结合，在不同层面上有所侧重，构成一个完整的模型体系。为了避开通用性和相关性陷阱，我们把胜任力分为三类：

- 与组织文化、核心竞争力和业务模式情境相关的，我们称其为核心胜任力；
- 与业务场景相关的，我们称其为场景胜任力；
- 专业能力与完成具体工作任务的专业技能和工具强相关。

前两类跟具体岗位不直接相关，能力项的效果可以在多个领域之间转移，只是在不同工作场景中会看到能力项的不同组合。这些能力常被视为不可言说的"特质"或"潜力"，我们称其为个人成效的"放大器"，造成的差异是"勉强完成"和"干得漂亮"之间的区别。

全面性陷阱是胜任力体系流于形式，遭遇敷衍对待的最主要原因。所以，出于对可行性的考量，建议每一类胜任力最好能控制在 3～5 项。对于前两类之中的每个胜任力项，我们要定义一组关键行为指标（Key Behavioral Indicator，KBI），用以描述展现胜任力的行为。这些行为指标必须可观察、可验证。

▋核心胜任力

核心胜任力的定义应在整个组织层面上一致，体现组织文化，是全体成员共有的行为基线。每个组织的战略、文化、环境都是独一无二的，核心胜任力在某种程度上是一个组织的自画像，反映组织独特的实际情况。

一个成功的组织会有很多特征，一定要刻意避开通用性陷阱和全面性陷阱。定义核心胜任力的时候，必须识别出少数最独特、希望做到极致的行为，坚决放弃那些看上去成功组织都会有的特征。说白了就是要找到区别于其他组织的几个标签。Thoughtworks 中国区的 CTO 徐昊设计的模型里有四个体现组织价值观的 KBI。

勇敢自信：这一行为对应的是 Thoughtworks 的反馈文化。公开坦诚的反馈是帮助个人和组织持续改善、保持活力的基础。但是，现实中有众多因素会阻碍真实直接的反馈。维护一个其乐融融的环境是大多数人的诉求，人们会本能地回避反馈可能带来的冲突；维持指令链条，按照既有流程和实践行事，这是管理者责任的一部分，所以管理者容易对那些可能会引发变化的反馈心生防卫；甲乙方利益关系的压力也让组织怯于提出不同的意见。或许正因为有着种种障碍，做到坦诚交流的组织才能展现出独特的品质。桥水（Bridgewater）基金创始人瑞·达利欧（Ray Dalio）在《原则》一书里阐述："认识到冲突对建立良好的人际关系至关重要，因为人们正是用冲突来检验各自的原则是否一致以及能否解决彼此的分歧。"Thoughtworks 希望每位员工以持续改进，把事情做好为目的，有理有据地向他人提出反馈，不管对象是自己的上级还是客户。

发展他人：这一行为对应的是 Thoughtworks 的培养型文化。帮助他人成功，一直是 Thoughtworks 的核心价值观。发展他人不仅仅是做培训，给出有帮助的书单，帮忙解决问题，也不是总给出模糊的负面意见，让对方担心多做多错，而是要给出基于实际行为的反馈，提供实战机会来帮助对方提升能力，并及时认可对方取得的进步，强化对方的努力方向。

技术专长：这里的技术专长不是指一项具体的技术，而是在专业领域持续地学习、创造和传播知识，持续追求卓越的行为。Thoughtworks 一直强调自己是有洞见的实践者，希望帮助客户实现宏大设想，因此要求员工知晓其专业领域的最新发展动态，理解各种技术和方法的优势和局限；不满足于仅是完成任务，而是主动寻求更好的替代方法来解决问题，并能有区别地以合适的方式表达，让不同经验背景的人员理解自己的思想。

客户成果交付：价值导向，坚持关注客户的价值成效，持续对齐个人成果与客户成功的目标。虽然没有哪家企业说自己不为客户着想，但客户导向不是简单听从客户指示。Thoughtworks 强调的是主动思考和探究客户的真实价值和问题。客户表达的往往只是手段，而未必是他最终想要的结果，因此客户需求有待进一步澄清和发掘。此外，客户当前的要求可能只是多个可选的思路之一，未必是达成最终价值实现的最佳路径，企业应该与客户一起打开思路，拿出更多的选项，从中分析如何选择。

不仅仅是在商业组织，其他类型的知识密集型组织也在用 KBI 作为领先指标来引导未来。以目光远大、重视人才而著称的美国公立研究型大学加州大学伯克利分校，其员工的核心胜任力有十个维度：包容、组织管理、问题解决和决策、战略规划和组织、沟通、质量改进、领导力、团队协作、服务聚焦、人员管理。每个维度包含了一组称作行为锚点的 KBI，每项行为都按 5～7 个级别水平来衡量。[○]以人员管理为例，其中有一项关键行为是招聘和发展人员，以最大化生产力、创新和团队协作。相应的五个级别分别期望的行为是：

- **不符合要求**：缺乏辅导员工达成有效改善的行为，指望员工自己知道应该怎么做。
- **需要改进**：偶尔提供辅导，但辅导通常是纠正错误或提供负面的反馈的行为。
- **达成期望**：提供辅导以改进绩效，鼓励员工跳出固有模式进行思考。
- **超出预期**：招聘和发展员工，帮助员工寻求扩展和提升能力的机会，

  ○　UC Berkeley. Core competencies and behavioral anchors ［EB/OL］. ［2021-12-31］. https://hr.berkeley.edu/sites/default/files/attachments/behavioral-anchors-matrix-core-competencies.pdf.

鼓励创造性的解决方案。

- **卓越**：招聘、辅导和发展员工，保障最高的生产力水平，积极营造富有创造性、创新性、支持性的工作环境。

加州大学有多个分校，这些分校有着关注点相似但具体条目不同的胜任力和 KBI 列表。其中相似的地方多是体现加州大学文化的地方。比如伯克利分校和默塞德分校的核心胜任力列表上，多元和包容都被列在第一位。

场景胜任力

场景为王，贴切的场景胜任力能够最大限度地提升员工认同感。我们知道，一个人之所以能取得出色的成绩，不会是因为某一两个优势，而是因为其各种能力、行为、技能与一定场景相结合产生了共同效果。

根据业务模式的特点，提炼出个人在工作场景中的行为过程，并从中识别出参与各项活动时所预期的成效，以及参与者取得该成效所需的相应能力。我们把这个行为过程的抽象描述称作**元模型**。

元模型是对工作场景的抽象。元模型能够剥离与角色、实践、专业技能密切关联的行为，识别出跨问题域可转移的能力。抽象的程度是解决相关性困境的关键。识别能力项的时候，我们可以借助胜任力字典这样的工具。以 Workitect 的字典为例，有五大类胜任力：领导他人、沟通和影响、预防和解决问题、实现结果、自我管理。35 个能力项分布在这五大类别之中，并且每个能力项下面都有一系列的行为描述，列举了不同场景下的该项能力的展现模式。[一]我们可以从中选出对业务活动成效最关键的能力项和

（一）Workitect, Inc. Workitect's competency dictionary ［EB/OL］. ［2021-12-31］. https://www.workitect.com/PDF/competency-dictionary.pdf.

行为描述。

一旦识别出了新类型的员工画像，由此产生了与现有元模型差异较大的元模型，可能就意味着胜任力体系需要扩展。有些不同角色不同岗位的工作，虽然其职能不同，但如果抽象到一个合理的层面，工作场景类似，就可以共享元模型。这就极大程度上抑制住了胜任力体系的膨胀。

知识密集型组织的大多数专业人员会面临三种类型的期望：问题解决、关系构建、自我管理。Thoughtworks 一开始在设计元模型的时候识别了两个员工画像，一个是专家，另一个是资源整合者。与其他企业的职级体系相比较，看上去有点像很多企业都有的技术路线和管理路线，只是这两个画像与技术和管理岗位不直接匹配。在 Thoughtworks，既有整合型的技术负责人，也有走专家路线的管理者。在一个面向客户的业务里，不管是技术负责人还是管理者，都会面对前面提到的三类期望，只是工作场景各有侧重，其中的差异就催生了不同的元模型。

徐昊观察到资深专家型咨询师面对三个主要场景，于是提炼了相应的元模型。主技能不管是负责软件开发、业务分析、质量分析的专业人员，还是负责组织转型和赋能的咨询师，都可以用此元模型。

场景一：问题解决

解决客户问题是专业人员创造价值的基本途径。一名直接面向客户的咨询师解决问题的过程大致是这样的：

（1）通过与客户的沟通和评估，发现其真实的需求和价值。
（2）迅速识别出隐藏在复杂情境下的核心问题，运用分析框架厘清关键要素，并合理抽象总结问题本质，帮助自己和干系人清晰理解问题本质。

（3）根据自己对前沿技术和方法的了解，寻求多个可选方案。

（4）突破现有约束，帮助客户取得更好的问题解决效果。

这四个环节各有一个影响成败的能力项，如图 14-2 所示。

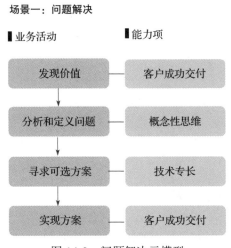

场景一：问题解决

图 14-2　问题解决元模型

场景二：形成共识

协作应建立在有效共识的基础之上，专业人员经常需要就方向和方法与相关各方和同事取得一致。形成共识的过程大致有几个类似的环节：

（1）勇敢表达自己的观点。

（2）运用专业领域的知识，识别和分析业界各种方法和实践在客户场景中的优势和局限。

（3）利用隐喻和框架，以合适的方式呈现自己的想法。

（4）以受众可以理解的语言、案例和情境，让受众理解并产生共情，从而赢得认可，形成共识。

这几个环节对应的能力项如图 14-3 所示。

场景二：形成共识

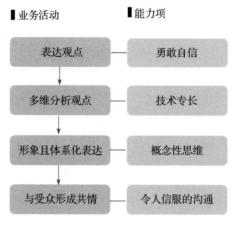

图 14-3 形成共识元模型

场景三：带领团队达成目标

资深的专业人员很少一个人埋头做事，更常见的是带领团队同客户一起创造价值，发挥超越个体能力简单相加的集体力量，完成宏大命题。带领团队有几个常见的环节。

（1）设定目标的时候展现出"我行"的态度。

（2）运用隐喻或框架，识别核心问题，并运用对专业领域的深刻认识，提出建设性和启发性的解决思路。

（3）用合适的语言和例子，说服团队认可解决思路。

（4）帮助团队在目标和方案上形成共识，不仅确保团队快速理解，而且获得团队投入和承诺。

（5）对存在改善空间的地方，坚定地向相关人员提出反馈。

（6）在执行的过程中，一直保持对最终结果的责任感，并总能展现出克服挑战的勇气。

（7）通过授权和给予机会，发展团队成员的能力。

这几个环节对应的能力项如图 14-4 所示。

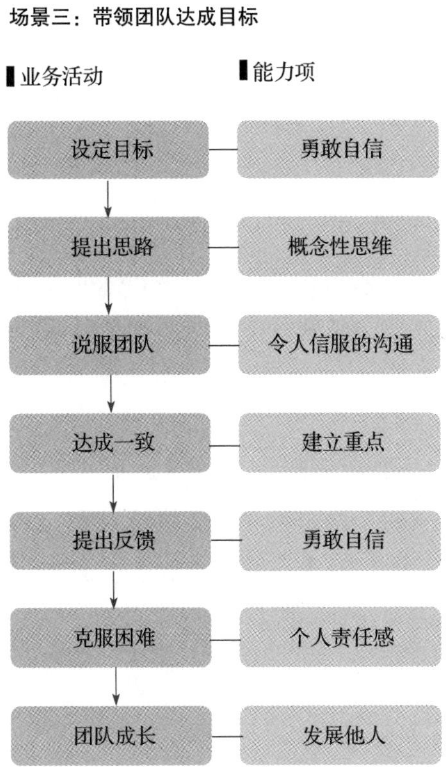

场景三：带领团队达成目标

▌业务活动　　　　▌能力项

业务活动	能力项
设定目标	勇敢自信
提出思路	概念性思维
说服团队	令人信服的沟通
达成一致	建立重点
提出反馈	勇敢自信
克服困难	个人责任感
团队成长	发展他人

图 14-4　带领团队达成目标元模型

场景胜任力可以在整个组织范围内统一设计，在业务分布广泛的组织中也可以由接近工作场景的团队自行设计，但是应该有一个组织层面的治理机制。只有确保实践和语言的一致性，才能够把模型的应用融入组织的运营机制，并降低团队之间理解的难度和协作的成本。

▌专业能力

规模化进程中企业不断会产生新的专业岗位。有的企业试图建设一套统一的体系，事无巨细地定义岗位、服务和能力，期望以一致的语言，帮助员工识别发展的机会，帮助组织跨团队、跨部门识别人、培养人。但是我们发现，岗位和相应技能随业务发展快速演进，很快会在不同业务场景和不同团队中形成各自的"土话"。而且一套体系可能还没完成设计和部署，就已经过时了。

去中心化的方式更能够响应变化，可以由贴近使用场景的专业人员组成社区，自行设计和维护所属领域的技能图谱和标准要求。在企业层面应该做的是定义、修改和更新用于承载技能体系的基础设施，建立治理机制确保体系正常运转。

如图 14-5 所示，技能图谱围绕一系列业务岗位原型而设计。岗位原型的设定是为了交付一系列具备明确业务价值的服务。一个岗位原型的定义包含这个岗位所期待的成效，以及一组要产生这些成效所需的技能。

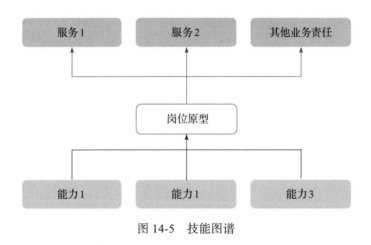

图 14-5　技能图谱

Thoughtworks 称自己的这套基础设施为学习路径（Learning Pathway）。如图 14-6 所示，这是一个以学习者为中心的体系，提供了一系列能力发展的步骤，帮助学习者掌握一个业务主题所覆盖的技能。

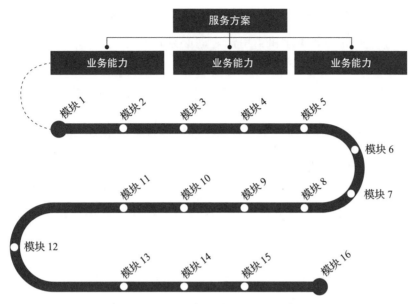

图 14-6　对应到业务能力的学习路径

假设一个学习场景：一名软件开发背景的工程技术人员打算从事更多咨询类的业务，但是他既没有做过咨询，也缺乏对所需能力的了解。于是他在公司的学习中心网站上搜索自己希望发展的咨询主题，以及相应的学习路径。他觉得价值驱动的数字化转型（EDGE）是他想发展的方向，就仔细查阅了这个主题相关模块的学习资料，选择了与自己学习基础、可用时间匹配的内容，并制订学习计划。学习系统会根据每周的学习目标发出提醒，并在模块学习结束的时候，要求他记录针对学习资源的使用反馈。最后，他跟自己的汇报主管交流，评估是否有运用这些新技能的项目机会，比如和资深同事在项目上进一步实战学习的机会。

总结一下，胜任力模型定义了最优秀的人才如何帮助组织实现其使命和抱负，它应该具备下面几个特点：

- 着眼于自己与众不同之处，而不是盯着常见做法，组织应该根据独特的文化和环境来构建模型。

- 采用外部视角，最好能用客户的视角和语言描述。
- 简单实用，全面性和实用性之间必须取得平衡，哪怕损失一些全面性，也要让组织尽快看到投资回报。
- 前瞻性，不能仅考虑当前所需，还要有前瞻性和适应性。

不管模型设计得如何精巧，不能实施推广就全无价值。由于胜任力模型的部署往往是由 HR 部门主导，部署之后的日常流程也由 HR 部门负责，所以有一个常见的误区，就是把 HR 部门当作胜任力模型的用户，HR 部门视角的科学性和可操作性变成最重要的考量因素。但其实不应如此，因为得不到一线员工认可的模型很快就遭遇或消极或积极的抵抗。

胜任力模型的推广者要具备同理心，深入感知组织的历史和情境，让一线员工——那些真正的模型使用者，产生共鸣。由于模型设计者和使用者往往不是同一批人，设计者不应有太多的预设，而是要保持好奇心，了解使用者在情境内运用模型的真实情况。

胜任力的部署和推广是一个变革管理的过程。变革成功的一个迹象就是当人们评论、调侃各种人物的时候，总会自觉或不自觉地使用这个模型里的语言，以至于成为组织内部特色的"土话"。

步入混沌

丈量成长的路径

"上次的项目是小王带人搞定了几个很棘手的问题，产品才顺利上线。小王能力不错，又有担当，现在这个50人的大项目，就交给他管吧。"我们在工作中时不时会听到这样依据历史经验的机会推荐。可是，同样是带团队的能力，带领一个7～9人的项目团队，与带领一个数百人的业务单元，甚至是数千人的综合业务部门，面对的挑战和应具备的能力肯定是不一样的。这种职责跨越所需的新能力不是在原有能力上线性发展就能达到的。

当组织规模还小的时候，领导者会凭借自己的经验来评估人员和岗位的匹配度，据此决定员工的招聘和选拔、培养和发展。精准犀利的眼光来自个人阅历和对社会文化等诸多要素的观察和掌握，没有什么模型可以完全替代。但是，当组织达到一定体量之后，过于依赖各级领导者的主观偏好，不仅会有决策质量的风险，也有难以服众的问题。而个人偏好可能因偶然事件的影响随时随地变化，这让问题更加严重。

第一是关于人才能力的**沟通障碍**。比如，当一个人被推荐到新岗位的时候，如果决策团队对该候选人不熟悉，没办法因为推荐人说了一句"这人能力不错"或者举出几个漂亮的成功案例，就对该候选人产生足够的认可和信心。人们并不能理解新岗位的场景和候选人以往成功所依存的场景有什么异同。

第二是**选拔基准**。当业务快速扩张，领导者很容易陷入"能干活儿就行"的选人模式，只关注"填坑"（完成任务）的专业能力，对核心胜任力和场景胜任力就睁一只眼闭一只眼。结果是入选人员一个萝卜一个坑，只能适应很窄的工作场景，发展潜力有限，甚至行为模式与组织文化相冲突，对士气造成负面影响，降低了组织整体的工作效率。

第三是**期望设定和检验**。业务负责人常会遇到这样的情景。当有重要艰巨的任务要安排的时候，总觉得团队里每个人都差了那么一点。但是，当团队成员问他们哪里还可以改进的时候，好像除了一些空泛的话术，比如什么沟通较弱，专业深度/广度不够，领导力不足等，很难描述出具体的问题，以至于谈绩效，设定业务和成长期望的时候，除了一些量化KPI，好像就没什么好聊的了。

以上问题的关键是如何客观评估目标胜任力和当前胜任力的状态，这在很多组织里是通过职级的评定体现的。组织划分职级的时候，会考虑胜任力、业务贡献等多方面的因素。然而，根据彼得原理——层级组织中，"每个员工都趋向于上升到他所不能胜任的地位"，因此"每一个职位最终都将被一个不能胜任其工作的员工所占据"。即使是在相对公平的层级组织里，人员晋升的依据往往是其在当前岗位的出色表现。而其在下一个有着不同挑战的岗位会做得怎么样，很难有一个客观的预测。

我们容易混淆职级的晋升和对贡献的奖励。过去做出的贡献可能是因为胜任力，也可能是因为特殊的机会、环境或其他因素，并不能代表其未来，特别是在新的岗位上，可以复制过往的成功。晋升决定应该更多地考量那些在不同场景下可高度转移的胜任力，我们称其为"放大器"，以判断选拔对象在新的责任设置下能否做出所期待的成绩，而贡献应该尽量通过其他的激励和认可机制来体现。

职业发展

传统专业服务公司人员的职业发展，见图15-1，一般是从高质量地交付服务，成为客户眼里专业过硬、经验丰富的专家，到带领团队和项目，最后经营客户关系，成为营收的负责人。服务范围顺着主营业务价值链前后两个方向有了很大程度的延伸，如表15-1所示。向前，更多资源投入在前期的创新和产品化演进；向后，积极延续价值链中后期的业务环节并启动新的服务周期。前后业务领域的拓展，为专业人员的职业发展提供了不同的路径。

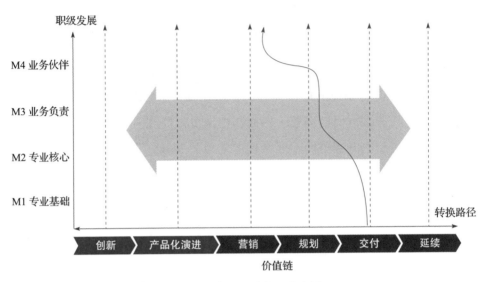

图 15-1　专业人员的职业发展

表 15-1　专业服务价值链

阶段	业务重心
创新	根据前沿的客户需求驱动创新活动，前瞻性地寻求正在涌现的市场空间和新的营收机遇，管理新兴业务的入市时机，驱动新的差异化
产品化演进	持续演进解决方案，降解服务复杂度，催生规模化成长型业务；积极拓展和增强同内外部合作伙伴的协作，扩大业务影响面
营销	提升营销的成效，开拓新的营销渠道；拓展外部联盟伙伴，合作营销，交叉销售
规划	以值得信赖的顾问身份，贴近客户情境，识别真正的问题，以规划和解决方案为载体，为客户解锁新的价值
交付	掌握专精的工艺，高质量交付服务；推动标准化、数字化、自动化提升交付效率；优化服务运营模式，增强客户体验
延续	延伸营收价值流，发现和执行追加销售和交叉销售的机会

如果我们把科技服务业务分为上述六个环节，一位专业人员应该能够在其中一个环节，沿着一定的路径，从职业的初级阶段发展到资深阶段，同

时，还应该具备可以切换到另一个环节的发展路径，获得不同的历练机会。为了让这种切换更加合理、顺畅，我们要找到一种标准，用来解释为什么相同级别的人员能够以较低的风险在不同路径之间切换。虽然切换的时候需要时间来学习掌握一些专门技能，但不用回到初级阶段重新开始。

我们认为，相同的级别意味着工作场景有着相似复杂度水平，复杂度可以成为职业发展的衡量标准之一。为了衡量工作场景的复杂度，我们借助了一个叫 Cynefin 的思考框架。

Cynefin 框架

1999 年，威尔士学者戴夫·斯诺登（Dave Snowden）还在 IBM 全球服务部工作。在这之前，他是动态系统开发方法（DSDM）原创设计者之一，而 DSDM 则是敏捷软件开发方法最早期的重要流派之一。他在大学修哲学，喜欢反乌托邦小说和《指环王》，热衷于历史和辩论（曾担任兰卡斯特大学辩论院的召集人）。他在 IBM 的研究方向是叙事对组织的重要性，特别感兴趣的方向是叙事在表达和转化隐性知识过程中的意义。

斯诺登教授并没有止步于知识管理，而是转入对组织复杂度的研究，在这段时间里他和他的团队创建了 Cynefin 框架。Cynefin 在威尔士语里是"个体的多重归属地"，也就是"栖息地"的意思，是人们出生和成长的地方，是人们居住并自然适应的环境。这是一个帮助决策的概念模型，不过斯诺登教授更愿意称其为一个"构建意义的装置"。如图 15-2 所示，斯诺登教授把决策情境分成了五个类型的"栖息地"。这个框架帮助人们了解自己如何分别在这五种"栖息地"里感知情境，理解自己和他人的行为。感知和理解的过程就是"构建意义"的过程。迄今为止，Cynefin 框架最常用的领域是知识管理与组织战略。

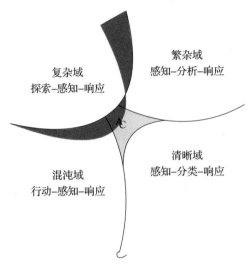

图 15-2　Cynefin 框架

图片来源：https://cynefin.io/wiki/Cynefin.

清晰域

清晰域问题的因果关系直接明了。一般来说，这类问题的情境和影响因素有限，因此人们能够充分收集相关信息，识别出明确的模式和因果关系。在知识库和积累的经验中，存在着匹配问题的最佳解决路径，可供检索并据此直接形成解决方案。人们的处理方式是：感知 – 分类 – 响应。

以软件开发为例，把一条规格明确的业务需求，以经过验证的编程技巧转化为软件代码，通过既定的测试策略验证，以可重复的流程部署到生产环境。这期间各环节中如果没有探索未知的动作，那就是一个清晰域的工序问题。

繁杂域

繁杂域问题所蕴含的因果关系不是那么显而易见，问题背后的原因不是那么直观，可能包含多个正确答案。问题并非由单一原因造成，很可能是由多个轻重缓急不同的子问题构成，所以不能依赖经验或现成的方法直接寻求答案。

这时候，人们的处理方式是：感知－分析－响应。虽然繁杂域问题构成的要素很多，但仍然存在着相对稳定的结构，因此可以将问题分解成多个"已知的未知"，分而治之，并逐一攻破。分析性思维是解题关键。

在打造数字化产品的时候，产品经理灵光乍现，有了一个新奇想法。这个想法记录下来，就成了让开发团队头疼的"一句话需求"。有些"一句话需求"确实很简单，但更多涉及多重的逻辑和纷繁的实现路径。如果不能层层拆解，就会挂一漏万，要么低估工作量，要么造成各种漏洞。类似的情况还有在一个庞大系统中调试错误，凭借不完备的出错信息在关联繁多的代码中抽丝剥茧，可能是最影响程序员发际线的一项活动。

解决繁杂域问题应警惕思维范式导致的陷阱。一种是囫囵吞枣。一上来就推测根本原因，提解决方案。由于没有分解到足够细的颗粒度，多个问题仍然混杂在一起，自以为在解决一个问题，但实际上在试图找一个方法解决几个不同的问题，以至于按下葫芦浮起瓢，一直在原地打转。另一种是依赖惯性思维。硬往过去的经验上靠，于是在个人臆想出来的依据之上建立了不合理的假设，然后提出一个武断的解决方案。

▎复杂域

复杂域问题的因果关系不可预知且不稳定，不仅涉及大量相互影响的因素，而且这些因素随时间而变迁，导致问题情境中存在着"未知的未知"。复杂动态系统的整体行为，远远不是构成该系统各组件行为的简单加总所能够解释的。与繁杂域问题存在着相对稳定的结构不同，分而治之的还原论解题思路不再奏效。人们对问题原因的推断往往是后知后觉的，只能通过事后复盘总结得出，难以提前预测。

解决这类问题的思路是：探索－感知－响应。数字化产品投入市场后的用户反应是个复杂问题，精益创业中 MVP（Minimum Viable Product，最小可行产品）的概念就是为了应对这样的情况。⊖设计一个大型组织的数字化投资策略同样是一个复杂问题，Thoughtworks 的 EDGE 价值驱动⊖的投资组合方法，某种程度上也是一种"试探－了解－响应"的套路。其背后的逻辑是小步快走，针对各种不确定因素提出假设，先做出预判，然后通过一系列的实验加以验证。对于复杂域问题，预先的全面设计是不可行的。反映现实的指导性规律是在探索中逐渐浮出水面的，而非规划出来的。要注意的是，这些指导性规律有保鲜期。根据这些规律产生的解决方案、产品特性、业务策略，随着时间的推移，就会有再次验证的必要。

▌混沌域

混沌域涉及因素太多同时变化太快，因果关系完全不可知。这时候试图寻求原因和答案可能已经没有意义，人们只能"行动－感知－响应"。作为商业组织，一般来讲，我们首先要尽量避免陷入这种处境，但有时候我们并没有选择。经济环境出现巨大变化，或是突如其来的危机爆发的时候，如同新冠疫情最初的阶段一样，我们要做的是凭借勇气、毅力，坚决快速地响应，要么建立局部的临时稳定状态，等待风暴过去，要么引入新的变量促进局势的变化，取得尽可能好的结果。当然，这种时候运气也很重要。

⊖ RIES E. The lean startup: How today's entrepreneurs use continuous innovation to create radically successful businesses [M]. New York: Croun Business, 2011.

⊖ 吉姆·海史密斯，琳达·刘. EDGE：价值驱动的数字化转型 [M]. 万学凡，钱冰沁，译. 北京：机械工业出版社，2020.

AC（Aporetic or Confused）域

中间的 AC 域是疑难困惑之域。由于信息匮乏与身处悖论，人们无法准确选择应对策略。任何的判断和行动都是对环境的一种干预，人们有可能凭借小型快速的实验，尽力避免引起重大灾难性后果的同时，小步摆脱此境，尝试迁移至相对可控的领域。

人员发展里程碑

Cynefin 框架用"栖息地"这一概念来区分问题、环境与系统的特征，并没有级别高下之分。徐昊运用这个框架，梳理专业服务公司的业务场景，发现这五个"栖息地"与人员发展的四个阶段隐隐有着契合的关系。这四个阶段有着各自的典型工作场景，分别要求专业人员展现出运用胜任力的不同行为。我们用 M$^{\ominus}$1 到 M4 来代表这四个发展里程碑，如图 15-3 所示。

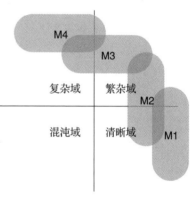

图 15-3　人员发展里程碑

M1：专业基础

M1 是指初级专业人员。对于应届毕业生和刚入行几年的专业人员，我们的期望更多是打好解决问题的基本功，刻意练习各项最佳实践，熟悉常用的专业工具。以软件工程为例，就是掌握整洁代码（Clean Code）、测试驱动开发（TDD）、自动化测试、常用的编程框架和设计模式等，熟练完成各种

⊖　M 指 Merestone，里程碑。

任务级别的工程活动。除此之外，对行业的最新发展动态保持好奇，积极尝试新的技术，了解前沿趋势。

▎M2：专业核心

再上一个台阶是达到领域的专业水准，M2 的专业人员开始独立承担项目上的大多数责任，熟练解决前面定义的**繁杂域**问题，并且能够领导小型团队，完成复杂度中等的项目。他们能够驾轻就熟地运用诊断性分析技巧，有意识地设计合适的提问，逻辑严谨地澄清问题情境，体系化地从不同的信息源获取有价值的信息，发起有目的的探索行动。然后，他们将繁杂域问题分解为多个更清晰简单的子问题，从不同角度寻找各种可能的原因，从而设计出多个可选的解决方案。

M2 的专业人员大多数时间都是在解决具体的业务问题，不少人没有意识到，自己已经越来越多地履行领导职责。一是任务的规划。在制订出解决问题的方案之后，要把方案拆分成合理的小型任务，准确估算出任务的体量，并根据优先级，以有序的方式安排任务执行。任务的合理性在不同业务场景下可能有不同的定义，不过大都会要求合适的颗粒度、正确完成的可验证性，确保任务能在一个足够及时的反馈周期内完成。二是支持同事的成长。根据能力水平和发展需求，合理安排同事承担的任务，并在完成任务过程中提供辅导和有意义的反馈。

▎M3：业务负责

M3 的专业人员可以被称作其专业领域的专家了。他们已经可以展现出一定的思想领导力；在业务上是独当一面的负责人，展现出发展业务板块的领导力；汇聚一群人的力量达成目标，展现出团队领导力。M3 的专业人员必须在处理繁杂域问题的同时，开始面对复杂动态系统的问题。除了继续使用前面提到能力，由于复杂域问题因果关系不可预知、不稳定的特性，一些其他能力，比如概念性思维，就变得格外重要。可能是识别不同场景之间的相似之处，借助一个熟悉场景来理解一个陌生场景；也可能是设计和使用理论框架来解构并分析当前的问题域，然后迅速识别复杂表象下的核心问题，针对性地建立假设，并设计验证假设的方案。由于问题的情境复杂导致难以直接详尽描述，所以对问题的解释，常常依赖形象的对比和隐喻。

到了 M3 的阶段，专业人员要根据业务愿景制定团队的目标，帮助人们理解目标的意义，以及日常工作与目标之间的关系，与团队就目标和达成目标的策略达成共识。

人们会发现这个阶段所需的部分能力看似脱离了具体技术或业务问题的解决。由于不太情愿去发展那些"不务正业"的能力，不少专业人员在这里遇到了瓶颈。比如讲故事能力，有的人觉得讲故事算不得真才实学，但事实上，能把故事讲好的人，一般都对故事所隐喻的对象有着深刻的理解，并能举一反三，能够以受众熟悉的情境，解释对他们来说属于陌生领域的问题。这其实是一项了不起的能力。一位 Thoughtworks 的顾问在向客户推荐一个视频渲染的方案时，为了帮助不是视频专家的客户理解视频渲染的原理，他用舞台剧做比喻。当因场景切换而要改变场景布局时，现有方案要求，每次负责切换的工作人员都在观众面前直接拉拽道具，观众会看到这个过渡的场景，体验的连贯性就会遭到破坏。为了解决这个问题，咨询师推荐了一个新的双缓存（Double Buffer）方案，就好像是有两个舞台，打开舞台 A 的灯光，第一个场景在舞台 A 上表演，与此同时，舞台 B 的灯光是关闭的，工作人员在舞台 B 布置第二个场景。每当需要切换场景，只需要切换舞台 A 和舞台 B 的灯光，观众不会因布置舞台而受到干扰，看到的永远是完整的节目，他们的体验是连贯的。客户通过这个形象的比喻理解了新旧方案的差异，加上阅读了顾问提供的其他辅助技术资料，更加充分认识到新方案的优势，最后决定采用新方案。新方案最终在产品上产生了优异的效果。

▌M4：业务伙伴

M4 的专业人员要么是业务单元的领导者，要么是职能部门的带头人，要么是具有很强客户和市场影响力的专家，他们对业务的成功会产生重要的影响。在这个阶段，他们把更多精力放在了解决各种不确定的复杂问题上。相对于在清晰域和繁杂域存在着低歧义的最佳实践，在复杂域所能采取的行动大多有着很大的解释空间，不是非黑即白。M4 的专业人员的能力的体现在将问题从复杂域推动到繁杂域，"从低成本安全的并行试错实验转变为更加线性和集中的尝试，以改变约束的性质，增加可控制性和可预测性"。⊖如果偶尔踏到混沌域的边缘，就可能要引入新的不稳定的变量，为系统创造新的选项和路径分叉，以求领域的转移。

对于这个群体，成效的衡量标准更多是新业务的创造或突破，发起和推动组织级的重大变革，或是展现出对行业和社区显著的影响力。

新业务突破要求领导者敏锐理解复杂的市场、行业和社会发展趋势，识别影响组织竞争格局的机会。为了抓住这样的机会，领导者要运用影响力和变革管理的能力，基于复杂内部动态，调整组织发展方向，把组织的关注点建立到未来所需的能力和创新产品的开发上，在不确定和有限信息的情况下做出决定，主动对结果负责。

驱动变革的本质，是在复杂域甚至是贴近混沌域的领域，把组织推向另一条路径。对领导者的期待是，理解行业和市场中最新的发展，识别公司新的潜在定位；为延续和增强竞争优势而制定独特的战略，并把战略转化为清晰的目标和计划；为战略的执行寻求创新性的方法，调整或重新制定公司制度、策略、合作关系，以及匹配的组织结构和流程；推动组织变革以符合新

⊖ SNOWDEN D. Liminal cynefin［EB/OL］.（2017-07-09）［2021-12-31］. https://thecynefin.co/liminal-cynefin-revised/.

的设定，愿意为此做出艰难决定并为决定承担责任。

有影响力的洞见源于对前沿专业领域知识的掌握，对行业环境中战略性机会的洞察，结合自身的学习和经验发展出更有效的方法和实践。下一步是从洞见到影响力的转化。这首先要求领导者准确判断新方法对客户、行业和社区干系人的意义，基于分析的结果，设计并运用合适的传播活动来触达目标受众，并赢得广泛的认可。

当然，上述这种归类并不是绝对的。婴儿探索世界的行为其实也可以被划分在复杂域，这并不是说，总是在处理高度不确定问题的领导者，其能力等同于婴儿。不过，这些领导者大多与婴儿确实有共同之处，即对未知的好奇、对探索的热情。

能力尺度

让我们回到本章最前面提到的沟通障碍、选拔基准、期望设定和检验这几个问题。这几个问题其实就是能力尺度的问题。

如果说上一章对核心胜任力、场景胜任力和专业能力的定义，让我们在能力的维度上有了共同的语言，Cynefin框架则让我们在工作场景的复杂度上有了共同的语言。当我们分析一个候选人是否有潜力担当起某个职责的时候，可以通过分析其即将面对的工作场景和场景中可能遇到的问题，识别问题的复杂度处于哪几个"栖息地"。根据复杂度水平，为岗位和任务定级，并相应地选择或设计适用的胜任力元模型。这一系列共同的语言让对话更加具体，而减少歧义。

选拔基准变形的原因常常是我们对工作场景复杂度有着主观而模糊的定义，于是引发了有意无意操纵结果的行为。胜任力维度和场景复杂度级别的定义，让针对多个考量因素的选拔活动有了明确的共同讨论基础。

当帮助员工设定期望的时候，领导者或导师应该帮助员工理解其工作场景下的元模型，熟悉元模型中各项胜任力所要求展现的行为，然后根据行为期望做出自我评价。结合当前评价，领导者或导师制订针对性的胜任力发展计划，并且帮助员工争取发展计划中所需的历练机会。不管是非正式交流，还是正式的评估，这个框架都能帮助双方厘清目标和行动。

专业技能跟具体的项目、岗位任务相关。领导者应该描绘岗位能力图谱，有针对性地评估和培养，避免泛泛而谈。团队领导者还要关注每位员工在各项专业能力上的进展状况，为他们提供合适的学习渠道和练习机会。企业则根据优先级提供公共的培训内容，帮助员工根据项目需要尽可能自助式地获取相关技能。

这些"放大器"都很难在短期内有质的改变。从小成长和受教育的环境奠定了一定的基础，在后续的职业发展中需要长期的刻意练习才能慢慢提升，而且要有机会进入特定的工作场景才能得到有效的锻炼。很多企业都有扮演导师角色的人，可能是领导者，也可能是领域资深专家。在他们与被辅导者的定期对话中，一项很重要的内容就是发展方向。胜任力模型是一个不错的沟通框架，帮助员工识别自身的优势和劣势，识别锻炼相关能力的工作机会。

▉ 变革抓手

除了在人才发展、梯队建设方面的价值，一套基于业务场景复杂度和相应胜任力的模型还可以作为变革抓手。不管是孵化新的业务能力，开拓新市场，还是调整组织结构和流程，都是向人们呼吁，要么采用不同的做事方法，要么做一些不同的事情，其实都可以看作在设置新的行为期望。但是，与现状搏斗是一件非常艰难的事情，我们可以做的是构建一个新的模型，淘汰旧的模型。

雅典经济与商业大学（Athens University of Economics and Business）的学者玛丽亚（Vakola Maria）、索德奎斯（Klas Eric Soderquist）和斯蒂文斯理工学院（Stevens Institute of Technology）商学院的普拉斯特克斯（Gregory P. Prastacos）在研究胜任力建模方法时，主要面向长期商业成功，关注业务策略的匹配。他们对一家拥有百年历史的欧洲银行所经历的一次重大变革做过深入调研。这家拥有 370 个分支机构、6800 名员工的银行进行了一次战略性结构调整，其目的是改变原来官僚主义、低效、抗拒变化的风气，重塑组织形象，提升效率，推动更加以客户为中心的组织模式。由此产生的一系列变化涉及客户关系管理，重新定位细分市场，以及梳理组织架构，运用科技提高流程生产力。他们发现，战略的制定和员工的认知之间存在着巨大的差距。员工难以理解他们的日常工作将会如何受到新战略的影响，自己的行为又会如何影响到组织战略的执行。经过审慎思考，变革的推动者认为，胜任力可以作为一个重要的沟通工具，把战略目标以及结构和流程的改变，翻译成员工行为模式的变化。这让员工更容易理解组织战略，并将胜任力跟员工手头的工作关联起来，从而驱动员工身体力行地去实施。⊖

于是，这家银行沿着三个并行的方向，即银行业所需的核心能力、银行业的趋势、这家银行自身的特点和竞争策略，识别新形势下员工所需的胜任力，最后形成了 5 个领域的 17 项胜任力。他们访谈了不同岗位的员工，基于业务场景，描绘了对应胜任力的岗位画像。画像中定义了场景、行为和胜任力之间的对应关系，强调了变革之后组织对员工的要求。为了将这些变化落实到一线团队日常的工作中，这家银行设计了一系列工作坊，引导各级员

⊖ VAKOLA M, SODERQUIST K E, PRASTACOS P G. Competency management in support of organisational change [J]. International Journal of Manpower, 2007, 28 (3/4): 260-275.

工参与，运用角色扮演和其他的练习方式，帮助员工理解新的胜任力和岗位画像如何帮助组织实现愿景。

这些在基层开展的评估和赋能工作构成了一套信息丰沛的反馈机制。同时，由于一群高绩效员工和变革教练一起参与这些活动，并提供输入和反馈，提高了员工对整个变革的参与度。虽然战略的制定是自上而下的，但在这一系列评估和赋能工作中产生的信息，则自下而上源源不断地反馈到了战略规划团队。比如这家银行发现，变革前就存在的岗位胜任力画像，与变革后期望的目标画像之间存在着一个重要差异：一线员工很熟悉银行业务，能高效完成业务流程，但在更加以客户为中心的服务模式中，他们的人际交往和协作的能力与期望有着明显差距。这一发现在变革的早期就触发了对应的行动，变革执行团队设计了新的赋能计划来改善这一问题。

最后，人们总是自觉或不自觉地就回到旧的习惯，变革的成功取决于新的行为和实践融入员工日常工作的程度。通过明确的目标设定和期望澄清，以及透明的胜任力评价机制，这家银行把胜任力融入招聘、选拔以及职级晋升等关键管理流程，把不同场景下期望的胜任力行为内化为绩效要求的重要组成部分。

过去的成功不能预示进入新岗位的成效，员工的自身发展和职责变化都对应着行为的改变。理查德·贝克哈德有一句名言："其实人们并不抵制变革，而是抵制被改变。"基于胜任力和场景复杂度的分级机制，其核心正是促使人们积极应对这种改变。人们的成长假设是建立在不断迈入愈加复杂问题域的期望之上。

立德、立功、立言

思想领导力

在当前的知识密集型业务领域，知识获取的便利性让竞争对手有可能快速弥补产品和服务的差异，而客户则被铺天盖地的各种相干或不相干信息淹没，真正有价值的信息脱颖而出变得越来越艰难。与经济领域的财富分配类似，激烈竞争带来的结果之一是两极分化。少数精英有机会解决相对复杂、不确定性高的问题，获得相对较高的议价水平和收益。绝大多数组织解决常见的标准化问题，挣扎于充分竞争的供求曲线附近，这是利润空间接近于零的位置。这种背景下，当客户寻求合作以解决高价值问题时，拥有独特思想领导力的组织和个人就有了显著的优势，影响力使他们成为理所当然的首选对象。

Google Search 趋势数据表明思想领导力的热度在过去这些年里呈总体上升趋势（见图 16-1），似乎不管是组织还是个人都开始意识到其作为竞争优势的价值，以至于这个词成了当时流行的商业套话。在 2013 年福布斯最令人生厌的商业套话用语排行榜中，"思想领导力"排名颇高，跟"大数据（Big data）"差不多。[○]

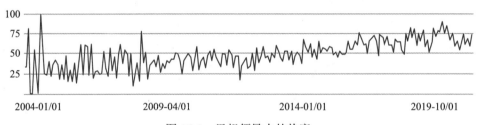

图 16-1　思想领导力的热度

那么到底什么是思想领导力，又如何建设有意义的思想领导力而避免沦为单纯的营销工具？思想领导力这个词第一次出现是在 1994 年，提出者乔尔·库兹曼（Joel Kurtzman）是杂志《战略与商业》（*Strategy & Business*）的主编。他说："一位思想领袖因为其对自身业务、客户需求和市场的深刻理

○　Nelson B. Jargon Madness 2013 ［EB/OL］.（2013-02-04）［2021-12-31］. https://www. forbes.com/special-report/2013/annoying-business-jargons-13.html.

解，而被同侪、客户和行业专家所认可。他们有着原创的想法、独特的观点和新颖的洞见。"

思想领导力策略

很多知识型组织都意识到了思想领导力对于业务发展的重要性，纷纷将这一概念引入自己的组织，但是只有很少的一部分取得成功。大多数在付出努力之后，已然沦为平庸。信息过载的时代里，曾经靠比别人知道得多而立起的专家人设，对于搜索引擎触手可及的人们来说，已经不值一提。内容的质量、想法的新颖程度，甚至触达受众的渠道成本，各种门槛越来越高，因此要么就严肃投入，要么还不如干脆放弃。

专业服务业务的成功关键是赢得客户的信任，对自身理念、做法和交付价值的认同，进而决定一起搞事业。这让人想起了春秋战国时期诸子百家的各派代表人物。他们周游列国（见图 16-2），游说诸侯君主，不就是最早的一批思想领袖吗？那他们是怎么成事的呢？

图 16-2　孔子周游列国

清华大学校歌有一句歌词："器识为先，文艺其从，立德立言，无问西东。"其中"立德立言"源自古人"三不朽"的说法。立德、立功、立言，代表了古代贤人在做人、做事、做学问上的追求。如果我们想向诸子百家的代表人物学习，可以试试从这三个维度来探讨思想领导力。

▍立德

德是思想感召力的来源。"德者，才之帅也"，这是司马光在《资治通鉴》卷一《周纪》里的表述。德，既是一种立场，也是一种格调，格调是对平庸现实的抗争。知识型组织的"立德"是肩负起一种革新的使命。革新可以是推出将自己的主张具象化的创新性产品与服务，也可以是追求原则，以正确的方法做正确的事，或是潜移默化或是疾风骤雨般地影响行业和社区，以至于驱动变革。后者是专业服务组织更常见的做法，即在一个领域推广更好的方法和实践，使一个产业转型，进入更高的生产力水平。

知识型组织追求在专业领域的独特视角，不能人云亦云。今天看来正确的方法，到了明天不一定正确，所以必须一直努力打破传统，探索和传播新的理念，推动社区和行业采纳新的方法。Thoughtworks 有着一个叛逆者的形象。刚刚进入 21 世纪的时候，瀑布模型和 CMMI 是主流，敏捷被认为只适用于小团队的新奇实验，而 Thoughtworks 开展了百人以上的规模化敏捷团队开发关键核心系统的业务。当敏捷方法与实践开始被业界主流接纳的时候，Thoughtworks 没有停住脚步，又推动了 DevOps、微服务、演进式架构等领域的发展，形成了独树一帜的做法。

要形成一定的独特性，跨界可能是一个好主意，这样可以把创新的注意力放在核心能力相邻的领域。在 Thoughtworks，物联网业务的负责人朱晨与团队一起重新审视汽车座舱的体验，不仅产生了创造性的设计，还成为人机界面（Human Machine Interface，HMI）可用性研究和检测领域的业界权威。思想领袖探索细分客户市场，与客户一起定位问题，研究分析问题的模型和解决路径，发表研究成果，讲述成功故事。思想领袖在这个过程中不是在推销企业的业务，而是树立自己的观点，传播知识以取得更广泛的影响。

思想领导力可以来自对全新知识的探索，也可以来自对现有知识的进一步发掘。实际操作上，后者是更主流的逻辑。这固然是因为全新思想的稀缺，还因为担心新的想法产生负面的影响，遭到干系人的责备，甚至损害声誉。一项调研显示，94%的法律服务人员抱怨上司要求他们生产与竞争对手类似的内容，88%的咨询公司难以产生独特的洞见。[○]思想领导力背后的洞见多是于工作中产生，蕴藏于集体和个人头脑中的隐性知识。人们渐进式地选择、汲取、提炼、组合现有知识，在实际应用中验证其对效率或效果的改进，取得可以预见的回报，然后公之于众。

▌立功

有领导力的思想必须能够在实践中产生成效，而非仅仅成为流行词，并且有思想领导力的组织应该由此得以强化战略定位和优势。思想领袖需要理解市场和客户的思考方式，以合适的叙事方式表达独特观点，呈现新的不一样的可能性。

思想领导力现在已经变成了一个商业套话，一个重要的原因是大量企业把它和内容营销混为一谈。虽然这两者很难完全区分开来，内容营销同样运用于文章、演讲、视频这样的载体，但相对更侧重于与企业业务的连接，手段是围绕受众感兴趣的话题，以吸引眼球的方式展开。

相比之下，思想领袖算是意见领袖的一种。意见领袖都能够影响他人的决策，而思想领袖的特殊之处在于，其影响他人的武器是观点的新颖性和内容的专业性。他们的内容聚焦一个问题域，要迎接挑剔的眼光，面对竞争性

○ Manbitesdog. Follow the leader. Where next for thought leadership in professional services? [R/OL]. [2021-12-31]. https://www.manbitesdog.com/wp-content/uploads/2014/03/Follow-The-Leader-Full-Report.pdf.

的思想。他们构建的理念和方法要建立在扎实的研究和实践之上，由严谨的理论和逻辑支撑，进而以成熟的知识体系和验证案例，引领业界的实践。

思想领袖不是坐在小黑屋里痴迷于自己的有趣想法，而是进行各种交流和实践，及时验证并快速发布思想的成果。独立思考和协作共创是思想领袖需要去权衡且具备的。与客户合作是创新思想的源泉，也是最好的思想演练场。

Thoughtworks 在企业架构领域打造思想领导力的过程是一个典型的例子。架构师王健擅长的领域本来是基于微服务的演进式架构和企业平台策略。在 2017 技术雷达峰会上讲平台策略的时候，经人提醒如果用"中台"的概念大家会更熟悉一些。这个时候，以阿里中台战略和架构为背景的《企业 IT 架构转型之道》一书正火。随着数个平台化、企业中台相关项目的完成，王健写了"白话中台战略"系列文章，产生了巨大反响，也让很多正在思考平台策略、尝试服务化核心业务的企业找到了 Thoughtworks。在 2021年年初，几位咨询师整合了这两三年的实际项目经验，萃取出相关洞见，撰写了《现代企业架构白皮书》。这标志着 Thoughtworks 关于数字化转型底层方法论的建立。

站在客户视角，思想领导力必须跟客户的问题密切相关，要让客户有一定的参与度。思想领导力的建立，其实是赠予客户的隐性礼物，一种知识的礼物；可以提醒客户关注我们的专业和成长，起到保持对话、增强信任的作用；同时，展示专业服务组织对客户面临挑战的理解，赢得解决问题的权利和机会；更要引入客户参与，共创新的思想和内容。

立言

有领导力的思想一定要有启发性，有一定的原创性。不过，一时的灵感不能直接转化为思想领导力。要使思想产生深远的影响，就要把思路、经验、矛盾和策略用文字记录下来，传播于众，供社区批评、借鉴。这些内容给人启迪的同时，也会根据反馈，不断被打磨、优化。只有经过社区的洗礼，思想领导力才有可能在行业里产生影响力，塑造行业领袖。

麦肯锡的思想领导力打造史可谓经典。创始人芝加哥大学教授詹姆斯·麦肯锡（James McKinsey）一开始就奠定了麦肯锡公司的思想领导力基因。他的《预算控制》（*Budgetary Control*）一书是最早的关于预算的权威著作，开创了把预算流程作为重要决策和管理工具的先河。在 1924 年，麦肯锡先生的《管理会计》（*Managerial Accounting*）和《企业管理》（*Business Administration*）两部作品，成为管理会计这门学科的基石。[⊖]不过让麦肯锡思想光环真正闪耀的是影响力巨大的杂志《麦肯锡季刊》。第一本《麦肯锡季刊》于 1964 年发行，当时只是把一些顾问和业界专家的文章印在一起送给客户。1967 年，彼得·德鲁克就有文章被收录其中。麦肯锡知道客户想读到这些文章，所以创办杂志最初的目的主要是为客户提供便利。不过这本杂志充溢着麦肯锡的思想洞见和成功故事，变成了企业能力和经验的展示大厅。于是一个强大的营销武器诞生了，它被摆放在全球无数企业的高管办公室里。《麦肯锡季刊》对新业务拓展起到的显著效果让其他咨询公司纷纷效仿。

麦肯锡思想领导力的下一个里程碑是 1982 年《追求卓越》（*In Search of Excellence*）的出版。之前没什么管理类图书能占据畅销书榜单，而这本书堪称开启了所谓管理大师的时代。该书出版之前，作者汤姆·彼得斯（Tom Peters）和罗伯特·沃特曼（Robert Waterman）都还是无名之辈，他们本来的职责是构建关于组织有效性的知识库，而这个领域在麦肯锡当时的业务中优先级并不高。虽然一开始并不是那么明显，但是他们的工作成果最终改变

⊖ MCDONALD D. The Firm: The story of McKinsey and its secret influence on American Business［M］. New York:Simon & Schuster, 2013.

了麦肯锡。在彼得斯和沃特曼准备这本书的时候，书的名字叫"卓越的秘密"（*The Secrets of Excellence*）。然而马文·鲍尔（Marvin Bower），当时麦肯锡的最高领导者，认为这个名字中的"秘密"一词似乎暗示麦肯锡泄露了客户的隐私和商业机密。所以作为不情愿的妥协，书名改为了"追求卓越"（*In Search of Excellence*）。这个改动产生了意想不到的出色效果。

专业深度和立言的效果并不对等。一名专家能否把自己的经验、研究和洞见讲述给缺少相关专业背景的受众，提出让他们能够理解的建议？能否快速找出方法去研究一个自己没有经验的领域，利用跨界的经验和思路做到以他山之石攻玉，产生出对该领域已有专家也有价值的洞见和建议？这些都是产生广泛影响力所需的素质。

思想和方法的载体有时候不一定是语言文字。Thoughtworks 的数据与人工智能团队为自己的数据业务规划方法——精益数据发现（Lean Data Discovery，LDD）发明了一套卡牌游戏。当时团队遇到一个挑战：在识别数据科技的价值创造场景，制定数据策略的过程必须基于客户多部门的开放合作，但立场和业务语言的差异让这种跨部门的讨论困难重重。团队负责人史凯不得不用劲琢磨，如何让来自市场、产品的业务团队和数据、IT 背景的科技团队坐在一起既能碰撞思想，又能聚焦共创。他灵光一现，产生了做一个桌游的想法。在后来的一系列合作中，这套游戏化的做法不仅激发了各参与方的投入积极性，还提升了卡牌背后的方法论在实际操作中的效果，更是大大提高了该方法在使用人群中的传播度。

当今，我们发出声音的渠道和形式愈加多元，要特别小心在无意识低效活动上的时间消耗，要有意识地优化触达效率，影响效果。初涉内容创作的专业人员常因避难就易，而走了一些弯路，列举如下。

- 对于内容产出，倾向于演讲、直播这样偏即兴的方式，而沉下心来写原创文章、图书的少。

- 传播上，容易忽略自有网站和社交媒体渠道的经营，过度借助第三方平台的流量。而第三方平台上的内容往往不会以个人品牌呈现，而是作为平台内容整体的一环。从影响力角度来看，个人获益较少，平台获益更多。

思想领导力的类型

行业思想领导力：思想领袖应深入理解行业最新的发展趋势和塑造市场的各种力量，从对脉搏动态的把握中，产出创新的想法和洞见，并以明晰的方式触达受众。思想领袖的责任是阐述新的机会如何从这些想法和洞见中涌现，并呈现抵达成功彼岸的可选路径。思想领导力的重点是以新的视角来重新校准人们的思维。

管理咨询公司一向不遗余力地争夺行业思想领导力制高点，这似乎不是一个可选项。回报高的影响力投资领域有几个特点：行业处于快速上升期，或是面临被新科技、新模式、新进入者的颠覆，当然，最好是利润还比较丰厚。比如，银行一向是咨询业务的必争之地，而且近些年面临着互联网平台和挑战者银行（Challenger Bank）的冲击。每年发布的《麦肯锡全球银行业年度报告》，所用素材不仅来自麦肯锡遍布全球的客户机构从业者和专业顾问的实践经验，还包括其花费大力气构建的 Panorama 全景数据库及其专属的银行与金融科技研究机构的研究。为了保障内容输出的节奏和本地市场的相关性，麦肯锡还有每个季度发布的《麦肯锡中国银行业 CEO 季刊》，及时把全球洞见和本土实践案例推送到从业者和决策者的眼前。

产品思想领导力：思想领袖以创新的方法来解决业务中的棘手问题，载体往往是一项产品或服务。思想领导力的体现是发现了从 A 点到达 B 点的更好路径，帮助受众理解路径的愿景，一起制定具体的路线，并且学习沿路径前进所涉及的方法、能力和工具。思想领导力的重点是展现证据和说服力，促成合作。

著名的波士顿矩阵（BCG Matrix）（见图 16-3），又称市场增长率–相对市场份额矩阵，是一个帮助企业配置资源、规划多元化业务的战略工具，2011 年被《哈佛商业评论》评为改变世界的五个图表之一。

图 16-3　波士顿矩阵

当 1963 年布鲁斯·亨德森（Bruce Henderson）创立 BCG 的时候，大型企业集团正在纷纷崛起，多元化经营成为商业战略的焦点。多元化经营的一个难题是如何决策将资金投入不同业务。波士顿矩阵于 20 世纪 60 年代后半期应运而生。这个模型根据市场引力与企业实力，把业务分为明星、瘦狗、问题、金牛四类，指导企业体系化地分别制定对应策略。简洁形象的表达不仅迅速抓住了人们的眼球，而且很容易记住和传播，更是让领导者在一个抽象层面清晰理解各类业务的盈利性、偿债能力、增长潜力和竞争力，赋予了领导者一切尽在掌控之中的感觉。这套工具在 20 世纪 60 年代到 20 世纪 80 年代中期占据了企业管理的舞台中央。根据 BCG 自己的统计，到了 20 世纪 80 年代早期，有一半的《财富》世界 500 强企业在使用。虽然波士顿矩阵的发明常被归功于创始人布鲁斯·亨德森，但这个方法并不是一位思想领袖独自琢磨出来的。在 BCG 的顾问为米德公司（Mead Corporation）设计多元化和并购策略时，这家拥有 6 个产品集团、45 个运营单元的俄亥俄州纸业公司正面临是继续留在造纸行业还是拓展高增长领域的选择。顾问与客户高层管理人员一起碰撞出了一个颇为原始的模型。[⊖]一开始的版本用的是储蓄账户、债券、抵押贷款三种回报类型的投资，加上野猫代表纯粹的投机类

⊖　KESSLER E H. Encyclopedia of management theory［M］. Los Angeles:SAGE Publications, Inc, 2013.

型，四种标签代表着不同的业务。[⊖]这个版本在逻辑上有着明显的缺陷，更多是针对局限于现金流和财务投资的分析，标签的命名也让人十分困惑。我们今天看到的版本是后来另一组顾问在前面这版的基础上改进的结果。那组顾问当时是在研究联合碳化物公司（Union Carbide）的整个业务组合发展，他们不仅把标签换成了我们熟悉的几个符号，还用预期增长率和相对市场份额数据，量化了矩阵的两个维度。

就像其他有形的产品一样，产品思想领导力有其生命周期。20 世纪 80 年代的北美商业界出现了一阵针对大型集团企业的逆风。资本市场质疑多元化策略的回报，认为投资一家业务多元化的企业，不如在资本市场上多元化投资业务专精的企业。波士顿矩阵这样的业务组合规划工具的光环开始褪色。到了 20 世纪 90 年代，战略落地、战略执行成为新重点，更加动态的规划风格变成新潮流，加上视企业为业务组合的思维范式正向着视企业为业务网络转变，这些变化让波士顿矩阵愈加失宠。即使这样，在 BCG 崛起为全球头部战略咨询公司的征途中，波士顿矩阵起到的作用毋庸置疑。BCG 最近关于战略的出版物中仍会将其称为"BCG 经典"。[⊖]

组织思想领导力：这种思想领导力提炼驱动业务成效的组织因素，反映了企业的愿景、文化和组织模式的创新和独特之处。

红帽（Red Hat）是一家全球领先的开源软件服务公司。总裁和 CEO 吉姆·怀特赫斯特（Jim Whitehurst）在 2008 年初加入后，帮助红帽从 2008 年 5 亿美元的营收规模扩大到 2016 年 20 亿美元。红帽在 2012、2014、2015 年都被福布斯杂志列入"The World's Most Innovative Companies"（世界最

⊖ KIECHEL W. The lords of strategy: The secret intellectual history of the new corporate world ［M］. Boston: Harvard Business Press, 2010.

⊖ REEVES M, MOOSE S, VENEMA T. BCG Classics revisited: The growth share matrix ［EB/OL］.（2014-06-04）［2021-12-31］. https://www.bcg.com/publications/2014/growth-share-matrix-bcg-classics-revisited.

创新公司）排名，并在 2013、2014、2016 年被企业职场点评社区 Glassdoor 评为年度最佳雇主。吉姆·怀特赫斯特写了一本《开放式组织》，阐述了红帽如何将开源软件的组织实践，运用于开创、领导和组织一家新型公司。他认为，这是"一个开放式组织，一个可以重新启动、重新设计、重新创造的组织，一个适合这个去中心化、权力下放的数字时代的组织"。这本颇具影响力的著作让红帽的思想延伸出技术社区，直接触达各行各业的商业领袖。

更为有名的一个案例发生在著名的流媒体服务公司奈飞（Netflix）。2009 年 CEO 雷德·哈斯汀斯（Reed Hastings）发布了一份 126 页名为"Freedom & Responsibility"（自由与责任）的文档，原本的用意是与当时的和未来的员工沟通企业文化。这份文档陈述了奈飞的核心价值观和行为期望，总结了奈飞招聘、解雇和认可员工的内在运作机制，以及孕育了这些机制的企业文化。文档内容所展示的洞见吸引了海量的注意力。Facebook 的 COO 谢丽尔·桑德伯格（Sheryl Sandberg）评价说，这"可能是从硅谷中产生的最重要的文档"。这句话更是锦上添花，让这份文档及其思想频频出现在全球商业领袖间的各种对话之中，造就了现象级的组织思想领导力。

弗雷斯特研究公司（Forrester Research）的研究员罗拉·雷莫斯（Laura Ramos）认为思想领导力在企业客户销售周期的不同阶段发挥着不同的作用。

- 传播认知：这个阶段的重点是树立形象，增强该形象与客户所在行业及此行业面临的挑战的关联。行业影响力就像灯塔一样，引起潜在客户的注意。
- 建立合作：这个阶段要让客户认同企业的观点，产品领导力以先进性、可行性、客户相关性、投资回报，说服客户接受企业作为问题解决旅程中的伙伴。
- 拓展业务：在初始合作中树立起了声誉后，科技服务企业的挑战是要让客户认识到双方是志同道合的。两家企业在战略、运营和文化上的匹配是双方进一步拓展合作范围，长期一起走下去的黏合剂。

衡量效果

决策者希望证明投资的正当性，于是总是寻求量化指标的支持，试图证明思想领导力与声誉、合作和收入之间的关系。可惜我们看到的大多是间接指标，其说服力往往有限。

一类指标是内容消费相关，比如内容下载次数、媒体点击量、反向链接、社交媒体交互次数、搜索引擎排名、客户会议、反馈数量。过度关注这类指标会潜在地触发两类行为：一是过度依赖第三方提供的内容，导致内容与公司的愿景和业务相关性很弱；二是标题党，把点击引向质量低劣、易于忘却、对品牌无益的内容。

另一类指标是商机相关，比如引荐得来的商机数量和质量、对客户维持和销售收入的影响等。这些指标看上去很有意义，很受决策者的欢迎；但问题在于这些指标数据的变化受到多种因素的影响，很难确定到底与哪个思想领导力活动有着什么样的关系。非线性的复杂关联意味着巨大的不确定性，让决策者依然无法准确预测对应的投资回报。

衡量和分析这些指标数据的成本一般不低。我们要密切关注影响力成效，但是过度追求投资回报数据的精确性往往得不偿失，一不小心就淹没在指标的海洋之中。

发展阻碍

很多组织都认识到发展思想领导力的重要性，却在具体执行时因为遇到各种两难的处境而步履维艰。

▎长期和短期

开发知识和品牌的长期回报与响应业务诉求的短期效益，组织需要对两者做出权衡。虽然知识的创造和传播对行业、社区和社会有好处，但这毕竟是有成本的，而组织不一定立刻直接从中得到可衡量的好处，在价格敏感的业务领域很难支持这种投入。此外还要期望员工投入更多日常工作之外的时间，这在缺乏分享氛围的组织环境里会让员工很不舒服，甚至会有严重的挫败感。

未来的思想领袖一般也是业务急需的骨干，这些人才的时间和注意力经受着各方的拉扯。如果希望他们有足够的精力来发展思想领导力，就需要有足够影响力的领导者为其提供保护，直到大家认可他们为组织成长和品牌创造做出的贡献。

▎组织和个人

当组织环境激发个人独立思考和放大个人声音，一个可能的副作用是混淆了组织对外发出的信息和观点，甚至威胁到组织内部的话语权结构。这个时候，"我"还是"我们"就成了一个问题。组织需要小心处理个人品牌和组织品牌之间的关系。

《追求卓越》一书的视角与当时麦肯锡的思维模式有着巨大差异。麦肯锡的理性思维中，成功的秘密存在于缜密的分析框架和精心构建的组织结构，而这本书要求企业领导者更多地倾听客户和员工的声音。麦肯锡的战略关注外部市场驱动力和企业运营中的经济要素，而这本书是关于企业文化的第一个宣言。1981 年 12 月，在《追求卓越》发布之前的 8 个月，彼得斯就离开了麦肯锡，他觉得自己在麦肯锡越来越格格不入。彼得斯在麦肯锡待的时间不是很长，但因为这本书，他可能是麦肯锡历史上最有名的顾问。另一位作者沃特曼在麦肯锡期间也没有从这本书中得到什么好处，反而因为投入客户服务的时间减少，自己的收入有所下降。在书大卖之后，麦肯锡尝试大幅增加他的收入来安抚他，却激起了其他合伙人的不满。当出版社同沃特曼谈两本新书的合同时，麦肯锡试图劝说他在双方明确分配收益前，暂时不要签合同。沃特曼最终签下了出版合同，离开了麦肯锡。在后面的岁月里，两位作者对麦肯锡以及麦肯锡人都持有复杂矛盾的情绪和关系。

▍内生和外生

有些企业不太相信自己的员工具备产生高质量内容的能力，不过更可能认为投入内容生产的机会成本太高，不太值得。对于组织来说，要在内部产生创新性的思想，不仅需要组织自身有浓厚的创新和分享的文化氛围，还需要显著的额外资源投入，而更让人望而却步的是无法确定的效果。因此有的企业从外部供应商获取内容，以自己的品牌推出。只是这种方式产生的内容经常与企业的愿景、调性不太一致，如果这样的内容比例过高，可能弊大于利。

一个有志于打造内生影响力的组织，总会苦于如何持续产生新颖的洞见和原创的内容。打造影响力的动力来自个人内在的驱动力和外部认可的激励。对于个人来说，正如波兰尼（Michael Polanyi）精准地提出："我们知道的总比我们能表达的多。"独特的经验和直觉是专业人员的价值创造能力，也是个人竞争力的来源。专业人员倾向于认为这种隐性知识是难以明确表达和传授的，除非身边有着传播知识的成功榜样。外部认可则有多种方式，对于麦肯锡的顾问来说，思想领导力的重要性既是企业内部的共识，也是一个关键绩效指标。

要想成功打造思想领导力，要素输入、过程机制、传播成效，这三个环节缺一不可。环境氛围和人才是思想领导力的原料，企业要重视和培育内容创造和分享的文化，选用人才时关注其表达和在传播方面的潜力，给予必要的资源和保护。设计机制促进高质量内容的产出和传播，及时认可影响力的价值。最后，建设触达目标受众的渠道和触点，从而最大化内容所产生的影响力成效，并且驱动有效反馈的持续发生，与受众共创下一个迭代的思想和内容。在这个知识工作的时代，组织和个人价值的实现在于立德、立功、立言。